衡水学院2018年度高层次人才科研启动基金项目(2018GC09)

中华优秀传统文化

融入高校思想政治理论课研究

● 崔锁江 著

安徽师范大学出版社
ANHUI NORMAL UNIVERSITY PRESS
· 芜湖 ·

图书在版编目(CIP)数据

中华优秀传统文化融入高校思想政治理论课研究 /崔锁江著. — 芜湖:安徽师范大学出版社,2021.1

ISBN 978-7-5676-4791-6

Ⅰ.①中… Ⅱ.①崔… Ⅲ.①高等学校—思想政治教育—研究—中国 Ⅳ.①G641

中国版本图书馆CIP数据核字(2021)第003966号

中华优秀传统文化融入高校思想政治理论课研究

崔锁江◎著

责任编辑:房国贵
责任校对:潘　安
装帧设计:张德宝
责任印制:桑国磊
出版发行:安徽师范大学出版社
安徽省芜湖市北京东路1号安徽师范大学赭山校区
网　　址:http://www.ahnupress.com/
发 行 部:0553-3883578　5910327　5910310(传真)
印　　刷:苏州市古得堡数码印刷有限公司
版　　次:2021年1月第1版
印　　次:2021年1月第1次印刷
规　　格:700 mm × 1000 mm　1/16
印　　张:15.5
字　　数:253千字
书　　号:ISBN 978-7-5676-4791-6
定　　价:58.00元

序　一

高校思想政治理论课是培养大学生成就健全人格的重要路径，是宣传、弘扬马克思主义的重要阵地。马克思主义是与时俱进的人类思想的创新者、引领者，在与中国革命、建设的伟大实践相结合的过程中，马克思主义中国化既是理论的要求，更是历史的事实。马克思主义中国化的理论成果凝结成的中国特色社会主义理论，是马克思主义的新发展，也是包括文化在内的整个中国社会生活的理论结晶，高校思想政治理论课要弘扬中国特色社会主义理论的先进性，离不开对中国本土文化尤其是中华优秀传统文化的继承、发展，崔锁江博士的这本论著在这方面做出了积极探索。

广义的文化指的是人的存在的基本方式，涵盖社会生活的方方面面，从历史的发展来看，不同民族、国家、地区的人们是生活在不同的文化氛围之中的，随着人类世界的相互融通，马克思曾经设想过的"世界文化"正在逐渐生成，但传统文化仍然构成各个民族、国家、地区人们精神世界的底色，制约着他们基本的生活方式和未来走向。中华优秀传统文化构成了中国人精神世界的底色，其中具有深厚的思想蕴含，如天人合一的世界观、自强不息的人生观、差异一体的人伦观、大同太平的社会政治理想等，在今天仍然具有生命力。高校思想政治理论课有必要让中华优秀传统文化融入进来，但融入需要在正确的理论指导下，崔锁江博士的论著对此做了深入论证。该论著站在马克思主义的立场上，探讨了融入中华优秀传统文化的指导思想和方法，从毛泽东提出的批判继承、推陈出新、古为今用到今天我们党提出的创造性转化与创新性发展，体现出中国共产党人在面对民族文化传统时所具有的人民立场、实践本位。中华优秀传统文化不是一个固定的概念，它自身也是在理论与现实的中国语境中不断展开的活的存在，它要进入高校思想政治理论课并发挥作用，需要在与马克思主义的理论互动中，在与中国特色社会主义革命、建设的实践中，实现创造性转化与创新性发展。

中国共产党是马克思主义的政党，同时也是中华优秀传统文化的继承者和弘扬者，在中国共产党领导中国人民革命、建设的伟大历史实践中，在思想理论战线上，中华优秀传统文化始终在其中占据重要的地位。崔锁江博士的论著从中国革命早期中国共产党人就开始研究、继承中华优秀传统文化，到今天随着中国社会全方位的发展和国际地位的提高，弘扬中华优秀传统文化已经成为全社会的共识，对这近百年中华优秀传统文化的融入历程进行深度分析，为进一步的教学实践、科学研究拓展出广阔的理论空间和现实路径。但是，我们也要注意到，中华优秀传统文化融入高校思想政治理论课，仍然在不断完善的过程之中，需要做很多具体细致的工作。

崔锁江博士的这本论著是关于中华优秀传统文化融入高校思想政治理论课的一个全面性、整体性的思考，涉及现实价值、历史借鉴、指导思想、具体路径、机遇与挑战等方方面面。该论著在进行具体论述时包含着很多思考和建议，如从教学内容上，提出从哲学、政治文化、美德培育几个方面重点融入中华优秀传统文化。特别是高度重视融入中华优秀传统价值观，为社会主义核心价值观建设服务，为当代大学生成人、成德教育服务。该论著既有具体内容的分析，又有总体态度的评价，使我们很直观地看到了中华优秀传统文化在高校思想政治理论课中的实质性存在，也对这一工作中存在的具体问题和可能的发展态势有了更加清晰的认识和判断。该论著在深入研究的基础上，把中华优秀传统文化和以马克思主义为主导的思想政治理论课这两个大的系统之间的内在联系和核心差异突显出来，对中华优秀传统文化在高校思想政治理论课中的现实地位进行反思，肯定其文化基础地位，展示其存在的全方位的机遇与挑战，提出了一些具体可行的方法和路径，具有重要的现实意义。

崔锁江博士长期从事高校思想政治理论的教学、研究工作，硕士期间攻读中国哲学专业，博士期间攻读马克思主义理论专业，打下了研究该论题的扎实的专业基础，并在教育教学实践中磨砺、成熟自己的观点，在广泛分析该论题相关理论研究动态的基础上提出自己关于整体性融入中华优秀传统文化的思考。相信该论著的出版对于高校思想政治理论课的教学有一定的促进作用，相信崔锁江博士会在这一领域继续开拓进取，收获教学、科研上的新成果。

二〇二〇年三月二十三日

序　二

中华优秀传统文化作为中华民族历史长河中逐渐积淀而成的民族精华，也已经深深渗透到中华民族的社会生活各个方面，并深刻地影响着人们的价值观念和行为习惯。高校思想政治教育作为新时代大学生思想价值引领的主阵地，理所当然地要承担起引领大学生传承中华优秀传统文化、守护中华民族共同心灵家园的重任，从而使中华优秀传统文化与高校思想政治教育实现深度融合，达到浑然一体的程度。

崔锁江博士就读于北京师范大学，先后获得北京师范大学中国哲学硕士、思想政治教育博士，在中华传统文化和思想政治教育领域都颇有研究，著有《论语的整体结构新解》《中国哲学与马克思主义中国化》等著作，并发表多篇论文，目前主要从事中华优秀传统文化、思想政治教育等方向的教学研究工作。本部著作是从整体思路上研究中华优秀传统文化融入高校思想政治理论课所要遇到的各种现实困难与理论挑战，进而推动融入中华优秀传统文化的工作顺利展开。

本书从中国共产党思想政治教育史、高校思想政治理论课现状、思想政治教育价值论、马克思主义中国化理论、思想政治教育内容论与知识结构论、思想政治教育环境论、思想政治教育原理与课程教学论等角度对中华优秀传统文化融入高校思想政治理论课的历史经验、政策依据、科学方法、基本立场、现实状况、现实价值、理论支撑、教学内容设计、外部环境、制约因素、途径、学科建设、课程建设等方面进行综合探究，在阐述中华优秀传统文化与高校思想政治理论课融合的必要性与价值性的基础上，系统分析了中华优秀传统文化融入高校思想政治理论课的历史与现状以及中华优秀传统文化融入高校思想政治理论课的各种挑战，并有创新性地提出了中华优秀传统文化融入高校思想政治理论课的指导思想和方法、具体途径与措施，形成了六个方面的基本框架，结构合理，层次分明，逻辑清楚，内容充实，形成一个相互贯通的有机整体。

从本书整体上可以看出，中华优秀传统文化融入高校思想政治理论课教学是一项系统工程。通过这项系统工程的不断开展，高校将会建设成为既有浓郁的时代气息又有深厚传统文化底蕴的育人场所。

杨桂侠

二〇二〇年三月二十三日

自　序

“中华优秀传统文化”是一个现代概念。“中华”本身就是一个褒义词，代表着一种深刻的民族认同、国家认同、文化认同，是中国人在全球化过程中的重要身份特征。“优秀”表明经过“取其精华、弃其糟粕”之后，中国传统文化以“优秀”“精华”的面貌重新出现，避免了泥沙俱下。其糟粕则通过“反封建”加以摒弃。“传统”说明中国人接受了“文化传统”，实现了“从孔夫子到孙中山”的继承。“文化”是重要的上层建筑，以文化现象对一切人类行为及其创造物进行了概括。由此而言，中华优秀传统文化的定义包含着对中国传统文化的处理过程与结果，并成为一种积极有益的思想资源，已经成为思想政治教育的重要内容。

高校思想政治理论课是思想政治教育重要的应用领域，思想政治教育本身又是马克思主义理论的应用学科。高校思想政治理论课不同于中小学的思想政治教育，它具有全面性、体系性等特点。高校思想政治理论课是宣传思想工作的主渠道，在整个高等教育体系当中具有重要的指导作用。

在重要性无以复加的高校思想政治理论课当中融入、运用中华优秀传统文化具有极其重大的意义，也蕴含着极其复杂的挑战。融入中华优秀传统文化的目的是为了加强马克思主义理论的指导地位，实现立德树人的根本任务。但是，中华优秀传统文化同样具有体系性特点，与马克思主义存在着相适应、相融合的一面，也存在着此消彼长的竞合关系。如果人们对该关系的把握稍微不慎，中华优秀传统文化与马克思主义的良性互动互补关系就有可能滑入二元论的窠臼之中，进而引起一定意义的结构与关系的混乱。所以，运用中华优秀传统文化只能是马克思主义实现中国化、大众化、时代化的理论工具，而不能颠倒了主次。这个挑战不仅仅存在于理论本身，还存在于思想政治教育环境论之中。在意识形态领域，在全球化时代，融入中华优秀传统文化本身就意味着要触及现代新儒家、世界文化等诸多内容。但是，无论这个挑战如何巨大，融入与运用中华优秀传统文化是一个必然的历史过程与结果。这是因为中华优秀传统文化以其强大的文化基因已经浸透到人们的思想与行为之中，成了“根与魂”，是无论如何都无法抹灭的底色。

中华优秀传统文化融入高校思想政治理论课的必然性与必要性，也是中国共产党思想史的规律性反映。中国共产党自建党之日起，就肩负着传承与弘扬中华优秀传统文化的使命。以毛泽东为代表的中国共产党人在延安时期实现了思想成熟。其重要标志就是提出了“马克思主义中国化”命题，避免了教条主义，拒绝完全照搬国外经验。马克思主义在中国的成功实践，改变了中国积贫积弱的国运，为中国的现代化开辟了道路。以毛泽东、邓小平为代表的中国共产党人开辟了中国特色的革命道路与中国特色社会主义建设道路，实现了中华民族与中国人民从站起来、富起来到强起来的历史进步。无论是改革开放前还是改革开放后，中国共产党思想史都充满了对中华优秀传统文化的讨论、关注、研究、扬弃、学习与运用。这也是中华优秀传统文化融入中华优秀传统文化的应有之义。事实证明，运用中华优秀传统文化对于马克思主义理论的传播、接受、普及有着至关重要的作用。

当代中国社会已经形成了一个学习运用中华优秀传统文化的热潮与共识，但是如何按照学科规范实现这一目标则是思想政治教育研究者的重要任务。中华优秀传统文化融入高校思想政治理论课是当前思想政治教育所面临的重要课题。本书阐释了融入中华优秀传统文化的历史与现状以及中华优秀传统文化的现实价值，分析了融入中华优秀传统文化所面临的挑战，梳理了融入中华优秀传统文化的指导方法，前瞻了融入中华优秀传统文化的途径。

中华优秀传统文化融入高校思想政治理论课的根本目的是为了实现思想政治教育的根本任务与基本功能。这有助于高校思想政治理论课培育大学生具备社会主义核心价值观，向大学生阐释实现中华民族伟大复兴的中国梦，增强大学生的社会主义认同，提高大学生的政治素质。而考察中国共产党思想政治教育史就会发现，中国共产党从建党开始就传承与弘扬了中华优秀传统文化，逐步把中华优秀传统文化内容融入自身的思想体系与思想政治教育体系；改革开放后，不断推动中华优秀传统文化融入高校思想政治理论课的工作；党的十七届六中全会以后，更加大了融入中华优秀传统文化的力度。然而，通过分析高校思想政治理论课四门教材发现，中华优秀传统文化在教材中依然呈现出零散化特点。大学生接受中华优秀传统文化的现状并不理想。这样的现状无法满足传承与弘扬中华优秀传统文化的需求。所以，中华优秀传统文化融入高校思想政治理论课面临着理论支撑、内在体系、外部制约等挑战。中华优秀传统文化与马克思主义理论的关系与地位问题，构成了融入中华优秀传统文化的理论挑战。正确梳理中华优秀传统文化的科学内涵、实现文化现代化是融入中华优秀传统文化所面临的内在挑战。全球化、现代新儒家、多元文化格局是融入工作的外部挑战。高校思想政治理论课教师只有坚持中国共产党处理中华优秀传统文化的科学方法，以习近平新时代中国特色社会主义思想为指导，贯彻教育部《完善中华优秀传统文化教育指导纲要》，才能彻底化解上述挑战。所以，马克思主义理论与思想政治教育学科专业必须培养能够胜任中华优秀传统文化教育的高校思想政治课教师，加强二级学科建设与专业课程建设。另外，高校思政治理论课教师还需要掌握经典诠释学等教学方法，从而更好地完成融入中华优秀传统文化工作。

总之，本书试图从历史借鉴、教材现状、教育对象态度、现实价值、理论支撑等多重维度分析中华优秀传统文化融入高校思想政治理论课的整体形态，强化融入的意义与作用，为落实立德树人根本任务，促进青少年学生全面发展，培养富有民族自信心和爱国主义精神的社会主义事业建设者和接班人做出一定的贡献。

目　录

绪　论

一、研究缘起

中华优秀传统文化是中国古代物质文明与精神文明的总和，是中国共产党在长期领导中国特色文化建设过程中所树立起来的科学概念。中国共产党形成了以批判继承、推陈出新、古为今用为主体的科学方法。融入、应用、弘扬中华优秀传统文化甚至能推动马克思主义中国化的飞跃。改革开放后，中国共产党更是明确认识到中华优秀传统文化的价值，并确立了传承与弘扬的基本方略。党的十七届六中全会提出："中国共产党从成立之日起，就既是中华优秀传统文化的忠实传承者和弘扬者，又是中国先进文化的积极倡导者和发展者。"[①]这集中表述了中国共产党对中华优秀传统文化的鲜明立场，为中华优秀传统文化融入高校思想政治理论课指明了方向。党的十九大以来，中国共产党人对传承与弘扬中华优秀传统文化提出了大量的新论断、新观点，以至于在全社会范围内形成热潮。众多思想政治教育学者、高校思想政治理论课教师与中共思想史学者都不断探索中华优秀传统文化融入高校思想政治理论课的方式途径。马克思主义理论研究与建设工程委员会在高校思想政治理论课教材修订过程中也不断吸收最新论断与成果，提升融入中华优秀传统文化的力度。

但是，从课程的现状而言，中华优秀传统文化融入高校思想政治理论课仍然处于较为零散的状态，需要以整体思路的方式进行全局性、系统性的审视。中华优秀传统文化在高校思想政治理论课当中的学科建设、学科地位、

① 中共中央文献研究室．十七大以来重要文献选编：下[M].北京：中央文献出版社，2013:558.

教学内容、教材等方面都需要继续得到系统性、整体性提升。

中国共产党正确认识与处理中华优秀传统文化的历史过程与方法体系，为中华优秀传统文化融入高校思想政治理论课提供了基本依据。而马克思主义理论与中华优秀传统文化的相融合是中华优秀传统文化融入高校思想政治理论课的理论基础。中华优秀传统文化融入高校思想政治理论课，其过程要正确处理与马克思主义理论的关系地位问题。中华优秀传统文化融入高校思想政治理论课本身具有丰富的价值内涵，这有利于培育社会主义核心价值观，阐释中华民族伟大复兴的中国梦，增强大学生的社会主义认同，实现思想政治教育的培养目标。

中华优秀传统文化在高校思想政治理论课之中仍然处于理论边缘位置，需要提升到作为马克思主义中国化文化基础的认识高度。高校思想政治理论课要实现马克思主义中国化、大众化的培养任务，需要善于运用这个文化基础。高校思想政治理论课教师必须掌握中华优秀传统文化的基本内涵与精髓。

中华优秀传统文化融入高校思想政治理论课在知识层面的背景是：马克思主义理论作为高校思想政治理论课的基本内容已经为大学生所熟悉，大学生对中华优秀传统文化缺乏系统性学习。大学生思想活跃，人生观、价值观、世界观等受到多元文化的影响，在立德修身方面还有一定的差距。高校思想政治理论课需要借助中华优秀传统文化的思想资源实现思想政治教育效果，增强人文关怀与道德修养，进而服务于立德树人的根本任务。所以，高校思想政治理论课在融入中华优秀传统文化之前要界定它的科学内涵并且进行教学内容设计，进而把中华优秀传统文化融入高校思想政治理论课教学体系与教材之中，实现一种成熟的、系统的融入机制。

2014年4月1日，教育部公布《完善中华优秀传统文化教育指导纲要》（后简称《纲要》）。《纲要》指出：“把中华优秀传统文化教育系统融入课程和教材体系。”①该《纲要》主要论述了把中华优秀传统文化融入国民教育体系之中，并对高校思想政治理论课进行了指导。《纲要》提出：“充分发挥中小学德育课和高校思想政治理论课的重要作用。促进思想政治教育与中华优秀传

① 完善中华优秀传统文化教育指导纲要[N].北京：中国教育报，2014-04-02(3).

统文化教育的紧密结合，以爱国主义教育为核心，深入挖掘中华优秀传统文化中蕴含的丰富思想政治教育资源，进一步丰富中小学德育课和高校思想政治理论课的教学内容，创新教学方法和手段，提升教学效果。"这为本书提供了在高校思想政治理论课中融入中华优秀传统文化的政策依据。《纲要》对高校思想政治理论课布置了具体任务，并且要求高校思想政治理论课教师把中华优秀传统文化作为高校思想政治理论课的教学内容。高校思想政治理论课在原有教学内容设计的基础上增加这部分内容，就存在一个"融入中华优秀传统文化"的过程。因为这个增加并不是凭空创造的，而是在整理与总结原有对中华优秀传统文化认识的基础上进行的。《纲要》不仅使用了"高校思想政治理论课""中华优秀传统文化""融入"等本书所关注的焦点概念，还在具体环节上进行了指导。《纲要》事实上成为本书的一个重要参照对象与来源。

根据上述"完善""充分""系统融入"等说法的启示，中华优秀传统文化融入高校思想政治理论课必须继续探索中华优秀传统文化融入高校思想政治理论课的理论逻辑、路径方法等课题。目前的高校思想政治理论课采用的"2005方案"，已经在多次修订中不断地积极融入中华优秀传统文化，增加了相关的教学内容，但仍然有进一步改进的空间。中华优秀传统文化在高校思想政治理论课当中仍然处于服务于马克思主义中国化的基础地位与工具属性。中华优秀传统文化融入高校思想政治理论课仍然处在初级阶段，尚未达到充分运用的要求。学界对中华优秀传统文化融入高校思想政治理论课的研究尚且缺乏整体性思路，往往停留在现实价值、方法途径、理论基础各个方面进行单维度的论证，缺乏整体性、多重维度、多重论域的综合分析。因此，本书就是要从整体思路上研究中华优秀传统文化融入高校思想政治理论课所要遇到的各种现实困难与理论挑战，进而推动融入工作的顺利展开。

就高校思想政治理论课教师自身而言，正确认识与处理中华优秀传统文化是极其重要的任务。虽然该研究领域已经有过大量的论文成果，并且高校思想政治理论课也已经尝试融入中华优秀传统文化，但是，这种融入在教学实践层面上没有突破性进展，仍然停留在文化资源的工具性地位，没有上升到知识结构的水平。随着高校思想政治理论课逐渐加强对中华优秀传统文化的融入力度，中华优秀传统文化在高校思想政治理论课程体系内的知识结构越来越重要，越来越需要形成整体性的思路。

二、核心概念界定

（一）高校思想政治理论课

从实体角度而言，高校思想政治理论课是中国共产党重要的舆论宣传阵地，是全社会思想政治教育工作体系中重要的组成部分，是马克思主义理论研究和建设工程的重点，是思想政治教育专业重要的实践领域。高校思想政治理论课具有复杂的体系性特征，是一个包含着高校思想政治理论课教材、几千万大学生、高校思想政治理论课教师、马克思主义理论为主体的知识结构等诸多因素的庞大结构。高校思想政治理论课也是思想政治教育学重要的研究对象。从理论的角度而言，思想政治教育的载体论、主体论、教育对象论、内容论、方法论、课程教学论、目的论、资源论、环境论、本质论、价值论、过程论都体现在高校思想政治理论课程体系之中。由此可见，高校思想政治理论课涉及诸多思想政治教育原理与诸多社会实体。

（二）中华优秀传统文化

中华优秀传统文化是中国共产党所创立的科学概念，是中国传统文化的优秀部分，是中国共产党作为文化主体所提炼的文化资源。中国传统典籍是中华优秀传统文化的载体之一，但不是中华优秀传统文化的全部内容。

（三）融　入

教育部《纲要》提出了“把中华优秀传统文化教育系统融入课程和教材体系”的命题，本书就以此作为关键概念。但是，高校思想政治理论课是融入中华优秀传统文化的主体，中华优秀传统文化是高校思想政治理论课要融入的内容与对象。

第一，“融入”体现出对现有马克思主义理论体系的尊重与高度认同。《纲要》正式将“融入”这一个关键性的措施提炼出来，并作为当前一段时间完善与推动中华优秀传统文化教育的重要步骤，这一概念也为学界广大学者所使用与认同。“融入”更多地强调中华优秀传统文化作为新的知识内容，具有一种鲜明特性。

第二，“融入”要求形成一种机制，越来越具有一种整体性。《纲要》使用了“融入”，一方面是强调“融入”的水到渠成，具有润物细无声的效果，另一方面说明“融入”这一概念不破坏高校思想政治理论课的基本原理与现有框架。“融入”体现了中华优秀传统文化的主动性，与“引用”“应用”“传承”“弘扬”等方法形成一个序列。《纲要》指出：“但是，面对新形势、新要求，中华优秀传统文化教育还存在不少突出问题，对中华优秀传统文化教育重要性的认识有待进一步提高，教育内容的系统性、整体性还明显不足，重知识讲授、轻精神内涵阐释的现象还比较普遍，课程和教材体系有待完善，教师队伍整体素质有待提升，全社会共同参与的教育合力有待加强等。”①这一系列问题必须把融入上升到融入机制的整体性水平阶段。高校思想政治理论课的主管者必须进行整体性、系统性的融入才能更好地解决问题。就整个国民教育体系而言，中华优秀传统文化从无到有、不断增强的融入过程，体现出一种深刻的文化自信。

《纲要》列举了“对中华优秀传统文化教育重要性的认识有待进一步提高，教育内容的系统性、整体性还明显不足，重知识讲授、轻精神内涵阐释的现象还比较普遍，课程和教材体系有待完善，教师队伍整体素质有待提升，全社会共同参与的教育合力有待加强等”②问题，其中就把“系统性、整体性”列为当前完善中华优秀传统文化教育所要重点解决的问题。这也是高校思想政治理论课在融入中华优秀传统文化过程中要重点解决的问题。所谓整体性，就是不同于仅仅从某个维度、某个论域对中华优秀传统文化融入高校思想政治理论课进行研究，而是尽可能全面地反映出本书所涉及的方方面面的问题，并凝结成为一个整体思路。这种“整体性”视角启示人们要把中华优秀传统文化放到高校思想政治理论课的整体结构之中去。

本书从“整体性”“系统论”的要求出发认为当前的高校思想政治理论课亟须形成一个“融入中华优秀传统文化”的整体机制。这将会涉及思想政治教育对象论、思想政治教育价值论、思想政治教育学原理、马克思主义中国化理论、思想政治教育知识结构与内容论、思想政治教育环境论、思想政治教育

① 完善中华优秀传统文化教育指导纲要[N].北京：中国教育报，2014-04-02(3).
② 完善中华优秀传统文化教育指导纲要[N].北京：中国教育报，2014-04-02(3).

课程教学论、思想政治教育方法论等论域，进而才能探讨中华优秀传统文化融入高校思想政治理论课的历史经验、教育对象、现实价值、理论前提、知识结构设计、外部环境、制约因素等课题。这种整体性、系统性的视角也要求综合考虑融入工作所面临的复杂性挑战因素，才能更加有效地推进该项工作。

第三，融入中华优秀传统文化是高校思想政治理论课融入、运用、传承、弘扬中华优秀传统文化的关键一步。融入中华优秀传统文化的逻辑前提则是中国共产党正确认识与处理中华优秀传统文化。在中国共产党十七届六中全会已经正式定义中华优秀传统文化并正确认识了中华优秀传统文化之后，中华优秀传统文化融入高校思想政治理论课就成了中国共产党传承与弘扬中华优秀传统文化的重要步骤。

三、研究现状

学者们大都倾向于把中华优秀传统文化融入高校思想政治理论课，但对中华优秀传统文化融入高校思想政治理论课的机制、策略、途径却存在一定的分歧，这就需要将其整理成为一个整体性的融入思路与完整的融入机制。

（一）从整体思路上研究融入中华优秀传统文化

学者们很早就注意到从整体思路角度分析“融入中华优秀传统文化”所遇到的问题。在中国知网数据系统中检索“中华优秀传统文化”与“融入”则有一千多篇相关论文，其融入的对象则涉及党的建设、校园文化方方面面，而检索“中华优秀传统文化”“融入”“高校思想政治理论课”等主题共有二十多篇相关论文。

有的学者从思想政治教育学的角度分析中华优秀传统文化融入高校思想政治理论课的功能与使命，并且注意到了马克思主义与中华优秀传统文化的融合性。这对本书从整体性视角探析中华优秀传统文化融入高校思想政治理论课有很强的启示价值。有的学者则从思想政治教育创新的角度分析中华优秀传统文化与思想政治教育的关系。这恰恰说明融入中华优秀传统文化带有强烈的高校思想政治理论课创新性，融入工作的现状仍然有很大的改善和提升的空间。该研究成果主要集中在通过思想政治教育价值论、思想政治教育内容论来考量中华优秀传统文化，并且从思想政治教育史的角度论述了中国共产党对中华优秀传统文化的立场变化与接受过程,从而认为高校思想政治理论课的一个重要创新就是吸纳中华优秀传统文化。

中华优秀传统文化是内容,而思想政治教育是一个包括学科、课程、原理、教学实践、主体、介体、对象在内的庞大体系。二者的关系不是相互融合的关系,而是将中华优秀传统文化融入思想政治教育。中华优秀传统文化要与马克思主义相融合,同时也存在不相融合的内容。高校思想政治理论课则是对其相融合的内容作进一步的融入与应用,进而实现以中华优秀传统文化为内容、以立德树人为目的的思想政治教育过程。

(二)从思想政治教育价值论的角度研究"中华优秀传统文化融入高校思想政治理论课"的现实价值

探索中华优秀传统文化融入高校思想政治理论课的价值是学者们的一个普遍思路。中华优秀传统文化只有在具有应用价值的情况下才能成为高校思想政治理论课的内容。学者们大都肯定了中华优秀传统文化服务于高校思想政治理论课教学目标的价值。所以,本书想以此建构融入中华优秀传统文化的逻辑结构。中华优秀传统文化融入高校思想政治理论课乃是在于其对于中国特色社会主义与马克思主义中国化具有一定的理论价值与实践价值。

有的学者提出在社会主义核心价值体系的构建问题上要重建赋予现代内容的中国传统的礼、义、廉、耻教育。这是要把中国特色社会主义与儒家道德思想相结合的主流价值观作为社会道德新标准。由此可见,把中华优秀传统文化中的价值体系与价值观运用到现代社会仍然具有一定的积极意义。他还提出"改革调整大学两课,思想品德课以四书为主"的建议,这与马克思主义的彻底的批判态度有所违背,反而不利于我们理性地审视中华优秀传统文化。这种变动过于剧烈会引发很多反对声音,所以仍然需要慎重对待。

(三)从中国共产党思想政治教育史角度进行研究

胡乔木认为:"发展马克思主义,怎样在发展中把中国的历史文化与马克思主义有机结合起来,增加新的内容,使之发展,做出贡献,这就涉及对中国文化怎样分析。不能把中国传统文化一概说成封建主义的。中国文化在中国革命中发挥了很大作用。延安时期毛泽东提出要有计划地研究中国的历史文化,但没有完成。中国历史文化与马克思主义结合,有哪些特色,究竟在哪些问题上结合了,还要研究。"[①]他从中共党史角度思考马克思主义中国化,非常注重马克思主义与中国传统文化的关系。这个关系对中国共产党的理论创新具有影响。张静如在《中国共产党思想源流》一文中提示中国共产党有历史继承性,"马克思主义是中国共产党思想的主源,但并不等于说它与中国的传统社会意识毫无关系","中国共产党思想与传统社会意识的关系,应分别从正确指导思想和错误思想两方面分析"[②]。但他同时承认这是一个复杂的问题。他还强调了共产党员要有现代化意识。他在《〈中国共产党与20世纪中国文化〉序》里特别提到了文化思想史研究对中共党史的重要性,而文化思想史研究中又特别强调了唯物史观科学方法的重要性,强调一定要以社会经济发展、社会政治发展为基础与背景,一定要注意文化对社会存在的反作用,一定要注意文化的继承性。同时他强调研究中共党史一定要研究中国共产党的文化理论,要研究党史中各种思潮的相互影响。

他们都代表了一种要研究中华优秀传统文化的态度。这与毛泽东提出的"从孔夫子到孙中山,我们应当给以总结"的说法保持了一致性。现在的研究课题则是从研究中华优秀传统文化到把中华优秀传统文化融入高校思想政治理论课当中去。按照马克思主义中国化的基本维度而言,中国共产党要把马克思主义应用到中国实际中去,与中华优秀传统文化相结合。中国实际与中国文化成为马克思主义要融入的主体部分。但是,就高校思想政治理论课而言,其主体部分是马克思主义理论。而本书的任务是把中华优秀传统文化融入高校思想政治理论课当中,也就是说要把研究与总结之后的"优秀部分"纳入马克思主义理论主导下的高校思想政治理论课当中,进而达到应用的水平。

朱志敏提出"将中国共产党及党的历史与中国文化联系起来加以研究已成为学者感兴趣的一个课题","具有开拓性意义","也有利于对党的理论、党的历史与党的建设有更深一步的认识"。这就把"中国共产党与中国传统文化"列为首要维度。其中两个原因就是:第一是中国传统文化的存在与影响

① 胡乔木.胡乔木谈中共党史[M].北京:人民出版社,1999:35.
② 张静如文集:第二卷[M].北京:海天出版社,2006:622.

力是伴随中国共产党成长的重要因素；第二是中国传统文化在中国共产党领导中国特色社会主义事业中依然有实用价值。他认为后者是中国共产党在现当代弘扬中华优秀传统文化最重要的理由，并预见到了二者关系的复杂性。这在于“传统文化虽然以儒学为主体，但内容十分复杂”，表现为不同时代与不同地域、正统与非正统、精英与大众、精华与糟粕、儒学内部的汉宋古今义理考据之分；一般党员、党内知识分子、群众等对传统文化的态度也具有复杂性；“显意识与潜意识两种，前者表现为著述文字中针对如何看待或对待传统或其中某些内容表达的主张、意见，后者指思想或行为方式中流露出的带有传统色彩的特点”①。可见，高校思想政治理论课要融入中华优秀传统文化必须首先厘清中国传统文化的科学内涵，经过马克思主义理论界定后的中华优秀传统文化才可以成为高校思想政治理论课教师的教授内容。他还从文化思想史的角度讨论了马克思主义中国化与中华优秀传统文化之间的历史渊源，对马克思主义与中国优秀传统文化之间的融合模式进行了探讨。朱志敏认为：“首先，在1921—1949年期间中国共产党紧紧抓住和引领中国文化现代化的前进方向，提出了民族的、科学的、大众的文化内容与形式。其次，在1949—1966年间在知识界开展思想文化批判和思想改造运动，清除半殖民地半封建社会遗留下来的各种不符合马克思主义世界观和社会主义制度的思想观念。改革教育制度，确立为无产阶级政治服务、与生产劳动相结合、面向人民大众的教育方针。以马克思主义政治理论课取代传统‘修身’‘公民’课等；以马克思主义为指导的现代科学和学术思想取代封建主义和资本主义教育内容。最后，在1978年以后持续开展国学与传统文化问题的讨论，扭转了以往对传统文化的偏颇认识，重新整理出版大量古籍，发掘保护文物古迹。对儒墨佛道诸内容展开广泛深入的研究，同时加强对古希腊罗马、西方中世纪和近现代历史文化的研究，为弘扬优秀传统文化，吸收外国优秀文化，建设和谐文化创造条件。进而中国共产党文化创新就是以走向世界走向现代化为特征，以振兴民族精神、复兴中华文化为目标。中国共产党文化创新的经验教训是对传统文化中的精华与糟粕，没有进行认真的区分清理，对西方文

① 朱志敏．研究中国共产党与文化关系的四个角度[J]．新视野，2003(3)：35-53.

化中的一些进步成分认识不够，未能全面贯彻双百方针。”[①]以上观点总结了中国共产党文化创新的阶段特点与经验教训，这就在整体上梳理了中华优秀传统文化在中国共产党思想史的地位与状态。

针对中国共产党正确认识与处理中华优秀传统文化态度从否定到肯定的历史转折发生在什么时候的问题，有的学者把时间确定在1990年之后。此后，中国共产党的领导人开始不断高度评价中华优秀传统文化。这种转变的最主要原因是面对西方资产阶级和平演变的攻势，弘扬民族文化是振奋民族精神，提高民族自尊心和自信心，发扬爱国主义精神，顶住一切外来压力的一个重要条件。中国共产党弘扬中华优秀传统文化是中国社会历史发展的大势所趋，进而必须在改革开放环境下学习国外先进文化，整理中华优秀传统文化，同时重新诠释社会主义的合理内涵。

学者们对中国共产党正确认识与处理中华优秀传统文化的历史进程进行了细致的梳理，而本书更侧重于寻找中国共产党正确认识与处理中华优秀传统文化过程中的方法体系。中国共产党对中华优秀传统文化的认识与处理存在着方法多样、理论服务于实践等特点。

（四）从马克思主义中国化、现代儒学研究等角度研究“中华优秀传统文化融入高校思想政治理论课”所面临的挑战

1. 从马克思主义中国化的角度研究中华优秀传统文化融入所面临的挑战。

有的学者对中华优秀传统文化在高校思想政治理论课及教材中的现状表示不满，认为存在内容上的缺失、体系上的混乱等问题。这间接反映出中华优秀传统文化融入高校思想政治理论课面临着的挑战。有的学者指出一些研究马克思主义中国化的学者，忽视对中国传统文化的研究，不知道马克思主义中国化理应包括文化和历史的科学内涵；一些研究中国传统文化的学者，不善于把传统文化的研究与马克思主义中国化的研究结合起来，不了解传统文化还有一个如何适应社会主义现代化建设需要的问题[②]。但也有学者

① 朱志敏．中国共产党领导的文化创新[J]．红旗文稿，2012(3)：17—20.

② 杨瑞森．十七届六中全会通过的《决定》对高校思想政治理论教育的重要意义[J]．思想理论教育导刊，2012(1)：5—7.

认为,中国传统文化不可能回答和解决近代中国革命的任务、对象、动力、道路和前途等一系列重大问题,这正是马克思主义能够中国化的全部根据之所在。

提倡"中体西用"的洋务派运动最终归于失败,从而凸显出中国传统文化没有能力解决中国现代化问题,这才有了马克思主义中国化的兴起与成功。朱志敏认为马克思主义虽然来自西方,但与中国文化有若干相融性,正是马克思主义和中华优秀传统文化的相融性使得马克思主义中国化得以发生并不断取得进步①。马克思主义理论与中华优秀传统文化相融合是马克思主义中国化基本问题之一。这种融合要以马克思主义为指导,并以中华优秀传统文化为基础,进而产生出中国特色社会主义先进文化。这种融合论的尝试为中华优秀传统文化融入高校思想政治理论课奠定了深厚的理论基础。

有的学者从思想政治教育接受主体的角度分析了中华优秀传统文化中的人本精神对思想政治教育的价值。中华优秀传统文化教育非常注重学习者的道德养成,这是中国传统文化所蕴含的人本主义精神,而不同于机械的历史决定论所造成的对个体存在感的抹杀。有的学者主要强调了"文化主体性是文化传承创新的前提",进而即使在马克思主义中国化的视域下,中华优秀传统文化融入高校思想政治理论课也必须保持中华民族的文化主体性,承认中华优秀传统文化的内在逻辑。

2. 从现代儒学研究等角度研究中华优秀传统文化融入的内在挑战问题。

有的学者从中国传统文化的精华与糟粕混杂的角度分析了中国传统文化在马克思主义中国化与自身现代化当中所造成的难题,认为由于中国传统文化的优劣两重性自相缠绕、难以分割,以及认知的局限和文化情感的纠缠,在马克思主义中国化的过程中,中国传统文化对马克思主义的丰富发展和消解异化并存,造成了马克思主义中国化的困境。

中华优秀传统文化融入高校思想政治理论课已经是一个不争的事实,这个事实存在于两个极端之间。一个极端是高校思想政治理论课完全不能应用中国传统文化甚至要主动批判中国传统文化,这早已被证明是错误的。另一个极端是企图用儒学主导的中国传统文化替代马克思主义理论。思想政

① 朱志敏.马克思主义中国化的理论与实践[M].北京:北京师范大学出版社,2008:178.

治教育学者与马克思主义理论学者对这股“复古”潮流进行了有力驳斥。

陈先达提出“不能把文化复兴等同于文化复古”。他认为应该站在社会形态更替的高度来审视马克思主义和中国传统文化的关系，“不可能沿着历史上的尊孔读经的道路走”，“再讨论马克思主义和以儒学为主导的中国传统文化关系时，决不能忘记社会形态变革这个重大的历史和现实”①。同时认为只有继承中华传统优秀文化，马克思主义才能在中国取得胜利。由此可见，中华优秀传统文化融入高校思想政治理论课必须与复兴儒学等运动区别开来，防止两者之间混淆。

在排除了两种极端思想之后，大部分学者都认为应当按照马克思主义中国化的原则，使马克思主义与中华优秀传统文化相融合，坚持马克思主义的主体地位与指导地位，把中国传统文化作为马克思主义中国化大众化的工具，进而大致保持“以马克思主义为体、以中国传统文化为用”的模式。这实际是从马克思主义中国化角度强调了中华优秀传统文化的应用性与工具性地位，而儒学研究则通过中华优秀传统文化间接性地对马克思主义理论与思想政治理论课发生一种潜移默化的好的影响。

（五）从思想政治教育方法论、文化思想史的角度研究中华优秀传统文化的融入方法

朱志敏认为：“建党90年来，中国共产党引入马克思主义和世界进步文化，创造新文化，推动了中国文化的现代转型。”②他认为马克思主义与中国传统文化有诸多相融性，这使得马克思主义能为中国人接受，但仅仅是相融性，并不足以完成中国文化现代化使命。马克思主义是产生于西方近现代社会的进步的现代性理论，与中国传统文化有本质区别。这种现代化特征是中国传统文化所不具备的。中国共产党把科学性作为现代化的重要特点，从而用唯物史观代替各色各样唯心、保守、崇尚迷信的思想。中国文化现代化依然要坚持社会主义核心价值体系，弘扬传统文化，进一步吸收世界先进文化，这是中国文化现代化的正确道路。他的《中国共产党与中国文化的进步》同样注重从现代化维度分析马克思主义相对于传统文化所具有的历史进步性，从

① 陈先达.马克思主义和中国传统文化[N].北京:光明日报,2015-07-03(1).
② 朱志敏.中国共产党与中国文化现代化[J].新视野,2011(4):7—9.

而巩固马克思主义在中国现代文化建设中的指导地位。有的学者探索马克思主义中国化与中国文化现代化关系的时候没有采取历史纵向研究，而是进行了横向截面分析。这种方法能够更好地形成一个双线融合的理论运动。这种横向分析更多地把马克思主义理论与中华优秀传统文化的内容一一对应起来，从而超越了单向的历史逻辑，形成了一定的理论逻辑体系。有的学者把这种状态比作马克思主义中国化与中华优秀传统文化现代化的共生机制。学者们对中国传统文化现代化的原因几乎都归结为全球化挑战和自身社会发展的需要，都认为传统文化已经无法满足现代社会对自然科学、社会科学的需要。学者们几乎都把中国传统文化现代化的路径寄托在马克思主义中国化和中国特色社会主义道路之上，都认同需要经过一番"评判—继承—综合—创新"的复杂过程。但他们同时认为中国传统文化现代化仍然需要弥合传统与现代之间的断裂。

有的学者以马克思主义中国化为文化视阈分析了中华民族精神(中华优秀传统文化)现代化的历史进程，认为马克思主义中国化与中华民族精神现代化两大进程具有同构性，分别体现了中华民族向外和对内寻求延续中国文化慧命的努力和创造，二者应在一种双向建构的关系上形成良性互动进而实现和谐共生。这样就把马克思主义中国化与中国传统文化现代化等同起来进行研究，其中的关键就是马克思主义与中华优秀传统文化相融合。

(六)从高校思想政治理论课本身角度分析中华优秀传统文化的融入途径

1.从学科角度研究中华优秀传统文化的融入途径。

有的学者从意义、必要性、方法途径三个角度研究了高校思想政治理论课与中华优秀传统文化的融合；有的学者简单地把中华优秀传统文化与四门高校思想政治理论课联系在一起，没有给出具体的理论逻辑与方法途径；有的学者则从意义、缺失的现状、方法三个角度分析了中华优秀传统文化融入大学生思想政治教育的途径；有的学者则提到了中华优秀传统文化融入高校思想政治理论课的依据，分析了教学内容缺乏、教学方法随机的现状，同时也分析了高校思想政治理论课教师在这方面素养的缺乏等限制条件，提出了增加教学内容、改革教学方法、增加教师素养的途径与策略。本书也从历史经验借鉴与理论前提等两个方面探讨了中华优秀传统文化融入高校思想政治理论课的理论依据，在有关教师素养方面更注重经学方法在融入过程中所具有的作用与价值。有的学者则从理念更新、内容对接、载体创新、理性批判等四个方面探索了中华优秀传统文化融入高校思想政治理论课的路径。高校思想政治理论课教材、中华优秀传统文化的知识结构、教学内容设计是实现中华优秀传统文化教育的最重要载体。内容对接则体现为中华优秀传统文化与马克思主义基本原理、马克思主义中国化理论成果、中国特色社会主义理论体系之间的融合性。有的学者则从“制定明确的教学目标，突出中华优秀传统文化教育的方向性”，“活化教学内容，凸显中华优秀传统文化教育的时代性”，“运用多种教学方法和手段，提升融入途径多元化”等角度研究中华优秀传统文化融入高校思想政治理论课路径，其中甚至提出了专题研究、转变教师思想、开展社会实践、利用网络资源等多种方法。

综合上述研究成果发现，个别学者往往从两个、三个、四个论域与角度分析问题，对中华优秀传统文化融入高校思想政治理论课的全局性、整体性、系统性研究依然不足，不能达到更多重的维度与论域，而且对中华优秀传统文化融入高校思想政治理论课的理论深度分析不足，没有充分应用马克思主义中国化理论、中国共产党思想政治教育史与思想政治教育学原理、中国近现代思想史等内容进行深入探讨，造成了简单化印象，进而无法更好地推进中华优秀传统文化融入高校思想政治理论课的工作。而这是高校思想政治理论课体系的决策者尤其是马克思主义理论研究与建设工程委员会所必须认真考虑的问题。

本书从高校思想政治理论课的途径、方法论、内容论（资源论）等角度分析中华优秀传统文化融入高校思想政治理论课的可行性与操作性。思想政治教育专业对中华优秀传统文化的研究停留在资源论的层面，而没有触及整体性研究与理论建构等深层次问题。对马克思主义与中华优秀传统文化相融合进行研究的学位论文逐渐增多，出现了中国传统文化与思想政治工作融合论等成果。这说明中华优秀传统文化融入高校思想政治理论课的理论支撑越来越被学者注意。

2. 从高校思想政治理论课的课程改革的角度分析融入中华优秀传统文化。

有的学者提出课程建设、校园文化建设、网络文化建设和校园环境建设是应用、弘扬中国传统文化的有效路径。他把课程建设摆在了重要的地位，这说明课程建设与教学内容设计是融入中华优秀传统文化的关键环节。有的学者提出要改变部分高校师生认为中国传统文化“无用”的认知观念；因人而异、因材施教，增强教学的针对性；注重授课效果，提升课程质量；提高高校教师的传统文化素养；充分利用各种现代科技媒介打造文化环境，潜移默化熏陶大学生的文化底蕴。这一系列建议都有利于中华优秀传统文化融入高校思想政治理论课。

3. 从高校思想政治理论课方法论的角度研究融入中华优秀传统文化。

有的学者提出就思想政治教育理论史而言，要努力做到古为今用，把加工过的、具有新的时代内涵的理论应用于现实，务求取得实效。有的学者认为我国拥有着五千年的辉煌文明史，这对于我们研究中国思想政治教育理论的历史演变，探索思想政治教育的发展规律，有着得天独厚的优势。中华优秀传统文化融入高校思想政治理论课必须建立在思想政治教育史的科学分析基础之上。有的学者认为中国古代非常重视思想政治教育，探索出一些有价值的思想政治教育方法和措施，更难能可贵的是中国古代提出了加强自我修养的修身方法。中国古代的思想政治教育方法尤其是自我教育、自我修养的方法值得我们学习。只有正确的方法才能让我们实现中华优秀传统文化的融入任务。中华优秀传统文化在诠释过程中受到曲解，进而会影响到思想政治教育对象的接受效果。所以，中华优秀传统文化的融入前提是以科学的方法阐释它。只有科学的方法途径融入中华优秀传统文化才能得到广大思想政治教育学者与高校思想政治理论课教师的认同与接受。有的学者认为在思维方式上，传统经学方法或沿袭为用，或可借鉴。反思习用的方式，发掘传统的精粹，应当有助于推进马克思主义中国化研究。由此可见，中华优秀传统文化融入高校思想政治理论课同样必须借鉴经学方法。经典阅读是中华优秀传统文化融入高校思想政治理论课的重要方法。有的学者更是直接把经典阅读作为融入中国传统文化的突破口并加以实践确证，有的学者则更是把蒙学读物《弟子规》作为重要的教学内容加以运用与弘扬,有的学者分析了中国传统经典(《周易》《论语》《老子》)所具有的思想政治教育价值。这些对中华优秀传统文化融入高校思想政治理论课有重要的启示意义。

4.从高校思想政治理论课内容论与资源论的角度进行研究。

思想政治教育学者与高校思想政治理论课教师主要是从思想政治教育资源论的角度来看待中华优秀传统文化。诸如《思想政治教育学原理》《现代思想政治教育学》《思想政治(品德)课程与教学论》《现代思想政治教育课程论》等专著都把中华优秀传统文化作为思想政治教育的资源。对中华优秀传统文化中丰富的德育理论的应用一直是思想政治教育学界经久不衰的主题。有的学者认为中华民族的优秀文化既是发展马克思主义的重要思想资源,又是新时期思想政治教育取之不尽、用之不竭的源泉。有的学者也把中华优秀传统文化看作"传统的精神资源",并且认为这种资源对思想政治教育有着重要的作用,传统文化是思想政治教育的最好教材,很多内容也是今天人们必须具备的道德素质和应该遵守的行为规范,包含了许多人生体验和生活哲理,兼有知识性、现实性、艺术性等特点,使人们易于接受。

本书认为资源论与内容论还有一定的区别。资源往往是潜在层面的可供选择的论证材料或者是史料,而教学内容则是活生生的需要灌输到思想政治教育客体的知识观念信息。所以,对中华优秀传统文化融入高校思想政治理论课进行创新的首要任务就是把中华优秀传统文化作为高校思想政治理论课的正式教学内容,在教材体系当中成为知识模块。虽然教材修订过程中已经体现了这一点,但距离有意识地成体系地融入中华优秀传统文化的内容,还有很长的路要走。

中华优秀传统文化成为高校思想政治理论课内容,必然要与其他内容尤其是马克思主义理论进行一种理论逻辑体系的建构,从而理顺中华优秀传统文化与其他教学内容之间的关系。中华优秀传统文化要与马克思主义相融合并且符合马克思主义中国化的内在逻辑,使它成为中国共产党整个思想体系的一部分。有的学者把传统美德教育、爱国主义教育作为思想政治教育的基础性内容,并且认为中华民族传统美德是整个人类社会优良道德传统中的重要组成部分,是中国优秀文化传统中最富有生命力的部分,是民族精神的体现，是中华民族精神赖以存在的基础，是增强民族自信心、自豪感和凝聚力的重要内容，是受教育者特别是青少年思想品德形成的传统基础，是思想政治教育的宝贵资源和重要内容，构成思想政治教育内容的丰厚历史文化底蕴。中华优秀传统文化是传统美德教育与爱国主义教育的重要基础。中华优秀传统文化可以算是思想政治教育的基础性内容。这个判断也符合“中华优秀传统文化是马克思主义中国化的文化基础”的判断。相对于主导性内容而言，中国传统文化的基础性更多体现为对马克思主义中国化大众化的辅助功能。

四、本书研究框架

本书研究框架是从中国共产党思想政治教育史、高校思想政治理论课现状、思想政治教育价值论、马克思主义中国化理论、思想政治教育内容论与知识结构论、思想政治教育环境论、思想政治教育原理与课程教学论等角度对高校思想政治的历史经验、政策依据、科学方法、基本立场、现实价值、教学内容设计、外部环境等方面进行综合探究，最终把研究框架划分为六章，分别是：

第一章是从中国共产党思想政治教育史角度为中华优秀传统文化融入高校思想政治理论课寻找政策依据与指导方针。中国共产党是高校思想政治理论课的创立者与领导者，也是中华优秀传统文化的确立者、研究者、继承者与弘扬者。中华优秀传统文化融入高校思想政治理论课必须以习近平新时代中国特色社会主义思想与总书记系列重要讲话精神为指导，贯彻教育部《纲要》，才能有效解决所面临的理论的、内在的、外部的挑战。

第二章是以高校思想政治理论课教材为内容分析融入中华优秀传统文化的现状。这有助于在今后工作中加大中华优秀传统文化的融入力度并改进融入形式。大学生是中华优秀传统文化融入高校思想政治理论课的最终教育对象。他们的态度对于融入机制有着重要的影响。通过历史与现状的考察，不难发现中华优秀传统文化的融入工作依然很薄弱，呈现出零散的状态，必须加以改进。这就真正准确地抓住了中华优秀传统文化融入高校思想政治理论课的关键问题。

第三章是从中华优秀传统文化满足高校思想政治理论课的功能角度思考“融入”的必要性与价值性。融入中华优秀传统文化有助于培育社会主义核心价值观，阐释实现中华民族伟大复兴的中国梦，增强大学生的社会主义认同，提升大学生的政治素质，最终有助于践行立德树人的根本任务。中华优秀传统文化融入高校思想政治理论课的核心在于其“价值”——为人民服务，为中国共产党治国理政服务，为巩固和发展中国特色社会主义制度服务，为改革开放和社会主义现代化建设服务，有利于培养大学生成为社会主义合格建设者和可靠接班人，进而肩负起实现中华民族伟大复兴的神圣使命。这就有效回答了为什么要把中华优秀传统文化融入高校思想政治理论课的问题。

第四章是从马克思主义中国化理论角度分析中华优秀传统文化融入高校思想政治理论课的各种挑战。首先，中华优秀传统文化要融入高校思想政治理论课必须与马克思主义理论相融合。高校思想政治理论课不可能融入那些与自身属性不相容的文化内容。所以，马克思主义理论与中华优秀传统文化之间具有可融合性，同时有非融合性。这使得融入工作遇到极大的挑战，这需要正确认识马克思主义理论与中华优秀传统文化的关系与地位问题。其次，高校思想政治理论课教师必须正确理解中华优秀传统文化的科学内涵，要通过运用辩证唯物主义与历史唯物主义，才能正确定义中华优秀传统文化，进而保证融入内容的正确性。这就能够更大意义地消除各种疑虑，更好地、更大胆地运用中华优秀传统文化。同时，中华优秀传统文化的现代化是融入高校思想政治理论课的重要条件。只有经过了创新性发展与创造性转化过的中华优秀传统文化内容才能最终发挥有益的作用。最后，高校思想政治理论课教师必须注意融入中华优秀传统文化的外部环境。全球化、现代新儒家、多元文化对中华优秀传统文化融入高校思想政治理论课都具有十分重大的影响，并制约着融入中华优秀传统文化的程度。

第五章是从思想政治教育方法论的角度分析中华优秀传统文化融入高校思想政治理论课的指导思想及方法。高校思想政治理论课教师必须运用中国共产党创造的批判继承、推陈出新、古为今用等科学方法，这就为解决中华优秀传统文化融入高校思想政治理论课所面临的挑战提供了充分的理论支撑。

第六章是从思想政治教育的学科建设、课程论、教学论等角度分析中华优秀传统文化融入高校思想政治理论课的具体途径与措施。中华优秀传统文化教育与研究应当成为马克思主义理论一级学科下的二级学科,应当在高校思想政治理论课程体系有所加强,应当以独立的章节的形式进行科学总结与概括,甚至可以成长为一门新课程。本书将中华优秀传统文化划分为中国传统哲学、中国传统政治智慧、中华传统美德三个相关教学模块融入高校思想政治理论课当中,实现知识结构化。高校思想政治理论课教师应当运用经典诠释学与案例教学法等教学法才能实现中华优秀传统文化的深度融入。这就有效回答了如何把中华优秀传统文化融入高校思想政治理论课当中去的问题。

五、创　新

本书的创新之处主要有三点:

第一,整体性思路是本书的一个突出创新之处。仅仅从某个局部入手,并不能够解决中华优秀传统文化融入高校思想政治理论课过程中所要遇到的各种挑战与难题。

第二,本书把融入中华优秀传统文化从单纯教学内容呈现提升到知识结构设计的水平。中华优秀传统文化融入高校思想政治理论课并不是仅仅增加中华优秀传统文化的教学内容这么简单,而是要对中华优秀传统文化的知识结构与教学方法进行整体设计。这个差别就是把中华优秀传统文化的存在形态从零碎的材料提升为课程知识体系的重要环节。

第三,本书提出的融入途径具有前瞻性。本书及时跟踪了理论热点,系统梳理了近几年来有关弘扬中华优秀传统文化的新观点。党的十八大以来中国共产党的领导人对融入、应用、传承与弘扬中华优秀传统文化有很多新观点、新论述。这为中华优秀传统文化融入高校思想政治理论课提供了新思想、新方法、新突破。融入中华优秀传统文化是高校思想政治理论课在改革与创新方面的一个重要组成部分,必然要在高校思想政治理论课领域进行学科建设、课程改革、教学方法、教学内容、知识结构等多方面的改革创新。很多途径需要党与政府在政策层面加以实施。本书的任务则是为课程改革、学科建设提出前瞻性的建议与探索。融入中华优秀传统文化并不是高校思想政治理论课教师的个人行为，需要决策层面的科学调研与统一部署，才能使高校思想政治理论课改革真正得到创新。

六、难 点

本书把这些难点归纳为三种，分别是：知识论域的复杂性需要进一步澄清，理论前提需要进一步探索，实践需要进一步验证。

第一，本书涉及的具有复杂的论域与知识背景需要进一步澄清。因为要做整体性研究，所以本书要涉及思想政治教育学原理、中共党史、中国共产党思想政治教育史、马克思主义理论、中国近现代史思想史、中国传统文化研究、现代新儒学研究、文化学、马克思主义中国化、德育原理、马克思主义与中国传统文化融合论、文化现代化、文化批判、中国哲学、经典诠释学、社会主义核心价值体系与核心价值观研究、中国梦理论、全球化理论、现代化、多元文化、思想政治教育课程论与教学论等诸多论域。上述诸多论域与课题反复交叉在本书当中。

第二，马克思主义理论与中国传统文化的融合论需要进一步推进。本书的立论基础是马克思主义理论与中华优秀传统文化的部分融合。时下多数学者都承认二者具有可融合性与非融合性，但是融合论当中的模式、途径、前景仍然很需要商榷。中华优秀传统文化与马克思主义理论都具有强烈的自洽性与独立性，二者能否融合、怎样才算是真正融合依然是值得思考的问题。所以，马克思主义理论与中华优秀传统文化在马克思主义中国化论域中的融合论依然有待于继续探索。

第三，中华优秀传统文化融入高校思想政治理论课仍然有待于实践探索。本书提出的“中华优秀传统文化融入高校思想政治理论课”的议题必然要经过教学实践检验才能获得相关真理性证明。只有中华优秀传统文化融入高校思想政治理论课获得了相应的教育效果，才能说服人们更深入地接受这一做法。目前中华优秀传统文化融入高校思想政治理论课的成效还不明显。传承与弘扬中华优秀传统文化的使命往往由高校思想政治理论课之外的通识课教育、人文学科、中小学语文课等课程载体担当。这种现状与高校思想政治理论课的主渠道角色极不相称。因此,这需要马克思主义理论研究和建设工程委员会对高校思想政治理论课进行周密论证、改革、部署、实践,才能有效地完成融入中华优秀传统文化的任务。

第一章　中华优秀传统文化融入高校思想政治理论课的政策依据

从中国共产党思想政治教育史而言,中国共产党是高校思想政治理论课的创立者、领导者、决策者,各级教育主管部门、高校党委、高校思想政治课教师是贯彻者、执行者、实施者。中华优秀传统文化在融入高校思想政治理论课的过程中需要围绕并服务于中国共产党的领导,中国共产党有关思想政治教育史与相关政策决议构成了中华优秀传统文化融入高校思想政治理论课的政策来源。因此,作为高校思想政治理论课教师必须认真领会党中央有关文件精神,了解中国共产党对中华优秀传统文化的认识过程,才能更好地完成使命。这是融入中华优秀传统文化必须坚守的出发点。

本书通过考察中国共产党对中华优秀传统文化的认识与处理过程,进而为今天融入中华优秀传统文化提供政策来源。

第一,从中国共产党成立到改革开放前,是中华优秀传统文化融入高校思想政治理论课的历史准备阶段。中国共产党在革命时期直至改革开放前尽管没有出现高校思想政治理论课的正式名称,但是已经存在了高校思想政治理论课的样式。在这段时期里,中国共产党一方面通过批判封建主义消除了中国传统文化中的落后内容,另一方面在推动马克思主义中国化过程中注意研究、总结中华优秀传统文化。中国共产党通过批判、清理、研究、总结等逐渐正确认识了中华优秀传统文化,为以后中华优秀传统文化融入高校思想政治理论课积累了经验。

第二,改革开放后三十多年是融入中华优秀传统文化的阶段。改革开放初期思想政治理论正式确立并从局部逐渐融入中华优秀传统文化,但是没有出现中华优秀传统文化的正式名称。直到2011年,中国共产党在十七届六中全会上正式确立了中华优秀传统文化的概念,进而高校思想政治理论课明确并加大了融入中华优秀传统文化的力度。

第三，新时代以来中华优秀传统文化融入高校思想政治理论课取得了巨大进步。党的十八大之后，习近平总书记大力弘扬中华优秀传统文化，使用了中华民族伟大复兴的中国梦、中国精神、文化自信等一系列有关中华优秀传统文化的重大命题，在全国宣传思想工作会议（2013、2018）、纪念孔子诞辰2565周年大会（2014）、全国文艺工作会议（2014）、哲学与社会科学会议（2016）、全国高校思想政治工作会议（2017）、全国教育大会（2018）、学校思想政治理论课教师座谈会（2019）等发表有关中华优秀传统文化的重要系列论述。《习近平用典》等书出版使得大力弘扬中华优秀传统文化成为重要的宣传内容，中华优秀传统文化融入高校思想政治理论课也得到了进一步推动。

总结这段历史经验对于中华优秀传统文化融入高校思想政治理论课的后续进程具有重要的指导意义。这不仅为中华优秀传统文化融入高校思想政治理论课提供了历史经验，也提供了政策依据。此外，2014年，教育部发布的《纲要》直到今天对中华优秀传统文化融入高校思想政治理论课有着最为有效、最为直接的管控效力，既为中华优秀传统文化融入高校思想政治理论课提供了政策依据，又为正确融入中华优秀传统文化划定了范围，设定了要求，防止出现各种偏颇。

第一节　高校思想政治理论课改革中的融入工作

中国共产党领导的高校思想政治理论课在20世纪80年代逐渐学科化、科学化、体系化。高校思想政治理论课在"1985方案""1998方案""2005方案"中逐步加大中华优秀传统文化的融入力度。党的十七届六中全会标志着中国共产党正式定下传承与弘扬中华优秀传统文化的基调。从此，中华优秀传统文化成为中国共产党思想体系的重要组成部分。中华优秀传统文化融入高校思想政治理论课必须重视研读党的十七届六中全会的精神，其后的十八大、十九大报告与《关于培育和践行社会主义核心价值观的意见》等都有力地推动了融入工作。

一、"1985方案"与融入中华优秀传统文化

改革开放后，中国共产党恢复了高考制度，同时实行了面向现代化、面向世界的多元一体的文化政策，高等教育取得了空前的繁荣与发展。中国共产党领导的思想政治教育学科建设开始确立，思想政治教育的理论与实践也逐渐走向科学化、学科化，高校思想政治理论课在中国共产党领导下也经历了不断完善的过程，马克思主义理论课与思想品德课合称的"两课"开始出现，高校思想政治理论课不断增加科学人生观、思想道德修养、中国近现代史、政治经济学、哲学、邓小平理论、中国特色社会主义理论等课程。1980年，教育部制定了《改进和加强高等学校马列主义课的试行办法》，重新提出"百花齐放，百家争鸣"的方针。1985年8月1日，《关于改革学校思想品德和政治理论课程教学的通知》阐述了学校思想品德课程教学改革的必要性及其基本要求。1987年，中共中央发出《关于改进和加强高等学校思想政治工作的决定》，要求坚持高等教育的社会主义方向，继续坚持对学生进行马克思主义理论教育，同时加强爱国主义教育[①]。1992年，思想道德修养课程开始设立，其中逐渐包含了一些中华传统道德的内容，教政司转发《高校思想政治教育课程教学改革与建设研讨会纪要》进行了具体要求。1994年，中宣部发布《关于进一步加强和改革学校德育工作的若干意见》，将思想政治教育课改为思想品德课。1995年，《中国普通高等学校德育大纲（试行）》颁布，强调爱国主义教育，其中包含了一定的中华优秀传统文化的内容。1995年实施的《中华人民共和国教育法》第一章总则第七条明确规定："教育应当继承和弘扬中华民族优秀的历史文化传统，吸收人类文明发展的一切优秀成果。"[②]1998年4月23日，中共中央政治局常委会专门听取了教育部党组的汇报，研究了高校开设邓小平理论课和改革问题。中华优秀传统文化与其他理论成果一样都有一个进入思想政治理论公共课的需要与过程。

① 中共中央文献研究室. 十二大以来重要文献选编：下[M]. 北京：中央文献出版社，2011:328.

② 黄欣. 教育法学[M]. 上海：上海教育出版社，2011:162.

二、“1998方案”与融入中华优秀传统文化

1998年，中宣部和教育部又发出《关于普通高等学校两课课程设置的规定及其实施工作的意见》，进一步明确进行人生观、世界观、价值观教育。这被简称为“1998方案”。“1998方案”的重要特点之一是做好邓小平理论的“三进”工作。2001年，中共中央颁发《公民道德建设实施纲要》，要求继承中华民族几千年形成的传统美德，提出了“爱国守法、明礼诚信、团结友善、勤俭自强、敬业奉献”的基本道德规范。这开创了社会主义核心价值观的先声，带有强烈的中华优秀传统文化色彩。2004年，中共中央提出《关于进一步加强和改进大学生思想政治教育的意见》，强调了“实现中华民族伟大复兴”的信念，要求开展民族精神教育与爱国主义教育。2005年1月，中共中央召开全国加强和改进大学生思想政治教育工作会议，其中要求培养大学生的民族自尊心、自信心与自豪感，提出了“八荣八耻”进课堂的任务，这又提升了中华优秀传统文化的地位与作用。

三、“2005方案”与融入中华优秀传统文化

2005年2月，中宣部和教育部发出《关于进一步加强和改进高等学校高校思想政治理论课的意见》，并随后形成“2005方案”，把本科高校思想政治理论课设置为四门，其中的三门课都涉及并正面提到了中华民族伟大复兴、中华优秀传统道德、中华优秀传统文化等话语。目前普遍开设的课程当中并没有专门介绍中华优秀传统文化的课程内容与章节，只是在讲授“爱国主义”“民族精神”“社会主义核心价值体系”“马克思主义中国化”“中华传统美德”“建设中国特色社会主义文化”对中华优秀传统文化有所融入与应用。为了更好地完成中国共产党传承和弘扬中华优秀传统文化的要求，高校思想政治理论课建设的领导决策者把中华优秀传统文化纳入现有课程体系当中。“2005方案”已经完全实现对中华优秀传统文化的应用，并在随后的修订过程中，在不断提升融入的水平的同时加大了应用的力度。

中华传统美德教育与爱国主义教育是中华优秀传统文化融入高校思想政治理论课重要的标志，与马克思主义理论相融合是融入中华优秀传统文化

的关键问题。但是直到目前而言，这个融入过程也没有结束。

第二节　习近平新时代中国特色社会主义思想对融入工作的指导价值

党的十八大报告提出“建设优秀传统文化传承体系”，同时要求“造就一批名家大师和民族文化代表人物”①。党中央已经对弘扬中华优秀传统文化提出了新要求。在中国社会主义教育体制下的中华优秀传统文化研究者应当产生一批足以与海外新儒家相媲美的文化大师，而“建设优秀传统文化传承体系”的深刻含义必然要求中华优秀传统文化融入高校思想政治理论课。党的十八大报告还提出“把立德树人作为教育的根本任务”。立德树人的基础在于弘扬中华优秀传统文化过程中把中华传统美德根植于人们的心灵当中。党的十八大报告提到了“中华文化国际影响力不断增强的新局面”。这说明当代中国弘扬中国传统文化必然要完成中国文化现代化与全球化的使命，也说明中华优秀传统文化已经成为宣传思想工作中的重要内容。传承与弘扬中华优秀传统文化已经成为全社会的共识。

党的十八大以来，习近平总书记在一系列重要讲话中大力弘扬中华优秀传统文化。这为中华优秀传统文化融入高校思想政治理论课树立了科学范式、价值目标与逻辑遵循。同时，中华优秀传统文化融入高校思想政治理论课也是深入学习贯彻习近平新时代中国特色社会主义思想的重要抓手。

一、习近平新时代中国特色社会主义思想为融入工作提供了科学范式

习近平新时代中国特色社会主义思想为中华优秀传统文化融入高校思想政治理论课提供了科学范式。

第一，习近平积极评价儒学，触及传统文化的硬核。习近平重要讲话在中国共产党思想史上第一次积极评价儒学，这使得儒学研究逐渐纳入中国共产党传承与弘扬中华优秀传统文化的视域。习近平系列重要讲话精神对儒

① 中共中央文献研究室编．十八大以来重要文献选编：上[M]．北京：中央文献出版社，2014：26.

学的论述，成为今后高校思想政治理论课教师正确认识儒学的重要规范与模式。

第二，习近平娴熟使用传统经典，展现中华文化的自信，这有助于高校思想政治理论课正确运用中国传统经典。习近平在北京大学关心了“儒藏”建设，他在曲阜考察过程中对《论语诠解》等一大批的经典诠释作品给予了肯定。中共中央政治局在2014年第十八次集体学习就强调了学习与运用传统经典的价值，习近平在纪念孔子诞辰2565周年大会上更是用很大的篇幅总结了中华优秀传统文化的具体内容。新近出版的《习近平用典》一书展现了习近平运用中华优秀传统文化的深厚底蕴。该书共整理出297篇习近平曾加以引用的经典语句，这说明娴熟运用中华传统经典是习近平话语体系的重要组成部分。杨振武在序言中评论道：“他善于用典，常常古为今用、推陈出新，不断激活优秀传统文化，赋予其鲜活的当代价值与意义。”[①]在习近平的带动下，学习中华传统经典进一步形成热潮，很多院校把经典诵读作为课程。习近平在考察中对中小学语文课程的古文经典内容予以关心，这对于高校思想政治理论课教师积极运用中国传统经典是一个重要启示。

第三，习近平积极推动传统文化的海外传播，增强世界对中华民族的文化认同。习近平在列举了“国虽大，好战必亡”、以和为贵、和而不同、化干戈为玉帛、国泰民安、睦邻友邦、天下太平、天下大同等诸多传统文化精华内容之后提出：“我们坚持走和平发展道路，是对几千年来中华民族热爱和平的文化传统的继承和发扬。”[②]以热爱和平为重要主题与原则的中华优秀传统文化越来越被认同。在众多外交盛会场合，中华优秀传统文化所特有的和平、发展、包容、共赢的外交理念获得了世界人民的认可。这种态度有助于思想政治理论正确处理中华优秀传统文化与世界其他文化的关系，进而更顺利地引入中华优秀传统文化。

在获得外界认同的同时，习近平也敏锐地提出各种文化平等友好交流的文化外交理念。中国共产党看到了现代人类社会存在着各国各文明相互交流、共同存在的客观性，任何文化文明都是在与世界文化交流过程中实现发

① 人民日报编写组．习近平用典[M].北京：人民日报出版社，2015：2.
② 习近平．习近平谈治国理政：第一卷[M].北京：外文出版社，2014：265.

展与繁荣的。习近平强调："在长期演化过程中，中华文明从与其他文明的交流中获得了丰富营养，也为人类文明进步做出了重要贡献。"①习近平对中华优秀传统文化在世界上的传播与弘扬保持乐观态度，这充分说明习近平已经正确认识与处理了中华优秀传统文化与世界文化的关系。

二、习近平新时代中国特色社会主义思想为融入工作树立价值目标

习近平把中华优秀传统文化与中华民族伟大复兴的中国梦、培育社会主义核心价值观、增强中国特色社会主义文化认同结合起来，为正确认识与处理中华优秀传统文化树立了正确的价值目标。

第一，习近平新时代中国特色社会主义思想为中华优秀传统文化融入高校思想政治理论课确立了阐释实现中华民族伟大复兴的中国梦的价值目标。按照社会主义建设的远景目标，习近平提出"实现中华民族伟大复兴的中国梦"是中国特色社会主义建设的必然要求。在提出与宣传"中国梦"理论的同时，中国共产党把弘扬中华优秀传统文化作为有力的抓手。2013年3月，习近平在第十二届全国人民代表大会第一次会议上提出："实现中国梦必须弘扬中国精神。"②

第二，习近平新时代中国特色社会主义思想为中华优秀传统文化融入高校思想政治理论课确立了阐释社会主义核心价值观的价值目标。2014年5月4日，习近平在北京大学强调："中华优秀传统文化已经成为中华民族的基因，植根在中国人内心，潜移默化影响着中国人的思想方式和行为方式。今天，我们提倡和弘扬社会主义核心价值观，必须从中汲取丰富的营养，否则就不会有生命力和影响力。"③习近平引用了"国有四维，礼义廉耻，四维不张，国乃灭亡"的警句，提到了"格物致知、诚意正心、修身齐家、治国平天下"的传统价值观，并且与青年人分享了有关"勤学""修身""立志"等方面的经典话语，

① 习近平．在纪念孔子诞辰2565周年国际学术研究会暨国际儒学联合会第五届会员大会开幕会上的讲话[N]．人民日报，2014-09-25(2)．

② 中共中央文献研究室编．十八大以来重要文献选编：上[M]．北京：中央文献出版社，2014：235．

③ 习近平．习近平谈治国理政[M]．北京：外文出版社，2014：170．

激励了大学生立足中华优秀传统文化培育社会主义核心价值观的热情。

第三,习近平新时代中国特色社会主义思想为中华优秀传统文化融入高校思想政治理论课确立了增强中国特色社会主义认同的价值目标。2013年8月,习近平在全国宣传思想工作会议上指出:“讲清楚中华优秀传统文化是中华民族的突出优势,是我们最深厚的文化软实力。”①习近平强调要增进与改善宣传思想工作的实效性,离不开建立中国特色社会主义的文化认同。

三、习近平新时代中国特色社会主义理论为融入工作提供逻辑遵循

习近平正确认识与处理中华优秀传统文化的理论成果丰富与推动了马克思主义中国化的最新发展,习近平的理论创新为正确认识和处理中华优秀传统文化提供了整体性的逻辑遵循。

第一,习近平新时代中国特色社会主义思想提示中华优秀传统文化融入高校思想政治理论课要服务于现阶段理论创新的整体性。习近平先后提出了保持党的纯洁性、实现中华民族伟大复兴中国梦、培育社会主义核心价值观、弘扬中华优秀传统文化、“三严三实”、“四个全面”等理论创新,同时推动了党的群众路线教育实践活动、反对“四风”活动、反腐败斗争、落实中央八项规定等实践创新。这些理论创新与实践创新强调了中国共产党的党性修养,是中国共产党拒腐防变的根基,是中国共产党践行群众路线的必然要求。中华优秀传统文化,对现阶段理论创新发展具有重要意义,中华优秀传统文化融入高校思想政治理论课恰恰可以完整地理解习近平新时代中国特色社会主义思想的整体性。

第二,“四个全面”战略布局对中华优秀传统文化融入高校思想政治理论课有指引意义。中华优秀传统文化融入高校思想政治理论课能够服务于“四个全面”的战略布局。“四个全面”是对改革开放以来有关经济建设、政治建设、文化建设、社会建设、党的建设理论创新的继承,对中国经济、政治、文化、社会、生态建设以及党的建设具有全局性的指导意义,是实现中华民族伟大复兴中国梦的关键一环。“全面建成小康社会”包含着精神文明建设、文化强

① 习近平.习近平谈治国理政[M].北京:外文出版社,2014:155.

国战略的要求。中华优秀传统文化融入高校思想政治理论课必然要在全社会范围内营造良好的文化舆论氛围，进而服务于“全面建成小康社会”。“全面深化改革”包含着文化体制改革，乃至于对当代文化、文艺工作的一种新设计。中华优秀传统文化融入高校思想政治理论课是中国特色社会主义文化建设领域的一种深度调整，进而更好地服务于“全面深化改革”的意识形态工作。“全面依法治国”必然要求人民群众和领导干部、社会组织都能够依照法律、制度约束与规范自己行动，在法治轨道上推进国家治理体系和治理能力现代化。中华优秀传统文化融入高校思想政治理论课有利于培养公民的法律意识与党员的规矩意识。“全面从严治党”必然要求党员干部具有高尚的道德修养与纪律意识。中华优秀传统文化融入高校思想政治理论课就是要增强大学生党员的党性修养，进而可以在社会营造起“懂道德、讲道德、守道德”的氛围。中华传统美德有利于人们规范自身言行，保持纯洁性与先进性，进而更好地以“官德”“箴言”等提升自己的理想信念与精神境界。总之，中华优秀传统文化融入高校思想政治理论课可以服务于“四个全面”战略布局，为实现“四个全面”战略布局奠定了思想文化基础。

第三，习近平新时代中国特色社会主义思想提示思想政治理论融入中华优秀传统文化要服从于马克思主义中国化的内在逻辑。把马克思主义根植于中华优秀传统文化之中是马克思主义中国化的三个基本内涵之一。毛泽东就是把马克思主义与中华优秀传统文化结合起来，提出了“实事求是”思想路线，从而实现马克思主义中国化的第一次飞跃。邓小平用“经世致用”等中华优秀传统文化，开启了社会主义改革与对外开放的伟大进程。十三届四中全会以来，中国共产党先后提出“与时俱进”“和谐社会”等具有中华优秀传统文化底蕴的先进理念。十九大以来，习近平正确认识与处理中华优秀传统文化，提出实现中华民族伟大复兴的中国梦等理念，把马克思主义中国化的理论创新提到新的高度。中华优秀传统文化与马克思主义理论作为马克思主义中国化的两个最主要的理论来源，对今后党的理论创新依然具有逻辑起点的价值。毛泽东思想、邓小平理论立足于实践论，更主要地考虑中国共产党领导中国人民的革命、建设、改革实践与马克思主义相结合的重要性。习近平正确认识与处理中华优秀传统文化，把中国实际、中国国情进一步地推进到文化历史的时空当中，包括中国国情、中华优秀传统文化在内的中国实际在马克思主义中国化理论创新中的重要性越来越被重视，“实事求是”思想路线更加接地气，更加重视中国道路与经验。习近平2013年在全国宣传思想工作会议上强调：“讲清楚中国特色社会主义植根于中华文化沃土、反映中国人民意愿、适应中国和时代发展进步要求，有着深厚历史渊源和广泛现实基础。”由此可见，习近平进一步强调了中国实际的历史维度与文化维度。

习近平强调：“努力实现传统文化的创造性转化、创新性发展，使之与现实文化相融相通，共同服务以文化人的时代任务。”[①]他提出的“创造性转化与创新性发展”的思想成为高校思想政治理论课教学应用中华优秀传统文化的根本指针[②]。“双创”方针与“批判继承”方法、“双百”方针一样具有重要的指导价值与历史意义。中华优秀传统文化已经成为中国共产党重要的话语之一，马克思主义中国化理论者已经把中华优秀传统文化纳入自己的研究范围和理论视野。

总之，习近平新时代中国特色社会主义思想对中华优秀传统文化融入高校思想政治理论课有着重要的指导意义。高校思想政治理论课教师只有认真领会习近平新时代中国特色社会主义思想，才能跟上中国共产党弘扬中华优秀传统文化的步伐，进而推动融入中华优秀传统文化的顺利进行。

第三节　《完善中华优秀统文化教育指导纲要》与融入中华优秀传统文化

2014年，教育部出台了《完善中华优秀传统文化教育指导纲要》[③]（以下简称《纲要》）。这是新时代对中华优秀传统文化教育进行指导的一个全面性的文件。《纲要》针对的是包括高等教育在内的整个国民教育体系，同时对中华优秀传统文化融入高校思想政治理论课具有重要政策指导意义。《纲要》是目

① 习近平．在纪念孔子诞辰2565周年国际学术研究会暨国际儒学联合会第五届会员大会开幕会上的讲话[N]．人民日报，2014-09-25(2)．

②《思想道德修养与法律基础》编写组．思想道德修养与法律基础[M]．北京：高等教育出版社，2015：100．

③ 完善中华优秀传统文化教育指导纲要[N]．北京：中国教育报，2014-04-02(3)．

前指导中华优秀传统文化融入高校思想政治理论课的上位文件，确立了中华优秀传统文化融入高校思想政治理论课的基本框架，并对可能遇到的各种情况进行了相关指导。《纲要》对中华优秀传统文化融入高校思想政治理论课有重要的指导意义，对本书所要研究的问题最具有教学论、课程论、实施途径上的权威性。这是因为《纲要》较为全面地、整体性地分析了进行中华优秀传统文化教育所要涉及的各种因素，这些因素都会在中华优秀传统文化融入高校思想政治理论课过程中出现。

一、《纲要》中的基本界定

第一，《纲要》提出了“完善”的说法。这说明此前教育体系内的中华优秀传统文化教育并不完善，存在着较为芜杂的形态，需要教育部进行规范与完善。这种状态也是中华优秀传统文化教育的基本状态。中华优秀传统文化融入高校思想政治理论课本身就是完善与规范中华优秀传统文化教育的过程，这种完善体现为高校思想政治理论课不断改进中华优秀传统文化的融入工作，提升中华优秀传统文化的融入水平。

第二，《纲要》使用了“中华优秀传统文化教育”说法。该说法不同于一般意义上的“国学教育”，而是建立在中国共产党对此概念的科学界定的基础上。其中的“优秀”二字，就避免了文化批判、封建主义糟粕等说法对完善中华优秀传统文化教育的干扰。

二、《纲要》中的中国梦

《纲要》提出：“加强中华优秀传统文化教育，是深化中国特色社会主义教育和中国梦宣传教育的重要组成部分。”《纲要》把中华优秀传统文化教育与中国梦宣传教育联系起来。这说明完善中华优秀传统文化教育是以中华优秀传统文化为载体，以中国特色社会主义文化建设、宣传中国梦为目的。中华优秀传统文化教育具有社会主义性质，是隐性的思想政治教育，这对高校思想政治理论课而言是非常有益的。中华优秀传统文化融入高校思想政治理论课就是进行中华优秀传统文化教育，但是高校思想政治理论课的本质属性是思想政治教育。因此，中华优秀传统文化教育与思想政治教育之间存在着一定的重合，也存在着一定的教学目的冲突。高校思想政治理论课不能偏离思想政治教育的基本原理，不能丧失自己的主体性，而成为中华优秀传统文化教育。这种冲突关系到中华优秀传统文化教育会不会潜在地冲击思想政治教育的可能性。中华优秀传统文化融入高校思想政治理论课会不会造成向中华优秀传统文化教育的靠拢，进而陷入中华优秀传统文化的义理系统，而淡化思想政治教育的本质属性？这些问题必然是经过了《纲要》制定者的讨论。所以，中华优秀传统文化融入高校思想政治理论课存在一个上限与下限的问题。所谓的上限就是不能把高校思想政治理论课的思想政治教育属性变为中华优秀传统文化教育，所谓的下限就是不能完全消除中华优秀传统文化。所以，《纲要》要求完善中华优秀传统文化教育的目的必须是“深化中国特色社会主义教育和中国梦宣传教育”。

三、《纲要》中的传承体系

《纲要》提出：“加强中华优秀传统文化教育，是构建中华优秀传统文化传承体系，推动文化传承创新的重要途径。”所以，中华优秀传统文化融入高校思想政治理论课对于“构建中华优秀传统文化传承体系”而言具有至关重要的作用。进而，高校思想政治理论课在完善中华优秀传统文化教育中的独特地位不能被掩盖，而是要充分利用，使之成为“构建中华优秀传统文化传承体系”的一部分。这种传承体系要求思想政治教育学必须设立相关的二级学科才能以学科研究、学科建设的形式实现。

四、《纲要》中的社会主义核心价值观

《纲要》提出：“加强中华优秀传统文化教育，是培育和践行社会主义核心价值观，落实立德树人根本任务的重要基础。”宣传部门把“立足中华优秀传统文化，培育社会主义核心价值观”作为口号，社会主义核心价值观是思想政治教育、宣传思想工作体系竭力要树立的内容。但是社会主义核心价值观的内容则需要丰厚的文化积淀，目前能够作为社会主义核心价值观积淀的只能是中华优秀传统文化、国外优秀文化以及马克思主义为代表的社会主义文化等内容，而“立德树人”的目标必须通过中华传统美德教育才能

够真正实现。中国革命道德、社会主义公德建立在中华传统美德的基础之上，才形成了大公无私、先人后己、爱国主义、实事求是、自强不息等一系列精神品质。

五、《纲要》提到的现实难题

《纲要》提出："加强中华优秀传统文化教育，必须正视面临的一系列困难和挑战。"《纲要》列举了"对中华优秀传统文化教育重要性的认识有待进一步提高，教育内容的系统性、整体性还明显不足，重知识讲授、轻精神内涵阐释的现象还比较普遍，课程和教材体系有待完善，教师队伍整体素质有待提升，全社会共同参与的教育合力有待加强"等问题，这些问题恰恰也是中华优秀传统文化融入高校思想政治理论课所要面对与解决的问题，"整体性还明显不足"则是"2005 方案"修订过程中要根本解决的问题，而这个问题并不是简单增加中华优秀传统文化教学内容可以解决，需要进行知识结构意义上的模块化设计。这就需要整体性融入中华优秀传统文化，而不是单纯地、零散地把中华优秀传统文化融入高校思想政治理论课。这种困难与挑战体现在本书的各章之中。由此可见，中华优秀传统文化融入高校思想政治理论课并不是一帆风顺的事业，这些困难与挑战有待于以中国共产党为领导的思想政治教育工作体系在马克思主义中国化理论创新与实践创新过程中逐一克服。

六、《纲要》提示的层次问题

《纲要》提出："以推进大中小学中华优秀传统文化教育一体化为重点，整体规划、分层设计、有机衔接、系统推进，促进青少年学生全面发展。"这里已经提到了"大学"，说明《纲要》对于中华优秀传统文化融入高校思想政治理论课同样具有指导意义，其中的"分层设计"就值得高校思想政治理论课研究者重视。否则，中华优秀传统文化融入高校思想政治理论课就有可能与中小学教育产生重复的可能性。这已经不只是高校思想政治理论课自身所能够解决的问题。

七、《纲要》中的马克思主义指导地位

《纲要》提出："要坚持历史唯物主义和辩证唯物主义的立场、观点和方法，深入挖掘和阐发中华优秀传统文化讲仁爱、重民本、守诚信、崇正义、尚和合、求大同的时代价值。要处理好继承和创新的关系，重点做好创造性转化和创新性发展。"融入中华优秀传统文化的工作必须符合马克思主义基本原理，必须以马克思主义理论为指导，这说明"与马克思主义理论相融合"是中华优秀传统文化融入高校思想政治理论课的重要前提条件，而且具有深刻的理论依据意义。

八、《纲要》中的教学内容设计

《纲要》提出："中华优秀传统文化是中华民族语言习惯、文化传统、思想观念、情感认同的集中体现，凝聚着中华民族普遍认同和广泛接受的道德规范、思想品格和价值取向，具有极为丰富的思想内涵。"这种社会主义认同是中华优秀传统文化融入高校思想政治理论课的重要现实价值诉求。《纲要》还初步总结了中华优秀传统文化的具体内容设计，分为"家国情怀教育""社会关爱教育""人格修养教育"，这对于高校思想政治理论课而言具有参考价值。我们可以把中华优秀传统文化教学内容总结为"中国传统政治智慧""中国传统哲学""中华传统美德"等内容，这与上述三块内容具有一定的重合性质。《纲要》在列举了"小学低年级、小学高年级、初中阶段、高中阶段"的教学设计之后，郑重地对大学阶段的中华优秀传统文化教育进行了设计，提出："大学阶段，以提高学生对中华优秀传统文化的自主学习和探究能力为重点，培养学生的文化创新意识，增强学生传承弘扬中华优秀传统文化的责任感和使命感。深入学习中国古代思想文化的重要典籍，理解中华优秀传统文化的精髓，强化学生文化主体意识和文化创新意识；深刻认识中华优秀传统文化是中国特色社会主义植根的沃土，辩证看待中华优秀传统文化的当代价值，正确把握中华优秀传统文化与中国化马克思主义、社会主义核心价值观的关系。引导学生完善人格修养，关心国家命运，自觉把个人理想和国家梦想、个人价值与国家发展结合起来，坚定为实现中华民族伟大复兴的中国梦不懈奋

斗的理想信念。”这个设计必然对中华优秀传统文化融入高校思想政治理论课产生深远的影响,其中提到的“深入学习中国古代思想文化的重要典籍”是所要采取的融入中华优秀传统文化的教学方法之一。而其中提到的“辩证看待中华优秀传统文化的当代价值”和“正确把握中华优秀传统文化与中国化马克思主义、社会主义核心价值观的关系”都已经是中华优秀传统文化融入高校思想政治理论课的重要论域。在培育社会主义核心价值观过程中,中华优秀传统文化教育本身也获得了一定程度的完善。坚持马克思主义指导地位与运用马克思主义中国化原理,已经是中华优秀传统文化融入高校思想政治理论课的基本前提。

九、《纲要》中的融入途径

《纲要》提出:“在课程建设和课程标准修订中强化中华优秀传统文化内容”,“鼓励有条件的高等学校统一开设中华优秀传统文化必修课,拓宽中华优秀传统文化选修课覆盖面。面向各级各类学校重点建设一批中华优秀传统文化精品视频公开课。加强中华优秀传统文化相关学科建设”。其中的“强化”就需要高校思想政治理论课加大融入中华优秀传统文化的力度。而鼓励“高校统一开设中华优秀传统文化必修课”,已经有了在高校思想政治理论课程内开设中华优秀传统文化教育新课程的创新,是中华优秀传统文化融入高校思想政治理论课的最高形态。“加强中华优秀传统文化相关学科建设”也是提升中华优秀传统文化融入高校思想政治理论课的重要条件。

《纲要》提出:“修订相关教材和组织编写中华优秀传统文化普及读物。”这说明中华优秀传统文化融入高校思想政治理论课必须进行知识结构分析与相关的课程内容的调整,进而成为整个高校思想政治理论课课程改革的一部分。

《纲要》提出:“打造一支中华优秀传统文化教育骨干队伍。在中小学教师资格考试内容中增加中华优秀传统文化的比重。在师范院校开设中华优秀传统文化课程。”这说明思想政治教育的学科建设必须满足培养能够讲授中华优秀传统文化的高校思想政治理论课教师的要求。

《纲要》提出:“加强面向全体教师的中华优秀传统文化教育培训。在哲学社会科学教学科研骨干研修、高校思想政治理论课骨干教师研修、高校辅导员骨干培训中加大中华优秀传统文化内容比重。”这启示思想政治教育的专业课程建设要为中华优秀传统文化融入高校思想政治理论课与完善中华优秀传统文化教育进行相应的调整与充实。

《纲要》提出：“建设不断适应时代需要的中华优秀传统文化网络教育平台。利用好现有全国文化资源共享工程、公共电子阅览室建设工程、数字图书馆推广计划等数字文化惠民工程的数据资源成果，推动优秀传统文化网络传播，制作适合互联网、手机等新兴媒体传播的传统文化精品佳作。重点打造一批有广泛影响的传统文化特色网站，支持和鼓励学校网站开设传统文化专栏。加强校园网络建设，依托高校网络文化示范中心、大学生网络文化工作室等，拓宽适合青少年学生学习特点的线上教育平台。选取一批有代表性的中华优秀传统文化经典诗文，建设‘中华经典资源库’。在中国大学生在线、易班网等设立中华优秀传统文化教育专栏，进行形式活泼、内容丰富的在线学习。”“加强中华优秀传统文化校园教育活动。利用学校博物馆、校史馆、图书馆、档案馆等，结合校史、院史、学科史和人物史的挖掘、整理和研究，发挥其独特的文化育人作用。”“构建互为补充、相互协作的中华优秀传统文化教育格局。”“充分发挥家庭在中华传统文化教育中的重要作用。”“积极组织开展学生和家长共同参与的传统文化体验、主题教育实践活动、志愿者服务和公益性活动，践行中华优秀传统美德，弘扬中华优秀传统文化。”这就开拓了中华优秀传统文化融入高校思想政治理论课的途径与渠道，而不再单纯地依赖课堂教学。

十、《纲要》中的领导机制

《纲要》提出：“加强对中华优秀传统文化教育的组织领导。各级党委教育工作部门和教育行政部门要把加强对青少年学生中华优秀传统文化教育作为一项战略任务，与宣传、文化、新闻出版广电等部门以及工会、共青团、妇联等群团组织密切配合，建立健全党委统一领导……”这就是要把坚持党的领导放在首要位置。中华优秀传统文化融入高校思想政治理论课必须坚持党的领导。中国共产党是融入与完善中华优秀传统文化的决策者、领导者，是高校思想政治理论课教师必须遵循的政策指引者。

十一、《纲要》中的保障机制

《纲要》提出："教育部统筹规划和推进中华优秀传统文化教育课程、教材、师资等建设，明确具体任务和政策措施。充分发挥专家咨询作用，为开展中华优秀传统文化教育提供智力支持。要不断完善社会力量和市场力量参与的传统文化教育投入机制，鼓励和引导多途径增加传统文化教育投入。""完善中华优秀传统文化教育的评价和督导机制。"这是要对中华优秀传统文化融入高校思想政治理论课进行评估，进而更好地掌握融入的力度、进程与效果。

十二、《纲要》中的学理支撑与研究工作

《纲要》提出："加强中华优秀传统文化教育教学研究。充分利用传统文化优势学科、重点研究基地和相关科研力量，深入开展中华优秀传统文化教育教学研究，为中华优秀传统文化教育教学提供理论基础和学理支撑。"这说明无论是完善中华优秀传统文化教育，还是融入中华优秀传统文化都处在一个历史过程中，仍然涉及需要进行研究与处理的方方面面的问题。

总之，中国共产党正确认识与处理中国传统文化的历史过程是中华优秀传统文化融入高校思想政治理论课的合法依据与路径依赖。从五四时期的反封建、反传统到十七届六中全会的传承与弘扬中华优秀传统文化，中国共产党对中华优秀传统文化的认识越来越成熟。梳理中国共产党对中华优秀传统文化的认识过程，有助于从历史趋势角度把握中华优秀传统文化融入高校思想政治理论课的历史规律与逻辑。高校思想政治理论课教师必须深刻领会党的十七届六中全会做出的"中国共产党是中国传统文化忠实传承者与弘扬者"深刻含义，必须进一步确立中华优秀传统文化的科学概念与地位，从而更好地实现马克思主义中国化所提出的"根植于优秀文化传统之中"的维度。中华优秀传统文化已经成为中国共产党领导的高校思想政治理论课组成部分，中华优秀传统文化融入高校思想政治理论课已经成为思想政治教育学者的研究内容。《纲要》分别从过程、目的、对象、传承体系、指导思想、内容

设计等方面进行了业务指导，对构建中华优秀传统文化融入高校思想政治理论课的机制问题有极强的建设性作用。高校思想政治理论课工作体系决策者与思政课教师应当按照《纲要》的要求，积极融入、运用、传承与弘扬中华优秀传统文化，才能完成中国共产党十七届六中全会以来制定的既定方针，增强教育对象的文化自信，为实现中华民族伟大复兴的中国梦而增添正能量！在习近平新时代中国特色社会主义思想、中国共产党的政策方针与《纲要》精神的指引下，研究中华优秀传统文化融入高校思想政治理论课的课题越来越具有现实价值。

第二章　中华优秀传统文化融入高校思想政治理论课的现状调查

本书从教学内容与教学对象两个层面对中华优秀传统文化融入高校思想政治理论课的现状进行调查。

第一节　中华优秀传统文化融入高校思想政治理论课的教学内容分析

高校思想政治理论课是思想政治教育的主渠道，包括“思想道德修养与法律基础”“近现代史纲要”“毛泽东思想和中国特色社会主义理论体系概论”“马克思主义基本原理概论”等课程。高校思想政治理论课教师依据高校思想政治理论课教材对大学生进行思想政治教育。高校思想政治理论课教材具有极高的权威性与指导性，是高校思想政治理论课教师应用中华优秀传统文化的文本根据。所以，教材现状构成了中华优秀传统文化融入高校思想政治理论课的重要观测对象。高校思想政治理论课教材的质量如何对于确保社会主义大学的性质、维护社会主义意识形态具有重要作用。目前的高校思想政治理论课体系按照“2005方案”实施，采用了马克思主义理论研究和建设工程委员会的统编教材。该教材经过了多次修订，在融入中华优秀传统文化方面取得了巨大成绩，但仍在不断改进与提升。高校思想政治理论课教材不断加强了中华优秀传统文化的融入力度，但是仍然面临着从简单增加引用内容到构建知识体系的任务。

一、中华优秀传统文化融入思修课

分析各个版本教材融入中华优秀传统文化的修订工作，有利于把握融入工作的规律与趋势，发现其中的深刻用意，进而对今后的融入工作有启示意义。2015年版思修教材基本上实现了中国共产党有关传承与弘扬中华优秀传统文化的意图，把最新的理论创新融入教学内容中，实现了质与量两方面的突破，但依然需要不断探索与改进。中华优秀传统文化作为科学概念与教学内容已经在思想道德修养与法律基础教材当中得到了有效建构，但需要进一步提升。中华优秀传统文化中的修身齐家治国平天下等内容能够激发大学生立德树人的愿望和动力，思修课教师几乎在利用中华优秀传统文化的立德修身的内容对大学生的行为进行规范，中华优秀传统文化的道德教育功能优势明显。

（一）中华优秀传统文化融入2015年版思修教材的基本情况

第一，2013年版思修教材绪论部分列举了司马光的"才者，德之资也；德者，才之帅也"[①]。2015年版思修教材在此基础上增加了"独学而无友，则孤陋而寡闻""少而好学，如日之阳；壮而好学，如日中之光；老而好学，如秉烛之明"[②]等古典话语。有关德才的讨论属于中华优秀传统文化的固有内容。2015年版思修教材直接使用了"社会主义核心价值观继承了中华优秀传统文化"[③]的观点，而在继续使用2013年版思修教材有关"修以求其萃美，养以期其充足，修犹切磋琢磨，养犹涵育熏陶也"[④]的话语。

第二，2013年版思修教材第一章列举了孔子的"三军可夺帅也，匹夫不可夺志也"，墨子的"志不强者智不达"，诸葛亮的"志当存高远"，老子的"千里之行，始于足下"等说法，在"正确对待实现理想过程中的顺境与逆境"引用了司马迁《太史公自序》的话，并列举了文王、孔子、屈原、左丘明、孙膑、吕不韦、韩非子等人的事迹[⑤]。2015年版思修教材在第二节提出要"坚定实现中华民族

---

①《思想道德修养与法律基础》编写组．思想道德修养与法律基础[M].北京：高等教育出版社，2013：7.

②《思想道德修养与法律基础》编写组．思想道德修养与法律基础[M].北京：高等教育出版社，2015：5.

③《思想道德修养与法律基础》编写组．思想道德修养与法律基础[M].北京：高等教育出版社，2015：10.

④《思想道德修养与法律基础》编写组．思想道德修养与法律基础[M].北京：高等教育出版社，2015：15.

⑤《思想道德修养与法律基础》编写组．思想道德修养与法律基础[M].北京：高等教育出版社，2013：34.

伟大复兴的信心”,还提到了中华民族创造了辉煌的文明[①]。这种复兴应当包含着中华优秀传统文化的部分。2015年版思修教材第三节以“中国传统文化有许多励志警句”启发大学生立志。2015年版思修教材则去掉了孔子的话,也没有引用《太史公自序》与上述古人的事例。

第三,2010年版思修教材第二章引用“和为贵、信义和平、礼仪之邦、协和万邦、德莫大于和、愚公移山、因时而变、与时偕行”等中华优秀传统文化的内容进行论述[②],2013年、2015年版思修教材没有引用“信义和平”等话语。

2015年版思修教材在第一节提出要“弘扬中国精神”,“中华民族悠久辉煌的历史文化孕育了中国精神,涵养了伟大的民族精神和时代精神”[③]。2015年版思修教材提出“在中国传统文化中,重视并崇尚精神生活,是古代思想家们的主流观点”[④]。2015年版思修教材从对“理想”“道德修养和道德教化”“人生境界和理想人格”等方面的追求加以论述,并且化用了十七届六中全会的重要观点后提出:“中国共产党是中华民族优秀传统的忠实继承者和坚定弘扬者。”[⑤]该句相对于十七届六中全会提出的“中国共产党从成立之日起,就既是中华优秀传统文化的忠实传承者和弘扬者,又是中国先进文化的积极倡导者和发展者”而言,在“优秀传统”后面少了“文化”二字,前面则以“中华民族”替代“中华”。这反映出专家们的变通性,优秀传统比“优秀传统文化”的范围更为广大,更容易得到继承。2015年版思修教材随后对“中华民族的优秀传统”进行分析,并引用《全心全意为人民服务》中的“做一个高尚的人,一个纯粹的人,一个有道德的人,一个脱离了低级趣味的人,一个有益于人民的人”进行说明。2015年版思修教材阐释民族精神的过程中,首先是以爱国主义为

---

①《思想道德修养与法律基础》编写组.思想道德修养与法律基础[M].北京:高等教育出版社,2015:27.

②《思想道德修养与法律基础》编写组.思想政治教育与法律基础[M].北京:高等教育出版社,2010:51.

③《思想道德修养与法律基础》编写组.思想道德修养与法律基础[M].北京:高等教育出版社,2015:37.

④《思想道德修养与法律基础》编写组.思想道德修养与法律基础[M].北京:高等教育出版社,2015:38.

⑤《思想道德修养与法律基础》编写组.思想道德修养与法律基础[M].北京:高等教育出版社,2015:39.

核心，其次是以“团结统一、爱好和平、勤劳勇敢、自强不息”为内容[①]。

2015年版思修教材对爱国主义的定义是：“人们对自己故土家园、民族和文化的归属感、认同感、尊严感与荣誉感的统一。”[②]这里的“灿烂文化”应当被理解为中华优秀传统文化。2015年版思修教材：“文化传统作为一个民族群体意识的载体，常常被称为国家和民族的‘胎记’，是一个民族得以延续的‘精神基因’，是培养民族心理、民族个性、民族精神的摇篮，是民族凝聚力的重要基础。人们在现实生活中，或许会背井离乡，或许会彼此隔绝，但对祖国灿烂文化和历史传统的认同感总会把人们的心连在一起。爱祖国的灿烂文化就应该认真学习和真正了解祖国的历史，深入理解祖国优良的历史文化传统。”[③]该内容保持了与前几版教材的一致性。可见，中华优秀传统文化已经融入了思想道德修养与法律基础的教材之中。2015年版思修教材的新改进还在于提出：“尊重历史，不苛求古人，既充分肯定历史上的爱国人物、爱国情感、爱国思想和爱国行为，又要看到这些人物、情感、思想和行为的历史局限性。”[④]2015年版思修教材及时使用了“四个认同”的说法，即对”伟大祖国、中华民族、中华文化、中国特色社会主义道路”[⑤]的认同。中华文化作为其中之一，是维护祖国统一的重要纽带。2015年版思修教材第二章第三节也大量引用了“仁者无忧、智者不惑、勇者无惧”“删繁就简三秋树，领异标新二月花”等大量古语来渲染改革创新实践精神。

第四，2015年版思修教材第三章认为“与人为善等古训”在今天仍然具有积极意义[⑥]。该章所要阐释的世界观、人生观、价值观在中华优秀传统文化中

①《思想道德修养与法律基础》编写组.思想道德修养与法律基础[M].北京：高等教育出版社，2015:44.

②《思想道德修养与法律基础》编写组.思想政治教育与法律基础[M].北京：高等教育出版社，2015:44.

③《思想道德修养与法律基础》编写组.思想道德修养与法律基础[M].北京：高等教育出版社，2015:45

④《思想道德修养与法律基础》编写组.思想道德修养与法律基础[M].北京：高等教育出版社，2015:46.

⑤《思想道德修养与法律基础》编写组.思想道德修养与法律基础[M].北京：高等教育出版社，2015:55.

⑥《思想道德修养与法律基础》编写组.思想道德修养与法律基础[M].北京：高等教育出版社，2015:85.

有着丰富的内容。该章第一节反对个人主义、享乐主义、拜金主义的人生观。这与中国古代的义利之辩有着深刻的相似性。马克思主义主张科学地对待人与自然的关系，这与古代天人合一的思想比较接近。该节强调积极的人生态度，这与儒家的诚、善等价值观接近。该节强调科学高尚的人生观指导人生，与中国古代“成为圣贤”的人生理想非常接近。该章第二节强调“创造有价值的人生”，符合中华优秀传统文化当中“经世济用”的主张。该章第三节强调了人与人、人与自然、人与社会、人与自心的和谐。和谐观念同样可以表达为《中庸》所强调的“中和”观念。

第五，2010年、2013年、2015年三版教材的第四章都把中国古代的伦理道德称之为“封建社会的道德”[①]。2013年版思修教材提出：“中国有五千多年的文明史，道德资源十分丰厚。中国传统道德是中国历史上不同时代人们的行为方式、风俗习惯、价值观念和文化心理的体现，是中国古代思想家对中华民族道德实践经验的总结、提炼与概括。”[②]2015年版教材去掉了“中国古代思想家”等字，从而使得中华传统美德更具有大众性，而不是仅仅是来源文化精英。2015年版思修教材第二节的题目用“弘扬中华传统美德”替代了2013年版思修教材的“继承和弘扬中华民族优良道德传统”[③]。“中华传统美德”比“中华民族优良道德传统”显得更为具体与准确。2015年版思修教材相对于2013年版思修教材增加了“讲仁爱、重民本、守诚信、崇正义、尚和合、求大同”[④]的说法。而这六项内容是习近平在2014年2月中央政治局集体学习时对中华传统美德的高度概括。2013年版思修教材把中华民族优良道德概括为6项内容，而2015年版思修教材则称之为“中华传统美德的基本精神”。2015年版思修教材的新改进显得更为准确，其中引用了大量的古典话语。第一项内容是注重整体利益，强调责任意识与奉献精神。教材引用了《诗经》“夙夜在

①《思想道德修养与法律基础》编写组.思想道德修养与法律基础[M].北京：高等教育出版社，2015：95.

②《思想道德修养与法律基础》编写组.思想道德修养与法律基础[M].北京：高等教育出版社，2013：94.

③《思想道德修养与法律基础》编写组.思想道德修养与法律基础[M].北京：高等教育出版社，2013：94.

④《思想道德修养与法律基础》编写组.思想道德修养与法律基础[M].北京：高等教育出版社，2015：96.

公”的警句，引用了《尚书》“以公灭私”与“公而忘私”的话语，还引用了范仲淹“先天下之忧而忧而忧，后天下之乐而乐”的警句，提到了古代的义利观。第二项内容是推崇仁爱原则，追求人际和谐，其中列举了“仁者爱人”“己所不欲，勿施于人”“仁者自爱”“亲亲仁民爱物”“和为贵”等话语。第三项内容是讲求谦敬礼让，强调克骄防矜。比如，孟子提出：“恭敬之心，礼也。”孔子提出：“不学礼，无以立。”《左传》提出：“礼，人之干也。无礼，无以立。”2015年版思修教材去掉了《左传》的“事思敬”“不居功”与《道德经》的“不自矜”等内容。第四项内容是倡导言行一致，强调恪守诚敬。三版教材普遍引用了荀子的“养心莫大于诚”、孔子的“人而无信，不知其可”“与朋友交，言而有信”等话语。第五项内容是追求精神境界、重视道德境界。不同于2013年版思修教材所引用的“是非之心，智也”与“博学之、审问之、慎思之、明辨之、笃行之”等话语，2015年版思修教材则引用了“明于庶物、察于人伦”的说法。第六项内容是重视道德践履，塑造理想人格。2013年版思修教材与2015年版思修教材都引用了相同的内容。孔子提出：“仁远乎哉，我欲仁，斯仁至矣。”曾子提出“吾日三省吾身”的要求。此外，教材还提到了廉洁自律、宽厚待人、艰苦朴素、勤劳节俭、孝敬父母、尊老爱幼、尊师敬业、刚健有为、自强不息、舍生取义、见义勇为、奋发图强等内容。三版教材都认为：“中华民族虽然历经无数磨难与困苦，但始终能屹立于世界民族之林，应当说是同中国的优良传统文化，特别是优良的道德传统的作用分不开的。”[①]2013年版思修教材在这一节最后提出要“正确对待中华民族道德传统”[②]。而2015年版思修教材则改为”中华传统美德的创造性转化和创新性发展”[③]。2015年版思修教材相比于2013年版思修教材显得更为准确，为正确对待中华传统美德提供了根本方法。这个方面来自习近平系列重要讲话精神。这实际上为正确对待中华优秀传统文化提供了根本方法。但是中华传统美德更符合思想道德修养与法

①《思想道德修养与法律基础》编写组.思想道德修养与法律基础[M].北京：高等教育出版社，2015：100.

②《思想道德修养与法律基础》编写组.思想道德修养与法律基础[M].北京：高等教育出版社，2015：99.

③《思想道德修养与法律基础》编写组.思想道德修养与法律基础[M].北京：高等教育出版社，2015：100.

律基础的课程需要，比中华优秀传统文化更为具体。2013年版思修教材与2015年版思修教材都认为中华传统道德是一个矛盾体，具有鲜明的两重性。但是接下来，2015年版思修教材提出“去粗存精、去伪存真”的两去论和“古为今用、推陈出新”的基本思路则显得更为生动凝练。2015年版思修教材比2013年版思修教材先进之处在于对该问题进行了一番梳理，提出了三条基本框架作为要求，分别是要“加强对中华传统美德的挖掘和阐发”“用中华传统美德滋养社会主义道德建设”“以开放的胸怀和事业吸收借鉴人类文明的有益道德成果”等三个方面。相比于2013年版思修教材的泛泛而谈，2015年版思修教材显得更具有逻辑体系特征。2013年版思修教材提出要按照三个“是否有利于”的标准去做工作。“是否有利于”是理论上尚且存在明显争议的情况下做出的一种底线要求，2015年版则不再提“是否有利于”，而直接提出了“创造性转化”与“创新性发展”的解决方案。由此可见，专家们对该问题已经能够做到精确掌握与裁夺。2015年版思修教材继承了2013年版思修教材有关反对虚无主义与复古主义两种错误思潮的思想，还继承了2013年版有关学习国外先进文化的思想。2013年版思修教材：“一个国家或民族的文化发展与道德进步，除了要注意继承和弘扬本民族文化和道德的优良传统之外，还必须积极吸收其他民族文明的优秀成果。一个文化通过与异质文化的交流和碰撞，冲突和融合，是保持其生命力，实现自我更新和发展的重要机制，是文化演化发展的规律性现象。”[①]这说明教材编写者要求以中华优秀传统文化为本位，进而与异质文化进行交流与碰撞、冲突与融合。这里的“异质文化”是以中华优秀传统文化为本位文化，而以国外优秀文化为异质文化。2015年版思修教材则删掉了这段话，但是保留了以下内容：“当今任何国家的文明发展或道德进步，都不可能不受到其他民族或国家的文化或道德文明成果的影响，都不可能脱离人类文明发展的大道。”[②]这说明中国共产党所领导的中国特色社会主义文化建设本身具有面向世界的全球化维度，包含了对国外先进文化的学习。2015年版思修教材增加了“继承与发扬中国革命道德”一节内

①《思想道德修养与法律基础》编写组.思想道德修养与法律基础[M].北京：高等教育出版社，2013：100.

②《思想道德修养与法律基础》编写组.思想道德修养与法律基础[M].北京：高等教育出版社，2015：101.

容，而把2013年版思修教材的“恪守公民基本道德规范”纳入“加强社会主义道德建设”之中。“中国革命道德”的提法是2015年版思修教材的重大创新，对它的定义是：“它是马克思主义与中国革命、建设和改革的伟大实践相结合的产物，是对中国优良道德传统的继承和发展，是中华传统美德新的生华和质的飞跃，是中华民族极其宝贵的道德财富。”①中国革命道德与中华传统美德之间具有本质联系，而不再是单纯的马克思主义伦理思想的推演。2015年版思修教材在第四节当中提到了“社会主义道德是对中华传统美德的传承与升华”②，而去掉2013年版思修教材的“是马克思主义伦理思想同中国特色社会主义伟大实践相结合的产物”③。这更说明中国革命道德与中华传统美德之间的契合。这里微小的变动可以反映出专家们对马克思主义伦理思想有了更为慎重的态度。马克思主义伦理思想主要分为现实当中的阶级斗争思想与理想社会当中的“自由人的联合体”思想。应该说无论是阶级斗争还是自由人的联合体思想都需要与中国特色社会主义社会相适应，前者已经不构成主要矛盾，而后者依然难以达到。而中国革命道德与中华传统美德却经过了历史的检验，适合于中国的基本国情。

2013年版思修教材引述了2001年的《公民道德实施纲要》提出的“爱国守法、明理诚信、团结友善、勤俭自强”的道德要求。2015年版思修教材不再引述以上内容，而是以“四个全面”战略布局加强道德建设，强调“社会主义道德建设的核心与原则”和“崇德向善的道德实践”。2013年版思修教材认为：“公民道德建设以诚实守信作为重点，是对中华民族传统美德的弘扬。诚实守信是中华民族的传统美德，是立身之本，举政之本，是进德修业之本。”④2013年版思修教材以《论语》的“去兵，去食，民无信不立”加以说明。2015年版思修教材则删除了上述说法。

①《思想道德修养与法律基础》编写组．思想道德修养与法律基础[M].北京：高等教育出版社，2015：102.

②《思想道德修养与法律基础》编写组．思想道德修养与法律基础[M].北京：高等教育出版社，2015：107.

③《思想道德修养与法律基础》编写组．思想道德修养与法律基础[M].北京：高等教育出版社，2013：100.

④《思想道德修养与法律基础》编写组．思想道德修养与法律基础[M].北京：高等教育出版社，2013：109.

2010年版思修教材在“努力锤炼个人品德”的内容里面提到了“历史上思想家们所提出的各种积极有效的道德修养方法”[①]，其中包括学思并重、学善戒恶、省察克治、慎独自律、积德成善、知行统一等方法。这些方法都是儒家道德学说中的道德修养功夫。这充分说明了儒家道德学说具有一定的当代价值。而2013年版思修教材则把相关内容放入“第七章第四节”[②]，而2015年版思修教材则把这块内容放入“第五章第四节”[③]并有了较大的变动。

第六，2015年版思修教材的第五章更多体现了时代特征。在阐释“尊老爱幼”时融入了中国传统美德，在阐释“男女平等”时提示了中国古代男尊女卑的落后道德观念[④]，在阐释“夫妻和睦”时则辩证分析中华传统美德与“三从四德”的区别，在阐释“弘扬家庭美德”时则使用“注重家教、注重家风”这类最新提法，并且指出“中华民族自古以来就重视家庭、重视亲情”，在第四节“个人品德”当中强调了道德修养与道德境界并且指出“中华民族自古以来就非常重视对个人道德境界的引领……涌现出无数圣贤君子、志士仁人”，同时使用了“名节如璧不可污”“见贤思齐焉，见不贤而内省焉”“不矜细行，终累大德”等古语进行说明。

第七，2015年版思修教材第六章继承2013年版思修教材对中华法系的论述。2015年10月，习近平访问英国特别强调了中华法系的重要性。由此可见，高校思想政治理论课教材融入中华优秀传统文化不再局限于中华传统美德，已经把中华法系纳入教材，而道德与法律是一种文明体系当中最重要的两种规矩意识。2015年版思修教材还引述了”立善法于天下，则天下治；立善法于一国，则一国治”“天下之事，不难于法，而难于法之必行”“理国要道，在于公平正直”等古语说明这个道理。2013年版思修教材的“中国特色法律体系”演变为2015年版思修教材的“中国特色社会主义法治体系”。但是

①《思想道德修养与法律基础》编写组.思想道德修养与法律基础[M].北京：高等教育出版社，2010：117.

②《思想道德修养与法律基础》编写组.思想道德修养与法律基础[M].北京：高等教育出版社，2013：202.

③《思想道德修养与法律基础》编写组.思想道德修养与法律基础[M].北京：高等教育出版社，2015：138.

④《思想道德修养与法律基础》编写组.思想道德修养与法律基础[M].北京：高等教育出版社，2015：131.

2013年版思修教材所提出的“中国特色社会主义法律体系的形成……坚持将继承历史传统、借鉴人类文明成果和进行制度创新有机结合起来”,“注重继承中国传统法制文化优秀成分”,“实现了传统文化与现代文明的融合”[①]等话语不再出现。这说明2015年版思修教材在融入中华法系思想的时候进行了慎重考虑。

第八,2015年版思修教材第七章充实了“依法治国与以德治国相结合”的思想[②],而以德治国是融入中华优秀传统文化的重要话语之一。2015年版思修教材提出“抛弃人治思维”,批评了“圣君贤人之治”[③]。这对融入中华优秀传统文化有所警示。

第九,2015年版思修教材结束语主题是“做社会主义核心价值观的积极践行者”,进而替代了2013年版思修教材“立志做社会主义四有新人”的题目。2010年版思修教材仅仅引用了孟子“天将降大任于是人也”的话语[④],并且要求大学生追随千百年来的中华民族的志士仁人。2013年版思修教材则提到了青年要“实现中华民族伟大复兴的中国梦”,不再引用《孟子》的话语。2015年版思修教材则使用了“非学无以广才,非志无以成学”“德者,本也”“不审不聪则缪,不察不明则过”“天下难事,必作于易;天下大事,必作于细”[⑤]等古语,进而更广泛地融入了中华优秀传统文化的话语。

总之,2015年版思修教材相对于以前版本有了较大改进,主要体现为七点:第一,增大了对古代经典与话语的引用力度;第二,更加明晰地界定了中华传统美德等概念;第三,更加明晰地界定了中华优秀传统文化与社会主义核心价值观的关系;第四,首次使用了十七届六中全会的重要论述;第五,增加了认同中华文化等内容;第六,弘扬中华优秀传统文化逐渐成为实现中华

---

①《思想道德修养与法律基础》编写组.思想道德修养与法律基础[M].北京:高等教育出版社,2013:157.

②《思想道德修养与法律基础》编写组.思想道德修养与法律基础[M].北京:高等教育出版社,2015:175.

③《思想道德修养与法律基础》编写组.思想道德修养与法律基础[M].北京:高等教育出版社,2015:178.

④《思想道德修养与法律基础》编写组.思想道德修养与法律基础[M].北京:高等教育出版社,2010:250.

⑤《思想道德修养与法律基础》编写组.思想道德修养与法律基础[M].北京:高等教育出版社,2015:224.

民族伟大复兴的中国梦的一部分;第七,对应用中华优秀传统文化与坚持马克思主义主体地位进行了合理的安排,应用中华优秀传统文化并没有削弱马克思主义的主体地位,而是更突出了社会主义核心价值观的统领作用。

中华优秀传统文化融入2015年版思修教材,存在着诸多不足之处。第一,2015年版思修教材融入中华优秀传统文化依然局限于古代名言警句,对古代的经典没有足够重视,而且不再使用2013年版思修教材的脚注模式;第二,2015年版思修教材融入中华优秀传统文化集中于中华传统美德,而对中国古代"思想""政治"有所回避或者留给了纲要课去处理,因而思想道德修养并不能全面地让大学生掌握中华优秀传统文化,马克思主义理论研究与建设工程委员会在编写教材的时候依然把中华优秀传统文化限制在道德论域之中,压缩了中华优秀传统文化的内涵。中华传统美德仅仅是中华优秀传统文化的一个方面,并不能够代替中华优秀传统文化;第三,思想道德修养与法律基础教材对中华优秀传统文化在马克思主义中国化过程中的地位与作用没有进行阐释,把理论建构的任务留给了概论课去处理。所以,思想道德修养与法律基础的教材体系更加关注大学生的道德养成,更加注重中华传统美德。这既是优点也是一种遗憾。所以,融入中华优秀传统文化依然需要高校思想政治理论课教师通过自己的学识不断丰富相关内容。

中华优秀传统文化融入2015年版思修教材也有了进一步的提升。中国共产党有关弘扬中华优秀传统文化的理论创新经过专家们的整理已经实现进教材的任务。2015年版思修教材增加了有关中华传统美德、中华法系、中华民族伟大复兴等科学概念与知识模块,并更加准确地运用了十七届六中全会以来的新提法。但是,中华优秀传统文化的主体内容依然需要高校思想政治理论课教师进行主动选择与主动使用。

(二)中华优秀传统文化融入2018年版思修教材的基本情况

2018年版教材相对于2015年版教材又做了较大幅度的改版,很多章节的题目都有所变更,教学内容也更加精练。

第一,2018年版思修教材绪论部分提到了"功崇惟志,业广惟勤""学如弓弩，才如箭镞，识以领之，方能中鹄”[①]的话语，去掉了2015版年所引用的古典观点，没有突出中华优秀传统文化的内容。

第二，2018年版思修教材第一章“人生的青春之问”的第三节中的“树立正确的生死观”提到孔子的“杀身成仁”、孟子的“舍生取义”，还提到司马迁的“人固有一死，或重于泰山，或轻于鸿毛”[②]，在“树立正确的荣辱感”当中提到孔子的“知耻近乎勇”、孟子的“无羞恶之心，非人也”、管仲的“礼义廉耻、国之四维”等话语[③]。2018年版的第一章不再有2015年版与2013年版提到的内容。可见，教材编纂专家对中华优秀传统文化内容的使用更为精准。

第三，2018年版思修教材第二章“坚定理想信念”使用了“志之所趋，无远勿届，穷山距海，不能限也。志之所向，无坚不入，锐兵精甲，不能御也”[④]的话语。2018年版教材在第二章第二节的“中国特色社会主义是我们的共同理想”之中提到了中华优秀传统文化，把中华优秀传统文化作为中国特色社会主义文化的一个重要来源与组成部分。2018年版教材在第三节的“为实现中国梦注入青春能量”当中提到了墨子的“志不强者智不达”、诸葛亮的“志当存高远”，还提到了《道德经》的“合抱之木，生于毫末；九层之台，起于累土；千里之行，始于足下”[⑤]的话语。2018年版教材显得更为简洁。

第四，2018年版思修教材的第三章题目是“弘扬中国精神”，而不是原来的“领悟人生真谛，创造人生价值”。2018年版第三章把“中国精神”定义为“兴国强国之魂”，又提到了“中华民族不仅创造出光辉灿烂、享誉世界的中华文明，也塑造出独特的精神品质和精神品格”[⑥]。该章提出中华民族重精神的

---

①《思想道德修养与法律基础》编写组.思想道德修养与法律基础[M].北京：高等教育出版社，2018:4.

②《思想道德修养与法律基础》编写组.思想道德修养与法律基础[M].北京：高等教育出版社，2018:22.

③《思想道德修养与法律基础》编写组.思想道德修养与法律基础[M].北京：高等教育出版社，2018:23.

④《思想道德修养与法律基础》编写组.思想道德修养与法律基础[M].北京：高等教育出版社，2018:30.

⑤《思想道德修养与法律基础》编写组.思想道德修养与法律基础[M].北京：高等教育出版社，2018:43.

⑥《思想道德修养与法律基础》编写组.思想道德修养与法律基础[M].北京：高等教育出版社，2018:46.

文化传统，提到《论语》的“不义而富且贵，于我如浮云”，又提到了“道德当身，故不以物惑”，崇尚“一箪食，一瓢饮，在陋巷，人不堪其忧，回也不改其乐”。该篇提到了“中国古人在义利观上主张见利思义、以义制利、先义后利，在理欲观上主张导欲、节欲，强调用道德理性和精神品格对欲望进行引导和控制，时刻对私欲、贪欲保持警惕。因此，在中国传统文化中，重视并崇尚精神生活，是中国古代思想家们的主流观点。”

该章提出“中国民族对理想的不懈追求”和“儒家把仁爱和谐视为最高的道德理想”，这是高校思想政治理论课教材第一次正面使用“儒家”这个词语。该章以“志士仁人，无求生以害仁，有杀身以成仁”“兼相爱、交相利”“为天地立心，为生民立命，为往圣继绝学，为万世开太平”作为道德理想的注解。

该章提到了“中华民族崇尚精神的优秀传统，亦表现在对道德修养和道德教化的重视上”。提到了《左传》的“三不朽”(立德、立功、立言)，提到了《大学》的“自天子以至于庶人，壹是皆以修身为本”“明人伦”①等话语。该章提到了“古代思想家们不仅对道德修养和道德教化理论进行了系统论述，而且提出了修身养性的具体方法以及家箴家训、乡规民约等教化方式”。

该章提到了“中华民族崇尚精神的优秀传统”，还表现为对理想人格的推崇”。其中提到孔子的“知之者不如好之者”、孟子的“可欲之谓善，有诸己之谓信，充实之谓美，充实而有光辉之谓大，大而化之之谓圣，圣而不可知之之谓神”。该章提到儒家的“君子”“圣人”的理想人格、梁启超的“新民”②等。

该章在“中国精神是民族精神和时代精神的统一”部分提到中华民族的伟大民族精神，其中提到了“乐以天下、忧以天下”“苟利社稷，死生以之”③。

该章在“伟大创造精神”提到了“产生了老子、孔子、庄子、孟子、墨子、孙子、韩非子等闻名于世的伟大思想巨匠”，“发明了造纸术、火药、印刷术、指南针等影响人类文明进程的伟大科技成果”，“创造了诗经、楚辞、汉赋、唐诗、宋

①《思想道德修养与法律基础》编写组．思想道德修养与法律基础[M]．北京：高等教育出版社，2018:46.

②《思想道德修养与法律基础》编写组．思想道德修养与法律基础[M]．北京：高等教育出版社，2018:47.

③《思想道德修养与法律基础》编写组．思想道德修养与法律基础[M]．北京：高等教育出版社，2018:48.

词、元曲、明清小说等伟大文艺作品”,“建设了万里长城、都江堰、大运河、故宫、布达拉宫等气势恢宏的伟大工程”[①]。这些内容恰恰都是中华优秀传统文化的精神成果与物质成果。

该章在“伟大梦想精神”提到了“盘古开天、女娲补天、伏羲画卦、神农尝草、夸父逐日、精卫填海、愚公移山”的精神[②]。

该章在第二节的“新时代的爱国主义”专门开辟一个部分——“(三)尊重和传承中华民族历史和文化”对中华优秀传统文化进行了整体性介绍。该部分提出:“中华优秀传统文化是中华民族的精神命脉,其中蕴含着中华民族世世代代形成和积累的思想营养和实践智慧,是中华民族得以延续的文化基因,也是我们在世界文化激荡中站稳脚跟的根基。”[③]该部分还提出:“中华文化独一无二的理念、智慧、气度、神韵,增添了中国人民和中华民族内心深处的自信和自豪。”[④]

该部分提到了“我们必须尊重和传承中华民族历史和文化,以时代精神激活中华优秀传统文化的生命力,延续文化基因,萃取思想精华,推进中华优秀传统文化创造性转化和创新性发展,在传承与创新中树立和坚持正确的历史观、民族观、国家观、文化观,增强做中国人的骨气和底气”[⑤]。

该部分引述习近平的话语:“历史是一面镜子,从历史中,我们能够更好看清世界、参透生活、认识自己;历史也是一位智者,同历史对话,我们能够更好认识过去、把握当下、面向未来。”[⑥]该部分提出:“一个抛弃了或者背叛了自己历史文化的民族,不仅不可能发展起来,而且很可能上演一场历史悲剧。”

①《思想道德修养与法律基础》编写组.思想道德修养与法律基础[M].北京:高等教育出版社,2018:49.

②《思想道德修养与法律基础》编写组.思想道德修养与法律基础[M].北京:高等教育出版社,2018:50.

③《思想道德修养与法律基础》编写组.思想道德修养与法律基础[M].北京:高等教育出版社,2018:59.

④《思想道德修养与法律基础》编写组.思想道德修养与法律基础[M].北京:高等教育出版社,2018:59.

⑤《思想道德修养与法律基础》编写组.思想道德修养与法律基础[M].北京:高等教育出版社,2018:59.

⑥《思想道德修养与法律基础》编写组.思想道德修养与法律基础[M].北京:高等教育出版社,2018:59.

该部分引用“灭人之国,必先去其史”的古训说明一些人否定近现代中国革命史,进而企图混淆视听、扰乱人心,动摇中国共产党领导的错误行径。该部分从“崇敬英雄”的角度说明“自觉传承好中华民族辉煌灿烂的历史文化”。

该章第二节在“必须坚持立足民族又面向世界”当中提到了“既要尊重各国的历史特点、文化传统,尊重各国人民选择的发展道路,善于从不同文明中寻求智慧、汲取营养,增强中华文明生机活力”,“积极倡导求同存异、交流互鉴,促进不同国度、不同文明相互借鉴、共同进步,共同推动人类文明发展进步”[①]。这就有效地把融入中华优秀传统文化与面向世界结合起来。该部分既反对过度全球化、置国家的主权与尊严于不顾,又反对闭关自守,而是提出把“弘扬新时代爱国主义精神”与“构建人类命运共同体”结合起来。该部分又提出“发扬了中华文化协和万邦、热爱和平的优秀传统”等话语。

该章第二节的“做忠诚爱国者”提到西汉刘向的“和气致祥,乖气致异”话语。而这本身就是对“祥和”的追求,而对“灾异”的警惕[②]。

该章第三节提到了“苟日新,又日新,日日新”“穷则变,变则通,通则久”[③]等话语。该章第三节提到了“勇于创新创造的民族禀赋成就了辉煌灿烂的中华文明”,列举了“天文历法、数学、农学、医学、地理学”等成就,以英国哲学家培根的话说明中国发明“改变了整个世界事物的面貌和状态”,以“16世纪以前世界上最重要的300项发明和发现中,我国占173项”说明中国的巨大贡献,以文学艺术说明中华文明的创造性。该部分最终说明“我国思想文化、社会制度、经济发展、科学技术以及其他许多方面对周边发挥了重要辐射和引领作用,中华文明对世界文明进步做出了巨大贡献”[④]。该部分也说明中华民族近现代落后的重要原因。

该章第三节依然引用了屈原的“路漫漫其修远兮”以及王安石《游褒禅山

---

①《思想道德修养与法律基础》编写组.思想道德修养与法律基础[M].北京:高等教育出版社,2018:60.

②《思想道德修养与法律基础》编写组.思想道德修养与法律基础[M].北京:高等教育出版社,2018:62.

③《思想道德修养与法律基础》编写组.思想道德修养与法律基础[M].北京:高等教育出版社,2018:66.

④《思想道德修养与法律基础》编写组.思想道德修养与法律基础[M].北京:高等教育出版社,2018:67.

记》“而世之奇伟、瑰怪，非常之观，常在于险远，而人之所罕至焉，故非有志者不能至也”[①]的话语，说明这种探索的信心。

2018年版第四章的题目是“践行社会主义核心价值观”。其第一节就提出：“社会主义核心价值观体现了社会主义本质要求，继承了中华优秀传统文化，吸收了世界文明有益成果”。其第一节提到培育社会主义核心价值观有助于“扩大中华文化影响力”，“不断提高我们国家的文化软实力”[②]。这就离不开融入与运用中华优秀传统文化。

第四章第二节“坚定价值观自信”中说“社会主义核心价值观不是无源之水、无本之木。深深地根植于中华优秀传统文化，是社会主义核心价值观历史底蕴的集中体现”，“中华优秀传统文化是涵养社会主义核心价值观的重要源泉，是中华民族的精神命脉”。该部分列举了“诸子百家的盛况”，提到了“孝悌忠信、礼义廉耻、仁者爱人、与人为善、天人合一、道法自然、自强不息”等很多理念，该部分又提到了“民惟邦本、天人合一、和而不同”，“天行健，君子以自强不息”，“大道之行也，天下为公”，“天下兴亡、匹夫有责”，“以德治国、以文化人”，“君子义然后取”，“君子坦荡荡”，“人而无信，不知其可”，“德不孤，必有邻”，“仁者爱人”，“与人为善”，“己所不欲，勿施于人”，“出入相友，守望相助”，“老吾老以及人之老，幼吾幼以及人之幼”，“扶贫济困”，“不患寡而患不均”等话语。该部分提到了习近平对中华优秀传统文化“讲仁爱、重民本、守诚信、崇正义、尚和合、求大同”的精准概括，提出“使中华优秀传统文化成为涵养社会主义核心价值观的重要源泉”[③]。

该部分提出：“培育和弘扬社会主义核心价值观，必须立足于中华优秀传统文化。”[④]该部分提出“社会主义核心价值观是对中华优秀传统文化的继承和升华”，“赋予中华优秀传统文化以新的时代内涵”，“今天培育社会主义核

①《思想道德修养与法律基础》编写组．思想道德修养与法律基础[M].北京：高等教育出版社，2018:71.

②《思想道德修养与法律基础》编写组．思想道德修养与法律基础[M].北京：高等教育出版社，2018:77.

③《思想道德修养与法律基础》编写组．思想道德修养与法律基础[M].北京：高等教育出版社，2018:79.

④《思想道德修养与法律基础》编写组．思想道德修养与法律基础[M].北京：高等教育出版社，2018:79.

心价值观必须从中华优秀传统文化中汲取丰富营养”,要求“深入中华民族历久弥新的精神世界”,“把长期以来我们民族形成的积极向上向善的思想文化充分继承和弘扬起来”①。该部分在方法论上提出:“坚持历史唯物主义立场,坚持古为今用、推陈出新,有鉴别地加以对待,有扬弃地予以继承;推动中华优秀传统文化创造性转化和创新性发展,激活其生命力,增强其影响力和感召力,把跨越时空、超越国度、富有永恒魅力、具有当代价值的文化精神弘扬起来,把继承优秀传统文化又弘扬时代精神、立足本国又面向世界的当代中国文化创新成果传播出去。”②

该章第二节在“社会主义核心价值观的现实基础”中也继续提到与中华优秀传统文化相契合,具有深厚的历史文化底蕴,但把社会主义核心价值观落实到“中国特色社会主义建设实践”当中去③。

该章第二节在“社会主义核心价值观的道义力量”部分提到王夫之的“名非天造,必从其实”④话语。

该章第三节“做社会主义核心价值观的积极践行者”提到了“韦编三绝”“悬梁刺股”“凿壁借光”“囊萤映雪”等典故,引用了“德者,本也”“见善则迁,有过则改”等话语。该部分还提到《礼记》的“博学之,审问之、慎思之、明辨之、笃行之”,“圣人是肯做工夫的庸人,庸人是不肯做工夫的圣人”,“天下难事,必作于易;天下大事,必作于细”等中国传统经典话语与思想⑤。

2018年版第五章第二节就要求“传承中华传统美德”,认为“中华传统美德是中华文化的精髓”⑥。该部分又划分为“中华传统美德的基本精神”“中华

①《思想道德修养与法律基础》编写组.思想道德修养与法律基础[M].北京:高等教育出版社,2018:80.

②《思想道德修养与法律基础》编写组.思想道德修养与法律基础[M].北京:高等教育出版社,2018:80.

③《思想道德修养与法律基础》编写组.思想道德修养与法律基础[M].北京:高等教育出版社,2018:80

④《思想道德修养与法律基础》编写组.思想道德修养与法律基础[M].北京:高等教育出版社,2018:83.

⑤《思想道德修养与法律基础》编写组.思想道德修养与法律基础[M].北京:高等教育出版社,2018:86-87.

⑥《思想道德修养与法律基础》编写组.思想道德修养与法律基础[M].北京:高等教育出版社,2018:96.

传统美德的创造性转化和创新性发展”等内容[①]。

2018年版把“中华传统美德的基本精神”分为“重视整体利益，强调责任奉献”“推崇仁爱原则，注重以和为贵”“提倡人伦价值，重视道德义务”“追求精神境界，向往理想人格”“强调道德修养，注重道德践履”等小目。各个部分都用中华优秀传统文化经典加以充实。比如：

“重视整体利益，强调责任奉献”引用了《诗经》的“夙夜在公”、《尚书》的“以公灭私，民其允怀”、《治安策》的“国而忘家，公而忘私”、林则徐的“苟利国家生死以，岂因祸福避趋之”[②]等内容。

“推崇仁爱原则，注重以和为贵”引用了孔子的“己欲立而立人，己欲达而达人”、孟子的“亲亲而仁民，仁民而爱物”、荀子的“仁者自爱”、墨子的“兼相爱，交相利”等话语[③]。

“推崇仁爱原则，注重以和为贵”引用了《尚书·舜典》的“五教”思想——“父义、母慈、兄友、弟恭、子孝”的内容。这里还引用了孟子的“父子有亲、君臣有义、夫妇有别、长幼有序、朋友有信”和董仲舒的“仁、义、礼、智、信”，提到了宋代的“忠、孝、节、义”四大德目[④]。

“追求精神境界，向往理想人格”则提到了孟子的“明于庶物，察于人伦”“由仁义行”、范仲淹的“先天下之忧而忧，后天下之乐而乐”以及孟子的“富贵不能淫、贫贱不能移、威武不能屈”的“大丈夫”人格[⑤]。

“强调道德修养，注重道德践履”则提到了“修身、齐家、治国、平天下”，孔子的“修己、克己、慎独”“见贤思齐焉，见不贤而内省”，曾子的“吾日三省吾身”，孟子的“善养吾浩然之气”，墨家的“察色修身”，宋明理学的“自省”“存养”“克治”“知耻”“慎独”和“躬行”，等等。这里又提到了“道法自然、天人合

①《思想道德修养与法律基础》编写组.思想道德修养与法律基础[M].北京：高等教育出版社，2018：96-99.

②《思想道德修养与法律基础》编写组.思想道德修养与法律基础[M].北京：高等教育出版社，2018：97.

③《思想道德修养与法律基础》编写组.思想道德修养与法律基础[M].北京：高等教育出版社，2018：97.

④《思想道德修养与法律基础》编写组.思想道德修养与法律基础[M].北京：高等教育出版社，2018：97.

⑤《思想道德修养与法律基础》编写组.思想道德修养与法律基础[M].北京：高等教育出版社，2018：98.

一、天下为公、大同世界、自强不息、厚德载物、经世致用、知行合一、躬行实践、仁者爱人、以德立人、以诚待人、讲信修睦、清廉从政、勤勉奉公”等话语①。

在“中华传统美德的创造性转化和创新性发展”里面提到了“中国传统道德是一个矛盾体”，要区分精华与糟粕，用“古为今用、推陈出新”的方法加以处理。这里没有再提“批判继承”。该部分提出“加强对中华传统美德的挖掘和阐发”以及“用中华传统美德滋养社会主义道德建设”的主张，提到了“把其中带有阶级和时代局限性的成分剔除出去，把其中具有当代价值的道德精神发掘出来”，提出要“对中华传统美德的德目、观点进行新的诠释和激活”②。

该部分提出要按照三个“是否有利于”即“是否有利于推动中国特色社会主义事业，是否有利于建设社会主义道德体系，是否有利于培育和践行社会主义核心价值观”进行内容选择。其原则依然是“古为今用，推陈出新”，要求“为社会主义道德建设提供丰厚的道德资源，赋予社会主义道德和共产主义道德以鲜明的民族特色”。该部分提出要反对两种错误思潮：第一种是复古论，即“恢复中国固有文化”；第二种是虚无论，认为中国传统道德失去了意义，必须整体上予以全盘否定。该部分认为必须“树立高度的文化自觉和文化自信，深入挖掘中华优秀传统文化蕴含的思想观念、人文精神、道德规范，结合时代要求继承创新，让中华文化展现出永久魅力和时代风采”③。

第五章第二节还提到了“借鉴人类文明优秀道德成果”的内容与中华传统美德、中国革命道德相并列④。由此可见编纂者已经具备了把握全局的广阔视野。

第五章第三节提到了“爱子，教之以义方”，“爱之不以道，适所以害之也”。该部分在“家风建设”中提到《周易》的“积善之家，必有余庆；积不善之家，必有余殃”。该部分列举了诸葛亮诫子格言、颜氏家训、朱子家训等。该

---

①《思想道德修养与法律基础》编写组．思想道德修养与法律基础[M]．北京：高等教育出版社，2018：98.

②《思想道德修养与法律基础》编写组．思想道德修养与法律基础[M]．北京：高等教育出版社，2018：99.

③《思想道德修养与法律基础》编写组．思想道德修养与法律基础[M]．北京：高等教育出版社，2018：100.

④《思想道德修养与法律基础》编写组．思想道德修养与法律基础[M]．北京：高等教育出版社，2018：105.

部分还提到了“老有所终，幼有所养”[①]。

第五章第三节在“职业道德”“社会公德”“家庭美德”增加了“个人品德”部分，其中提到了“学思并重”“省察克治”“慎独自律”“知行合一”“积善成德”等修养方法。“学思并重”部分提到孔子的“学而不思则罔，思而不学则殆”[②]。“省察克治”则提出曾子的“吾日三省吾身，为人谋而不忠乎？与朋友交而不信乎？传不习乎？”“慎独自律”则提到《礼记·中庸》的“道也者，不可须臾离也，可离非道也。是故君子戒慎乎其所不睹，恐惧乎其所不闻。莫见乎隐，莫显乎微，故君子慎其独也。”“知行合一”部分则提到孔子的“听其言而观其行”“行道”“君子学以致其道”“行义以达其道”等话语。“积善成德”则提到《荀子·劝学》的“不积跬步，无以至千里；不积小流，无以成江海。骐骥一跃，不能十步；驽马十驾，功在不舍。锲而舍之，朽木不折；锲而不舍，金石可镂”。这里还提到了“勿以恶小而为之，勿以善小而不为”“不矜细行，终累大德”。教材在第三节的最后还提到了“从善如登”的教训[③]。

2018年版教材在个人品德之后增加了第四节“向上向善、知行合一”的内容。其中提到了“纸上得来终觉浅，绝知此事要躬行”。随着这部分没有引用更多的传统话语，但是“知行合一”本身就是中国古代一项极高的道德要求[④]。

2018年版思修教材第六章提到了“立善法于天下，则天下治；立善法于一国，则一国治”，“天下之事，不难于立法，而难于法之必行”，“理国要道，在于公平正直”[⑤]，“为国也，观俗立法则治，察国事本则宜。不观时俗，不察国本，则其法立而民乱，事剧而功寡”等话语[⑥]。

---

①《思想道德修养与法律基础》编写组．思想道德修养与法律基础[M]．北京：高等教育出版社，2018：121—122.

②《思想道德修养与法律基础》编写组．思想道德修养与法律基础[M]．北京：高等教育出版社，2018：127.

③《思想道德修养与法律基础》编写组．思想道德修养与法律基础[M]．北京：高等教育出版社，2018：128.

④《思想道德修养与法律基础》编写组．思想道德修养与法律基础[M]．北京：高等教育出版社，2018：130.

⑤《思想道德修养与法律基础》编写组．思想道德修养与法律基础[M]．北京：高等教育出版社，2018：164—165.

⑥《思想道德修养与法律基础》编写组．思想道德修养与法律基础[M]．北京：高等教育出版社，2018：171.

(三)对中华优秀传统文化融入2018年版教材的评价

2018年版教材做了较大幅度的创新。该版在首要做好习近平新时代中国特色社会主义思想进教材、进课堂、进头脑“三进工作”的同时,对中华优秀传统文化作为教学内容的运用更为娴熟。其特点有以下几个:第一,在不涉及中华优秀传统文化的思修内容之中绝不空泛地、机械地使用中华优秀传统文化的内容。比如,有关于“法律”“人生观”的内容。第二,在有关“道德”的部分则集中论述“中华优秀传统文化”、中华传统美德。第三,增加了对中华优秀传统文化融入方法的思考,教给同学们“古为今用、推陈出新”的方法,对“批判继承”也做了很好的处理。第四,在对中华优秀传统文化的内容选择上注重中华传统美德,同时增加个人品德的修养内容。而这是中华优秀传统文化的优势所在。第五,2018年版对中华优秀传统文化有一个全面的叙说,提到了古代的物质文化、科技创造、思想巨匠、文学艺术、伟大建筑等方面。第六,中华优秀传统文化在融入2018年版思修教材的时候,能够以习近平新时代中国特色社会主义思想为指针,能够充分运用习近平关于中华优秀传统文化的重要论述。

二、中华优秀传统文化融入纲要课

(一)中华优秀传统文化融入2015版教材的情况

第一,2013年版纲要教材在上编综述部分题目“中国灿烂的古代文明”,在2015年版纲要教材中改为“灿烂的中国古代文明”。这种改动使得“中国古代文明”的说法更加完整。2015年版纲要教材相对于以往版本首次提到了“中华民族具有悠久的文明历史,创造了博大精深的中华文化”①。2015年版纲要教材以文化文明来看待古代中国,进而实现了“反对历史虚无主义”的要求。

2013年版纲要教材提到“中华文明始终延绵发展、传承不绝,表现出顽强的生命力,还体现了中华民族的凝聚力和自强不息的民族精神”,“中国古代物质文明和精神文明丰富多彩、灿烂辉煌”等观点②。2013年版纲要教材列举了古代中国的哲学思想、古代中国的文学艺术等内容。可见,中华优秀传统

①《中国近现代史纲要》编写组.中国近现代史纲要[M].北京:高等教育出版社,2015:7.
②《中国近现代史纲要》编写组.中国近现代史纲要[M].北京:高等教育出版社,2013:5.

文化是纲要教材中的重要论述对象。2015年版继承了上述说法并首次明确提出:“中华优秀传统文化是中华儿女共同的精神基因,也是中华民族发展壮大的强大精神力量。”①2015年版纲要教材比2013年版纲要教材在融入中华优秀传统文化方面更为隆重与明确。

2013年版纲要教材在谈到中国封建社会由昌盛到衰落的时候提到了“中国封建社会的文化思想体系以儒家思想为核心。儒家思想成为中国封建社会的正统思想。它以三纲五常为伦理道德规范,主张仁政、德治,提倡经世济民,以助君王,明教化。儒家还与佛教、道教相互吸收、融合,共同为维护封建统治服务。封建统治者同时吸收法家思想,严刑峻法,实行专制统治。实行文化专制主义。”②2015年版纲要教材在相同位置修改为:“自汉武帝确立独尊儒术的政策后,儒家思想成为中国封建社会的正统思想。”③2015年版纲要教材删除了对儒家思想的概述,直接提到了“儒家还与佛教、道教相互吸收、融合”等内容,但是删除了“实行文化专制主义”。这个删改细节表明专家们对儒家在古代各个历史时期不同的特点不再进行简单概述。而删除“文化专制主义”说明中国古代的文化包容性与开放性受到了专家们的注意。古代中国相比于欧洲中世纪在文化信仰领域具有多元一体的品格。

2015年版纲要教材保留了2013年版纲要教材的“中国封建社会的社会结构的特点是族权和政权相结合的封建宗法等级制度。其核心是宗族家长制,突出君权、父权、夫权”④的内容,而去掉了“在封建社会前期、中期起过稳定和规范封建社会秩序的作用,但在后期其保守性日益增强阻碍了社会的发展和进步”的内容。按照唯物史观原则,社会发展取决于社会生产力,而伦理秩序与道德观念作为上层建筑只能是随之改变并不起主导作用。专家们突出描述了封建社会伦理秩序的事实,而不是在进行价值判断。

2015年版纲要教材第一章“反抗外国侵略的斗争”认为帝国主义“文化渗透”的目的是“宣扬殖民主义奴化思想,麻醉中国人民的精神,摧毁中国人的

①《中国近现代史纲要》编写组.中国近现代史纲要[M].北京:高等教育出版社,2015:8.
②《中国近现代史纲要》编写组.中国近现代史纲要[M].北京:高等教育出版社,2013:7.
③《中国近现代史纲要》编写组.中国近现代史纲要[M].北京:高等教育出版社,2015:8.
④《中国近现代史纲要》编写组.中国近现代史纲要[M].北京:高等教育出版社,2015:9.

民族自尊心和自信心”[①]。弘扬中华优秀传统文化的最重要目的就是树立中华民族的自尊心与自信心,进而确立中国(民族)精神。2015年版纲要教材修订过程显然意识到中西文化比较是近代以来中国历史的重要课题,进而更加注重对近现代文化思想史的论述。

2015年版纲要教材保留了2013年版纲要教材第二章提到的“太平天国运动也未能正确地对待儒学”,“而把儒学中的封建纲常伦理原则保留了下来”[②]等说法。2015年版纲要教材与2013年版纲要教材都总结了“维新派与守旧派的论战”,提到了“中学为体、西学为用”的洋务派设计,并引用了严复“欲开民智非讲西学不可”的主张[③]。两版教材都提到戊戌维新对中国近代教育的发展起了积极的推动作用,借古代圣贤之名实行“托古改制”[④]。

2015年版纲要教材第三章提到北洋政府时期“尊孔复古思潮猖獗一时”,“1913年6月,袁世凯向全国发布《通令尊崇孔圣文》,不久又命令全国恢复祀礼、祭孔典礼、恢复跪拜礼节,中小学恢复尊孔读经。”一些清朝遗老遗少、保守分子纷纷组织尊孔复古团体,发行尊孔刊物。“他们攻击民主共和,宣传封建伦常,甚至要求将孔教定为‘国教’”[⑤]。2015年版纲要教材在这里相对于2013年版纲要教材去除了“孔教会、孔道会、尊孔会”等名称,这个细节说明专家注意到当代中国存在以“孔子”为名义的社会机构与政府组织(比如孔子基金会、孔子学院),而避免了产生各种误解。

第二,2015年版纲要教材第四章“开天辟地的大事变”论述了五四新文化运动的首要任务就是“反对封建主义的旧文化”[⑥]的斗争。2015年版、2013年

①《中国近现代史纲要》编写组.中国近现代史纲要[M].北京:高等教育出版社,2015:30.

②《中国近现代史纲要》编写组.中国近现代史纲要[M].北京:高等教育出版社,2013:33.

③《中国近现代史纲要》编写组.中国近现代史纲要[M].北京:高等教育出版社,2015:54.

④《中国近现代史纲要》编写组.中国近现代史纲要[M].北京:高等教育出版社,2013:53.

⑤《中国近现代史纲要》编写组.中国近现代史纲要[M].北京:高等教育出版社,2015:68.

⑥《中国近现代史纲要》编写组.中国近现代史纲要[M].北京:高等教育出版社,2015:100.

版纲要教材都提到了“他们以反对旧道德提倡新道德,反对旧文学提倡新文学为文化革命的两大旗帜。他们以犀利的饱含感情的笔,去抨击以孔子为代表的‘往圣先贤’,去揭穿旧道德旧教条的丑态”①。2015年版、2013年版纲要教材都还提到了“孔学是封建社会的正统思想。进入民国时期,北洋军阀仍然把孔学当作宗教教条一样强迫人民去信奉”。进而,2015年版纲要教材提到当时学者对儒学进行批判,并且引述陈独秀的“儒教不革命,儒学不转轮,吾国遂无新思想新学说,何以造新国民,悠悠万事,惟此为大已。吁!”②各版教材都把他们称作“思想启蒙家,是敢于向两千多年神圣不可侵犯的封建礼教进行自觉挑战的第一批不妥协的战士”。可见课本对五四新文化运动有积极评价。与此同时,纲要教材认为新文化运动批判孔学,并没有因此而否定中国的全部传统文化,并且给出了理由:教材认为五四学者并不把孔学等于全部国学;教材认为五四学者并不否认孔学的历史作用;教材认为五四学者并没有把孔学说得一无是处。教材认为五四新文化运动的目的是为了思想解放、独立思考。各版教材最后提到新文化运动最后分流为马克思主义者与西化论者两个流派。纲要编写组厘清了中华优秀传统文化与孔子、儒学的关系。

2015年版纲要教材第六章分析了马克思主义中国化的历史,使用了“中国气派与中国作风”,“学习我们的历史遗产并给以批判的总结”③等说法。中国共产党提出要建立的中华民族新文化——新民主主义文化就是民族的科学的大众的文化。由此可见,马克思主义中国化与新民主主义文化都没有完全抛弃中华优秀传统文化,而是要结合中华优秀传统文化。

第三,2013年版纲要教材在下编综述“从发展新民主主义文化到建设中国特色社会主义文化”中提到了“培养高度的文化自觉与文化自信,增强国家文化软实力,弘扬中华文化,努力建设社会主义文化强国,建设中华民族共有

① 《中国近现代史纲要》编写组.中国近现代史纲要[M].北京:高等教育出版社,2015:101.

② 《中国近现代史纲要》编写组.中国近现代史纲要[M].北京:高等教育出版社,2013:97.

③ 《中国近现代史纲要》编写组.中国近现代史纲要[M].北京:高等教育出版社,2015:172.

精神家园”[①]的说法。2015年版纲要教材把这段内容从综述移到了“培育和践行社会主义核心价值观”[②]当中。

两版教材的第九章在谈到“文化大革命”教训时指出:“中国共产党反封建斗争中养成了优良的民主传统,但是长期封建专制主义在思想政治方面的遗毒仍然不是很容易肃清的。”[③]两版教材在评价中华人民共和国成立后三十年“建设的成就、探索的成果”时都认为:“对古今中外的优秀文化实行古为今用、洋为中用、百花齐放、推陈出新的方针。”[④]2013年版、2015年版纲要教材的第十章都提到了中共十七届六中全会《关于深化文化体制改革推动社会主义文化大发展大繁荣若干重大问题的决定》[⑤]。2015年版纲要教材第十章第五节“开拓中国特色社会主义更为广阔的发展前景”相对于2013年版纲要教材的“坚定不移沿着中国特色社会主义道路前进”有了较大的改动,尤其是阐释了“中华民族伟大复兴”的命题。2015年版纲要教材在“具有新的历史特点的重大实践”中提到了“立足中华优秀传统文化,弘扬民族精神和时代”[⑥]的说法。这相对于2013年版纲要教材“努力弘扬民族精神”[⑦]显得更为具体。

第四,2015年版纲要教材去掉了2013年版的结束语,而在“第六节”增加了“努力实现‘两个一百年’的奋斗目标”的内容。2015年版纲要教材继承了2013年版纲要教材的“三个只有”思想。两版教材都提出:“只有马克思主义才是指引中华民族实现伟大复兴的科学的世界观和方法论,只有中国共产党才能领导和团结全国各族人民不断取得中华民族伟大复兴的新胜利,只有中

①《中国近现代史纲要》编写组.中国近现代史纲要[M].北京:高等教育出版社,2013:206.

②《中国近现代史纲要》编写组.中国近现代史纲要[M].北京:高等教育出版社,2015:325.

③《中国近现代史纲要》编写组.中国近现代史纲要[M].北京:高等教育出版社,2013:272.

④《中国近现代史纲要》编写组.中国近现代史纲要[M].北京:高等教育出版社,2013:258.

⑤《中国近现代史纲要》编写组.中国近现代史纲要[M].北京:高等教育出版社,2013:297.

⑥《中国近现代史纲要》编写组.中国近现代史纲要[M].北京:高等教育出版社,2015:325.

⑦《中国近现代史纲要》编写组.中国近现代史纲要[M].北京:高等教育出版社,2013:323.

国特色社会主义道路才是实现中华民族伟大复兴的康庄大道。”[①]可见，纲要教材在融入中华优秀传统文化的同时坚持了马克思主义的指导地位。最后，2015年版纲要教材号召广大同学们为实现中华民族伟大复兴的中国梦而奋斗。融入与应用中华优秀传统文化已经成为实现中华民族伟大复兴的中国梦的重要组成部分。

可以看出，中华优秀传统文化融入2015年版纲要教材取得了一定进展：

第一，2015年版纲要教材在上编综述部分对中国传统文化的态度更加趋向于批判继承与弘扬，而不是把中国传统文化作为中国近现代落后挨打的根本原因。2015年版认为：“中国封建社会的经济、政治、文化、社会结构，一方面巩固和维系了中国封建社会的稳定和延续，另一方面也使其前进缓慢甚至迟滞，并造成了不可克服的周期性的政治经济危机。”[②]这说明中国近现代社会危机具有整体性，而不能单纯认为是文化危机，更不能简单地把斗争矛头仅仅指向中国传统文化。2015年版纲要教材同时取消了“文化专制主义”的说法。上述做法说明专家们的古代文化观是在唯物史观基础上做出的真实判断——具体情况具体分析，而不是站在现当代的角度来指责古人。那种过度批判态度极其不利于中华优秀传统文化的融入。

第二，2015年版纲要教材厘清了中华优秀传统文化与孔子、儒学的关系。纲要教材肯定了孔子思想当时的进步性，而批判了封建社会后期僵化的意识形态。这就把中华优秀传统文化与僵化的意识形态区分开来，进而有利于中华优秀传统文化的融入。康有为所发起的孔教运动并不能代表历史上所有的儒学思想，更不能垄断儒学的发展。所以，纲要教材批判20世纪初的孔教运动、尊孔读经活动并不代表否定儒学的存在合理性，而是以批判与发展的眼光对儒学进行创造性转化。

第三，2015年版纲要教材在融入中华优秀传统文化与反封建主义两种说法之间取得了一定的平衡。中国共产党提出反帝反封建主义的纲领具有进步意义与合理性。反封建主义就是批判中国古代社会历史与中国传统文化

①《中国近现代史纲要》编写组．中国近现代史纲要[M]．北京：高等教育出版社，2015：339.

②《中国近现代史纲要》编写组．中国近现代史纲要[M]．北京：高等教育出版社，2015：9.

当中的糟粕。毛泽东提出了批判继承的科学方法。相对于反对封建主义，弘扬中华优秀传统文化就是继承中国古代社会历史中的精华。二者并不是相互矛盾而是相辅相成，是可以同时进行的一项事业。但这也说明弘扬中华优秀传统文化在近代史的开端遭遇到了极大的挑战，甚至不能被定义为“优秀”，而是要当作批判的对象——封建主义意识形态。传承与弘扬中华优秀传统文化是中国共产党在反对封建主义同时进行的文化建设事业。

第四，增加了反对历史虚无主义的内容。

第五，把实现中华民族伟大复兴的中国梦作为历史主线。2015年版纲要教材相对于2013年版纲要教材对“实现中华民族伟大复兴的中国梦”历史主线有了更深刻的阐释。中国梦理论已经深刻地嵌入到纲要课的体系当中，并逐渐重视从文化思想史角度重新阐释马克思主义中国化。而融入中华优秀传统文化非常有利于教师阐释文化思想史的发展逻辑。正确认识与处理中华优秀传统文化能够帮助人们从文化思想史的角度认识到中国特色社会主义道路的历史必然性。因此，纲要课2015年版教材融入中华优秀传统文化，有力地阐释了以“实现中华民族伟大复兴的中国梦”为主线的历史逻辑。

总之，2015年版纲要教材继承了以往版本融入中华优秀传统文化的基本观点并进行了创新。2015年版纲要教材高度评价了中华文明，平衡了弘扬中华优秀传统文化与反对封建主义之间的关系，厘清了中华优秀传统文化与儒学的关系，批驳了“历史虚无主义”的错误立场，确立了以实现中华民族伟大复兴的中国梦为本质的历史主线。

（二）中华优秀传统文化融入2018年版教材的基本情况

2018年版纲要教材在上编综述的“鸦片战争前的中国与世界”依然列举了“灿烂的中国古代文明”，提出“中华民族具有悠久的文明历史，创造了博大精深的中华文化，为人类文明进步作出了不可磨灭的贡献”[①]。这里叙述了中国古代史的基本情况，提到了“中华大地上的各民族对统一的多民族国家的形成、发展，都作出了贡献”。这里还提到了“中国是世界上少有的历史文化从未间断、一直延续至今的国家。中华文明尽管历经沧桑，却始终延绵发展、

①《中国近现代史纲要》编写组. 中国近现代史纲要[M]. 北京：高等教育出版社，2018：7.

传承不绝，表现出顽强的生命力”[①]。这里还提到了“中国古代物质文明和精神文明丰富多彩、灿烂辉煌”。其后列举了“古代经济与科技”“古代中国的哲学思想”“古代中国的文学艺术”，同时也认为这是“古代中国人民勤劳、智慧创造的结晶，也是中国各民族各地区文明交融、汇合的产物，又是中外文化交流、互鉴、融合的结果”[②]。在“中国封建社会由昌盛到衰落”之中提到了“儒家思想开始成为中国封建社会的正统思想。儒家还与佛教、道教相互吸收、融合，共同为维护封建统治服务。封建统治者同时吸收法家思想，严刑峻法，实行专制统治”[③]。该部分认为：“中国封建社会的社会结构的特点是族权和政权相结合的封建宗法等级制度。其核心是宗族家长制，突出君权、父权、夫权。”[④]这说明高校思想政治理论课认同中华优秀传统文化的同时，对古代中国的正统思想与意识形态保持着批判精神。

2018年版纲要教材第三章批判了“尊孔复古思潮”，提到了“袁世凯向全国发布《通令尊崇孔圣文》”“全国恢复祀孔、祭孔典礼，恢复跪拜礼节”“中小学恢复尊孔读经”“宣传封建纲常”“要求将孔教定为‘国教’”等内容[⑤]。这也使得在新时代融入中华优秀传统文化过程中注意汲取历史教训，避免走向复古道路。

2018年版第四章第一节提到了“反对旧道德提倡新道德、反对旧文学提倡新文学”。这里提到了“孔学是封建社会的正统思想”。这里提到新文化运动的倡导者对孔学的批判，引述了“儒教不革命，儒学不转轮，吾国遂无新思想、新学说，何以造新国民？”[⑥]

2018年版教材延续了2015年版教材的观点，在这里提出“新文化运动的

①《中国近现代史纲要》编写组. 中国近现代史纲要[M]. 北京：高等教育出版社，2018：7.

②《中国近现代史纲要》编写组. 中国近现代史纲要[M]. 北京：高等教育出版社，2018：7—8.

③《中国近现代史纲要》编写组. 中国近现代史纲要[M]. 北京：高等教育出版社，2018：8.

④《中国近现代史纲要》编写组. 中国近现代史纲要[M]. 北京：高等教育出版社，2018：9.

⑤《中国近现代史纲要》编写组. 中国近现代史纲要[M]. 北京：高等教育出版社，2018：75.

⑥《中国近现代史纲要》编写组. 中国近现代史纲要[M]. 北京：高等教育出版社，2018：101.

倡导者并没有因为批判孔学就否定了中国的全部传统文化”[①]。第一,教材认为五四学者并不把孔学等于全部国学。第二,教材认为五四学者并不否认孔学的历史作用。第三,教材认为五四学者并没有把孔学说得一无是处。

2018年版教材提到了“五四以前新文化运动的局限”,提到他们“批判孔学,是为了给中国发展资本主义扫清障碍”[②],提到他们还没有马克思主义的批判精神。

2018年版教材第六章“中华民族的抗日战争”在“中国共产党的自身建设”中提到了“中国共产党人是中华民族最优秀的子孙”,“使得马克思列宁主义这一革命科学更进一步地和中国革命实践、中国历史、中国文化深相结合起来”,“中国共产党人是我们民族一切文化、思想、道德的最优秀传统的继承者,把这一切优秀传统看成和自己血肉相连的东西,而且将继续加以发扬光大”[③]。这些内容是2015年版教材所没有的。这充分说明了编写组对当时中国共产党认识中华优秀传统文化的过程有了深入的了解。

2018年版第十一章在“统筹推进五位一体总体布局”部分提到了“发展中国特色社会主义文化”,在“培育和践行社会主义核心价值观”当中提到了“弘扬中华优秀传统文化”[④]。第十一章在第二节提到了“社会主义核心价值观和中华优秀传统文化广泛弘扬”[⑤]。

由此可见,2018年版纲要教材在2015年版的基础上有所改进,但坚持了基本的判断。对反封建与新文化运动有着清晰的理解,同时对改革开放以来关于中华优秀传统文化的文化建设过程有着基本的概述。

---

①《中国近现代史纲要》编写组.中国近现代史纲要[M].北京:高等教育出版社,2018:101.

②《中国近现代史纲要》编写组.中国近现代史纲要[M].北京:高等教育出版社,2018:102.

③《中国近现代史纲要》编写组.中国近现代史纲要[M].北京:高等教育出版社,2018:171.

④《中国近现代史纲要》编写组.中国近现代史纲要[M].北京:高等教育出版社,2018:327.

⑤《中国近现代史纲要》编写组.中国近现代史纲要[M].北京:高等教育出版社,2018:341.

三、中华优秀传统文化融入概论课

(一)中华优秀传统文化融入2015年版教材的基本情况

2015年版概论教材加大了融入中华优秀传统文化的力度,执行了十七届六中全会以来党的文献所规定的使命,但依然留有继续提升的理论空间。

第一,2015年版概论教材第一章依然延续使用"把马克思主义根植于中国的优秀文化之中"的说法,并作为马克思主义中国化基本内涵三个维度之一[①]。但是,相对于2013年版概论教材仅仅提出"使马克思主义根植于中华优秀文化的土壤之中而得以生长和繁荣起来"的简单说法,2015年版教材首先正确界定了中华优秀传统文化,然后指出了中华优秀传统文化对马克思主义中国化的作用:"要求用中华优秀文化的表达方式和中国老百姓喜闻乐见的语言,深入浅出地阐明马克思主义。"2015年版概论教材把弘扬中华优秀传统文化作为实现马克思主义者中国化大众化的重要工具,符合以马克思主义为体、以中华优秀传统文化为用的基本套路。2015年版概论教材对中华优秀传统文化做了如下定义:"其中的优秀传统文化,积淀着中华民族最深沉的精神追求,代表着中华民族独特的精神标识,是中华民族生生不息、发展壮大的丰厚滋养,已经成为中华民族的基因,植根于中国人的内心,潜移默化地影响中国人的思想方式和行为方式。"该定义同样出现在"弘扬社会主义核心价值体系与核心价值观"当中[②]。2015年版概论教材在论述"中国特色社会主义理论体系的最新成果"时候提到了"中华优秀传统文化是我们民族的'根'和'魂',要对中华传统文化进行创造性转化。"[③]这比以往版本更加明确了中华优秀传统文化的重要性并逐渐走向了知识模块化。

第二,2013年版概论教材第二章提到新民主主义文化时"反对一切封建思想和迷信思想,主张实事求是、客观真理和实践的一致性,对于封建时代创

①《毛泽东思想和中国特色社会主义理论体系概论》编写组.毛泽东思想和中国特色社会主义理论体系概论[M].北京:高等教育出版社,2015:5.

②《毛泽东思想和中国特色社会主义理论体系概论》编写组.毛泽东思想和中国特色社会主义理论体系概论[M].北京:高等教育出版社,2015:195.

③《毛泽东思想和中国特色社会主义理论体系概论》编写组.毛泽东思想和中国特色社会主义理论体系概论[M].北京:高等教育出版社,2015:24.

造的文化，应剔除其封建糟粕，吸收其民主性精华。同时要尊重中国的历史，反对民族虚无主义，以历史唯物主义的态度对待古今中外文化，发展民族新文化，提高民族自信心。”[①]2013年版概论教材强调“吸收民族文化的精华，剔除其封建性糟粕”的二重性。新民主主义文化对中华优秀传统文化的批判与超越要大于其继承性。这符合马克思主义辩证法的基本立场。但与此同时，新民主主义文化的一个重要维度就是“民族的”。新民主主义文化的民族性应由中华优秀传统文化来体现。相比之下，2015年版概论教材在阐述“新民主主义文化纲领”时则更强调了“尊重中国的历史，反对民族虚无主义，以历史唯物主义的态度对待古今中外文化发展民族新文化，提高民族自信心”[②]。2015年版概论教材使用习近平有关“反对文化虚无主义”的新论断，为融入中华优秀传统文化开辟了道路。

第三，2015年版的第八章有了巨大的改变。2013年版概论教材把“建设中国特色社会主义文化”从2010年版概论教材的一章压缩为一节，同时鲜明提出了“抵制西方腐朽文化”的问题。而2010年版概论教材提出的“对中华民族传统文化加以继承和发扬，使之与当代社会相适应、与现代文明相协调”[③]的说法则在2013年版概论教材当中被删除。2015年版概论教材继承了这一点。这种调整说明中华优秀传统文化已经是中国特色社会主义文化建设的组成部分，不必再提相适应的问题。需要与社会主义相适应的往往是各种非社会主义性质的思想流派，比如各种宗教。中华优秀传统文化不属于宗教，而是一种文化常识与基本素质，不应当被当成非社会主义性质的内容。所以，2013年版、2015年版概论教材的这种改动是非常正确与及时的。中国共产党传承与弘扬中华优秀传统文化，而不是儒学。这说明中国共产党对儒学具有超越性。儒学仅仅是中华优秀传统文化的一种思想资源与文化元素。2013年版概论教材在“坚持走中国特色社会主义文化发展道路”当中提出“必

①《毛泽东思想和中国特色社会主义理论体系概论》编写组. 毛泽东思想和中国特色社会主义理论体系概论[M]. 北京：高等教育出版社，2013：46.

②《毛泽东思想和中国特色社会主义理论体系概论》编写组. 毛泽东思想和中国特色社会主义理论体系概论[M]. 北京：高等教育出版社，2015：55.

③《毛泽东思想和中国特色社会主义理论体系概论》编写组. 毛泽东思想和中国特色社会主义理论体系概论[M]. 北京：高等教育出版社，2010：254.

须以马克思主义为指导，这是事关文化发展全局的根本问题”，同时又提出“必须坚持自己的民族特色，继承和发扬中华优秀文化传统，大力弘扬中华文化，建设中华民族共有精神家园。必须积极吸收借鉴国外优秀文化成果，抵制西方腐朽文化的影响”①。2015年版概论教材依然延承这种说法，这说明马克思主义的指导地位并没有削弱中华优秀传统文化的融入工作。

2015年版概论教材把“对民族文化要取其精华、去其糟粕，古为今用、洋为中用等思想”作为文化建设的重要方针之一。可见，融入中华优秀传统文化已经成为中国特色社会主义文化建设的基本内容。这比2010年版、2013年版概论教材笼统地总结文化建设基本方针更为明确。

2015年版概论教材提到了“党的十八大以来，习近平强调文化建设对于实现中国梦的重要作用。他指出，中华民族创造了源远流长的中华文化，也一定能够创造出中华文化新的辉煌。”②由此可见，习近平大力弘扬中华优秀传统文化已经是中国特色社会主义文化建设的重要组成部分。融入中华优秀传统文化的大趋势成为高校思想政治理论课学者的共识。

三版概论教材在“弘扬社会主义核心价值体系与核心价值观”方面有很大的调整。2010年版概论教材提到了“民族精神是……民族文化中固有的并且延绵不断的一种历史文化传统，是民族文化最本质、最集中的体现”③，“社会主义荣辱观继承了中华传统美德”，“按照与中华民族传统美德相承接的要求，进一步把中华民族的优良传统发扬光大，使社会主义思想道德具有民族特色”④。而2013年版概论教材提出：“在中华民族五千年历史发展过程中，形成了以爱国主义为核心的团结统一、爱好和平、勤劳勇敢、自强不息的伟大民族精神。”⑤这是对民族精神最规范的表述与提炼，同时把民族精神作为中华

①《毛泽东思想和中国特色社会主义理论体系概论》编写组．毛泽东思想和中国特色社会主义理论体系概论[M].北京：高等教育出版社，2013:163.

②《毛泽东思想和中国特色社会主义理论体系概论》编写组．毛泽东思想和中国特色社会主义理论体系概论[M].北京：高等教育出版社，2015:192.

③《毛泽东思想和中国特色社会主义理论体系概论》编写组．毛泽东思想和中国特色社会主义理论体系概论[M].北京：高等教育出版社，2010:260.

④《毛泽东思想和中国特色社会主义理论体系概论》编写组．毛泽东思想和中国特色社会主义理论体系概论[M].北京：高等教育出版社，2010:263.

⑤《毛泽东思想和中国特色社会主义理论体系概论》编写组．毛泽东思想和中国特色社会主义理论体系概论[M].北京：高等教育出版社，2013:164.

民族伟大复兴的精神动力,而中国共产党以抽象的民族精神传承与弘扬中华优秀传统文化。2013年版概论教材仅仅保留了“把依法治国与以德治国结合起来”,而不再涉及中华优秀传统文化。2015年版概论教材则明确要求:“培育和践行社会主义核心价值观,必须立足中华优秀传统文化。”[①]2015年版概论教材肯定了中华优秀传统文化蕴含“丰富的思想道德资源”,更进一步提出“社会主义核心价值观继承了中华优秀传统文化”[②]。这更加明确地界定了社会主义核心价值观与中华优秀传统文化之间的关系。

2010年版概论教材列举了我国历史上曾经有关社会和谐的思想。比如孔子的“和为贵”、孟子的“老吾老”、墨子的“兼相爱、爱无差”以及“大同”社会理想[③]。而2013年版、2015年版概论教材则不再体现这句话。其主要原因在于社会主义和谐社会的很多内容与全面建成小康社会之间存在着重合性。

第四,2015年版教材的第五章有了巨大的改版。2010年版概论教材提到了“悠久的中华文化,成为维系民族团结和国家统一的牢固纽带”[④]。中华民族的爱国主义传统是中华优秀传统文化的重要内容。2010年版概论教材还提到“弘扬中华文化,加强精神纽带。中华文化是两岸同胞共同的宝贵财富。中华文化在台湾根深叶茂,台湾文化丰富了中华文化的内涵。两岸同胞要共同继承和弘扬中华文化优秀传统,开展各种形式的文化交流,使中华文化薪火相传,发扬光大,以增强民族意识,凝聚共同意志,形成共谋中华民族伟大复兴的精神力量。”[⑤]而2013年版、2015年版概论教材则肯定了“国家统一始终是中华民族历史发展的主流”,并且引用了孟子(定于一)、荀子(一天

①《毛泽东思想和中国特色社会主义理论体系概论》编写组.毛泽东思想和中国特色社会主义理论体系概论[M].北京:高等教育出版社,2015:195.

②《毛泽东思想和中国特色社会主义理论体系概论》编写组.毛泽东思想和中国特色社会主义理论体系概论[M].北京:高等教育出版社,2015:194.

③《毛泽东思想和中国特色社会主义理论体系概论》编写组.毛泽东思想和中国特色社会主义理论体系概论[M].北京:高等教育出版社,2010:271.

④《毛泽东思想和中国特色社会主义理论体系概论》编写组.毛泽东思想和中国特色社会主义理论体系概论[M].北京:高等教育出版社,2010:293.

⑤《毛泽东思想和中国特色社会主义理论体系概论》编写组.毛泽东思想和中国特色社会主义理论体系概论[M].北京:高等教育出版社,2010:312.

下)、法家(兼天下)、杂家(贵一)等有关国家统一的论述[①]。在此基础上,2015年版概论教材则提出"博大精深的中华文化是海内外中华儿女共同的魂"[②]的说法。2015年版概论教材提到了习近平的"五点重要主张",其中强调了"心灵沟通"并且要增强"文化认同",认为:"中华文化是两岸同胞的共同精神财富,也是两岸同胞血脉相连的精神纽带","共同传承中华文化优秀传统",并且用"中华民族伟大复兴"作为完成祖国统一的重要愿景[③]。中华民族伟大复兴与弘扬中华优秀传统文化对于维护国家统一具有重要价值。

第五,第十章内容比较。中华优秀传统文化一直是文化外交的重要组成部分。2010年版概论教材提到"坚持走和平发展道路,是基于中国历史文化传统的必然选择,中华文化是一种和平的文化"[④],并且提出要"大力加强人文外交,开展对外文化交流,扎实传播中华优秀文化"[⑤]。2013年版概论教材则提到"走和平发展道路,是中华民族优秀文化传统的传承与发展"[⑥]。2015年版概论教材则提出"中华文明理念至今仍在滋养着中国人的精神","我们在主要大国中率先把实现合作共赢确定为国际间交往的根本目标,符合中华文化的优秀传统"[⑦]等内容,还引用了"并育而不相害"说明这种理念。这说明教材编写者在外交和国际战略方面应用中华优秀传统文化显得非常务实。

第六,第十一章内容比较。三版概论教材在"巩固和加强各族人民的团结合作"中都提到"各族人民共同创造了悠久灿烂的中华文化"[⑧]。2010年版

①《毛泽东思想和中国特色社会主义理论体系概论》编写组.毛泽东思想和中国特色社会主义理论体系概论[M].北京:高等教育出版社,2015:179.

②《毛泽东思想和中国特色社会主义理论体系概论》编写组.毛泽东思想和中国特色社会主义理论体系概论[M].北京:高等教育出版社,2015:209.

③《毛泽东思想和中国特色社会主义理论体系概论》编写组.毛泽东思想和中国特色社会主义理论体系概论[M].北京:高等教育出版社,2015:225.

④《毛泽东思想和中国特色社会主义理论体系概论》编写组.毛泽东思想和中国特色社会主义理论体系概论[M].北京:高等教育出版社,2010:325.

⑤《毛泽东思想和中国特色社会主义理论体系概论》编写组.毛泽东思想和中国特色社会主义理论体系概论[M].北京:高等教育出版社,2010:334.

⑥《毛泽东思想和中国特色社会主义理论体系概论》编写组.毛泽东思想和中国特色社会主义理论体系概论[M].北京:高等教育出版社,2013:204.

⑦《毛泽东思想和中国特色社会主义理论体系概论》编写组.毛泽东思想和中国特色社会主义理论体系概论[M].北京:高等教育出版社,2015:243.

⑧《毛泽东思想和中国特色社会主义理论体系概论》编写组.毛泽东思想和中国特色社会主义理论体系概论[M].北京:高等教育出版社,2015:257.

概论教材更丰富地论述了“大力增强各民族对中华民族的归属感，对中华文化的认同感”①的工作要求。2015年版概论教材则凝练为“不断增强各族人民对伟大祖国的认同、对中华民族的认同、对中华文化的认同、对中国特色社会主义道路的认同”②。这相当于凝练出了“四大认同”的理念，认同中华优秀传统文化在四大认同当中具有特别重大的意义。

第七，第十二章内容比较。中国共产党作为领导核心，既是工人阶级的先锋队，又是中华民族的先锋队。这是中国共产党的民族属性，也是文化属性。2010年版概论教材提出：“中国共产党要不断开拓民族振兴的新思路和新境界；要以工人阶级先锋队的政治胆识与胸襟，大力继承与发扬中华民族优秀文化传统。”③2010年版概论教材同时提到要防止“封建残余思想侵蚀”④。2013年版概论教材第十二章几乎没有涉及中华优秀传统文化。2015年版概论教材有意识地没有提到中国共产党与中华优秀传统文化的关系，但是把实现“民族复兴”作为中国共产党执政地位的重要来源，同时使用了“橘生淮南则为橘，生于淮北则为枳”“蠹众而木折、隙大而墙坏”等大量古典话语进行党建方面的思想政治教育。

总之，中华优秀传统文化融入2015年版概论教材有如下新特点。第一，在立场上积极正面弘扬中华优秀传统文化，较少或者不再使用批判语气，反封建主义的说法更加弱化。第二，在内涵准确界定中华优秀传统文化。2015年版概论教材准确界定中华优秀传统文化，与中国传统美德、中华文明、中国国情等概念进行了区分。第三，在理论上开始正式阐释中华优秀传统文化与马克思主义中国化、社会主义核心价值观、中华民族伟大复兴中国梦等理论的逻辑关系。这为中华优秀传统文化继续融入提供了空间。

中华优秀传统文化融入2015年版概论教材的工作仍有待改进。第一，

---

①《毛泽东思想和中国特色社会主义理论体系概论》编写组.毛泽东思想和中国特色社会主义理论体系概论[M].北京：高等教育出版社，2010：344.

②《毛泽东思想和中国特色社会主义理论体系概论》编写组.毛泽东思想和中国特色社会主义理论体系概论[M].北京：高等教育出版社，2015：263.

③《毛泽东思想和中国特色社会主义理论体系概论》编写组.毛泽东思想和中国特色社会主义理论体系概论[M].北京：高等教育出版社，2010：365.

④《毛泽东思想和中国特色社会主义理论体系概论》编写组.毛泽东思想和中国特色社会主义理论体系概论[M].北京：高等教育出版社，2010：374.

2010版概论教材提到实事求是思想路线时指出："我们要批判地继承和吸收中国传统文化和外国文化的积极因素，赋予中国传统文化以时代内涵。借鉴国外文化以适应中国的国情，而不应该不顾自身的需要和条件一味地生吞活剥，否则会食古不化或食洋不化，而没有真正的创新。"①2013年版概论教材去掉了这段话。2015年版概论教材很遗憾地没有把"实事求是"与中华优秀传统文化联系起来。第二，毛泽东思想与中华优秀传统文化具有深刻的内在关系。然而教材没有进行深入探讨。第三，虽然中华优秀传统文化已经有了明确的界定，但是没有形成由基本概念、科学内涵、理论价值等构成的知识结构与理论形态。第四，党的十七届六中全会对"中国共产党是中华优秀传统文化的传承者与弘扬者"的界定并没有融入教材。第五，2015年版概论教材仅仅提出概念而没有对中华优秀传统文化的教学内容展开论述。这说明对中华优秀传统文化的内容的设计工作依然欠缺。

总之，中华优秀传统文化融入2015年版概论教材的工作取得了一定的进展，但要完成十七届六中全会所规定的"传承与弘扬中华优秀传统文化"的任务还有很长的路要走。教材的嬗变并不是一蹴而就的，中华优秀传统文化与马克思主义理论之间的复杂关系以及历史挑战依然值得讨论与纾解，高校思想政治理论课教师才能更加自信地融入与应用中华优秀传统文化。

（二）中华优秀传统文化融入2018年版概论教材的基本情况

2018年版概论教材有着较大的改动，与原来的教学体系也不完全一致。

第一章第二节提到了毛泽东思想中关于"思想政治工作和文化工作的理论"。其中提到"民族的、科学的、大众的文化""百花齐放、百家争鸣""古为今用""推陈出新"②等内容。

第二章第一节提到"中华民族在五千多年的历史进程中，创造了灿烂的中华文明"。第二章第二节有关"新民主主义的文化纲领"当中提到"新民主主义文化是科学的"，还提到"对于封建时代创造的文化，应剔除其封建性的糟粕，吸收其民主性的精华。同时要尊重中国的历史，反对民族虚无主义，以

①《毛泽东思想和中国特色社会主义理论体系概论》编写组.毛泽东思想和中国特色社会主义理论体系概论[M].北京：高等教育出版社，2010：58.

②《毛泽东思想和中国特色社会主义理论体系概论》编写组.毛泽东思想和中国特色社会主义理论体系概论[M].北京：高等教育出版社，2018：10.

历史唯物主义的态度对待古今中外文化”[①]。

第六章第二节提到了“发展社会主义先进文化，必须弘扬民族精神”的话题。提出：“中华民族形成了以爱国主义为核心的团结统一、爱好和平、勤劳勇敢、自强不息的伟大民族精神。”[②]这里还提到“这个民族精神，博大精深，源远流长，是中华民族生命机体中不可分割的重要成分”。这里还提到“这个民族精神是中华民族生生不息、发展壮大的强大精神动力”，“面对世界范围各种思想文化的相互激荡，必须把弘扬和培育民族精神作为文化建设极为重要的任务”。

第七章第二节提到“推进社会主义文化强国建设”。其中提到“文化是民族的血脉”，“树立高度的文化自觉与文化自信”。这里引述了胡锦涛提出的“社会主义核心价值体系是根源于民族优秀文化和社会主义先进文化并吸收人类文明成果发展起来的”[③]。

第八章在“坚持社会主义核心价值体系”当中提到“推动中华优秀传统文化创造性转化、创新性发展”“更好构筑中国精神”等话语[④]。

第九章“实现中华民族伟大复兴的中国梦”是把“中国梦”理论作为一个重要的内容，取得了制高点地位。其中第一节提到“民族振兴，就是通过自身的不断发展与强大，继承并创造中华民族的优秀文化以及先进的文明成果，进而使中华民族再次处于世界领先的地位，再次以高昂的姿态屹立于世界民族之林”[⑤]。由此可见，文化、文明对于民族复兴的重要内涵意义。这里还提到“民为邦本、本固邦宁”“家国天下”“得其大者可以兼其小”等话语。

第十章第二节提到“积极培养中华民族共同体意识”“建设各民族共有精

①《毛泽东思想和中国特色社会主义理论体系概论》编写组.毛泽东思想和中国特色社会主义理论体系概论[M].北京：高等教育出版社，2018：33.

②《毛泽东思想和中国特色社会主义理论体系概论》编写组.毛泽东思想和中国特色社会主义理论体系概论[M].北京：高等教育出版社，2018：128.

③《毛泽东思想和中国特色社会主义理论体系概论》编写组.毛泽东思想和中国特色社会主义理论体系概论[M].北京：高等教育出版社，2018：162.

④《毛泽东思想和中国特色社会主义理论体系概论》编写组.毛泽东思想和中国特色社会主义理论体系概论[M].北京：高等教育出版社，2018：186.

⑤《毛泽东思想和中国特色社会主义理论体系概论》编写组.毛泽东思想和中国特色社会主义理论体系概论[M].北京：高等教育出版社，2018：197.

神家园"①。这对于融入中华优秀传统文化有一定的启示。这里还提出要"用中华文化浸润我国各种宗教"。第三节提到"百姓日用而不知""少成若天性，习惯之为常"的话语，还提出："培育和践行社会主义核心价值观必须立足中华优秀传统文化和革命文化。"②该版教材承认"中华文明有其独特的价值体系。中华优秀传统文化已经成为中华民族的文化基因，根植在中国人内心深处，潜移默化影响着中国人的思维方式和行为方式。"该部分要求"利用好中华优秀传统文化蕴含的思想观念、人文精神、道德规范，结合时代要求继承创新，推动中华优秀传统文化创造性转化、创新性发展，让中华文化展现出永恒魅力和时代风采，使其成为涵养社会主义核心价值观的重要源泉。"③该部分还提到"让中华文明的影响力、凝聚力、感召力更加充分地展示出来"。该部分提出要"努力弘扬中华文化，推进中华文化创新发展，展示中华文化魅力，夯实国家文化软实力的根基"。

2018年版的第十一章提到"图难于其易，为大于其细。天下难事，必作于易；天下大事，必作于细"的传统文化精粹。

总之，2018年版概论课教材的重心在于阐释中国共产党的理论创新与文化自信，把中华优秀传统文化放在了文化建设的一个局部位置上，并没有空泛地融入与运用中华优秀传统文化。这也说明了一个很重要的问题，即中华优秀传统文化属于文化建设的内容，尤其是被运用于思想道德建设领域，而在政治建设、经济建设等领域则缺乏足够的抓手与助力。这也说明马克思主义理论的全面性、整体性，是把中华优秀传统文化作为一个部分，而不是作为一个完整的、应用于一切方面的"大全"。

四、结　语

高校思想政治理论课教材已经融入了中华优秀传统文化，但是其融入水

①《毛泽东思想和中国特色社会主义理论体系概论》编写组．毛泽东思想和中国特色社会主义理论体系概论[M].北京：高等教育出版社，2018：219.

②《毛泽东思想和中国特色社会主义理论体系概论》编写组．毛泽东思想和中国特色社会主义理论体系概论[M].北京：高等教育出版社，2018：228.

③《毛泽东思想和中国特色社会主义理论体系概论》编写组．毛泽东思想和中国特色社会主义理论体系概论[M].北京：高等教育出版社，2018：228.

平仍然需要提升到知识结构的层次。高校思想政治理论课教材具有重要的标志意义，是准确把握中国共产党传承与弘扬中华优秀传统文化的重要途径。

第一，中华优秀传统文化的融入工作已经成为高校思想政治理论课改革内容之一。高校思想政治理论课程教材已经融入了中华优秀传统文化，但是并不能完全实现中国共产党所设立的传承与弘扬中华优秀传统文化的要求。中华优秀传统文化及其教学内容相对于马克思主义而言仍然处于薄弱地位。

自党的十九大以来，融入、传承、弘扬、应用中华优秀传统文化已经成为中国共产党领导思想政治教育工作的重要任务。教育管理部门与思想政治教育学者、广大的高校思想政治理论课教师在融入中华优秀传统文化方面做出了努力。但是与马克思主义理论相比，中华优秀传统文化融入教材的程度还不够深入与突出，在大学生层面还缺乏深入理解，在思想政治教育原理层面还需要进一步知识结构化。中华优秀传统文化的融入工作仍处于较为浅显的状态，在内容上仍需要拣择，在地位上仍需要提升，在体系上仍需要突出。

第二，中华优秀传统文化的融入工作还有待于进行体系化的课程设计与教学设计。

第三，中华优秀传统文化的融入工作处于不断创新之中。首先，中华优秀传统文化在四本教材中没有成为独立的章节，进而不构成专门化的知识体系。思想道德修养与法律基础在“中华传统美德”一节融入中华优秀传统文化，使得其内涵大大缩小。其次，思修教材融入与应用中华优秀传统文化最为频繁。中华优秀传统文化在这里被很好地定义并加以一定意义的概括，初步具备了知识体系性质，但是也被理想信念、道德素质所涵盖。一些思想政治教育学者形成了“中华优秀传统文化已经是高校思想政治理论课的教学内容”的判断。概论教材与纲要教材主要从近代思想文化史的角度对中华优秀传统文化进行理论梳理，而无法做出深入介绍。最后，中华优秀传统文化融入高校思想政治理论课教材主要体现在爱国主义、民族精神、人生理想、人生价值观、中华传统美德、中华民族优良道德传统、公共道德、家庭美德、职业道德、诚信、社会主义荣辱观、马克思主义中国化、实事求是思想路线、新民主主义革命文化纲领、中国特色社会主义文化建设、社会主义和谐社会、祖国完全统一的构想、人文外交、民族团结、中国共产党是中华民族的先锋队理论、社会主义核心价值体系、社会主义核心价值观、中华民族伟大复兴的中国梦等章节之中。中华优秀传统文化融入高校思想政治理论课教材依然停留在概念阶段,缺少了对中华优秀传统文化的教学内容设计。教材一方面是用民族精神、爱国主义、马克思主义中国化、中华民族伟大复兴等内容加以高度概括,另一方面从中华优秀传统文化中找出类似于"和为贵""仁者爱人""诚""实事求是""慎独""协和万邦"等加以应用。

第二节　中华优秀传统文化融入高校思想政治理论课的教育对象分析

中华优秀传统文化融入高校思想政治理论课最终要落实到教育对象上。大学生的态度是要求融入中华优秀传统文化,进而改进高校思想政治理论课教学效果。大学生对中华优秀传统文化的接受程度是中华优秀传统文化融入高校思想政治理论课的必须关注的现实问题。只有弄清楚融入中华优秀传统文化在教育内容与教育对象方面的现状,才能更好地推动"融入工作"。下面通过调查问卷的方式,调查了某个学校的2014级本科生对中华优秀传统文化融入高校思想政治理论课的态度。

一、调查结果分析

此次发放问卷300份,有效回收200多份。该问卷在北京某学院内2014级的大学生思想政治课堂上完成。2014级大学生已经经过了思想道德修养与法律基础、中国近现代史纲要、马克思主义基本原理概论三门课的学习,目前正在进行毛泽东思想与中国特色社会主义理论体系概论的学习。该校2014级共有1400名大学生就读。本问卷覆盖了机械工程系、艺术设计系、通信工程系、人文社科系、应用语言系的同学。其中机械工程系同学的有效问卷80份,艺术设计系同学的有效问卷70份,信息工程系同学的有效问卷40份,人文社科系同学的有效问卷33份,应用语言系同学的有效问卷27份。

(一)中国共产党是中华优秀传统文化的忠实传承者与积极弘扬者

该调查中共有120名同学选择同意该说法，不同意该说法的同学有53名，此外还有一些同学不知道该说法，占总数的31%。

同意该说法的比例接近一半，这充分说明了在舆论宣传的合力下，大学生能够判断出中国共产党传承与弘扬中华优秀传统文化的大趋势。而少数同学不同意该说法。这说明他们该重要命题还没有成为一般性的常识。大学生对中国共产党批判传统文化的印象依然存在。

(二)大学生接触到中华优秀传统文化的渠道

该调查中首选中学语文课的同学有166名；首选思想政治课的同学有22名；首选选修课的同学有12名同学；首选媒体宣传的有28名同学；首选书籍阅读的同学有11名。首选家庭熏陶的同学有11名。

由此可见，中学语文课依然是肩负传承与弘扬中华优秀传统文化的最受重视的途径。首选思政课的主要原因并不是思政课传播了中华优秀传统文化的内容，而主要是提出并使用了这个概念。而选择其他渠道则说明中华优秀传统文化具有丰富的社会载体。

(三)对中国传统文化的态度

该调查中选择“反感，全盘否定”的有11名；选择“同情，可批判性的继承”的有67名，选择“热爱，并认为很重要”的有110名；选择“说不清楚”的有61名。

由此可见，约一半的同学热爱并认为中国传统文化很重要。但是这并不代表中国传统文化获得了全面认同，毕竟仍然有人对传统文化抱有深刻的批判否定态度。

(四)马克思主义与中华优秀传统文化的关系

该调查中选择“可以融合”的同学有98名；选择“不能融合”的同学有41名；选择“不能确定”的同学有111名。

由此可见，大学生对“中华优秀传统文化与马克思主义可以融合”的判断不占多数。“不能确定”与“不能融合”的判断占多数。这是大学生基于长期的马克思主义理论教育，对二者的倾向性有着深刻的认识。马克思主义与中华优秀传统文化作为两种知识体系，并不可以轻易做到融合。

(五)西方文化与中华优秀传统文化相比结果

该调查中选择“西方文化优于中国传统文化”的同学有14名;选择“中国传统文化优于西方文化”的同学有29名,占12%;选择“各有优点与缺点,不能一概而论”的同学有194名;选择“不能确定”的同学有13名。

这说明大学生能够差异性地看待两种文化,而不是简单地认为某种优越于另外一种。这说明中国特色社会主义文化建设具有兼容的态度。大学生并没有歧视中国传统文化,也没有一味抵制西方文化,而是能够在本土文化与西方文化之间能够做到平衡。但是同学们对传统文化的认可程度依然高于西方文化。

(六)中国传统文化与中国现代化的关系

该调查中选择“中国传统文化妨碍中国的现代化”的同学有35名;选择“中国传统文化促进中国的现代化”的同学有125名;选择“不能确定”的同学有90名。

由此可见,大学生认为中华优秀传统文化在现代化进程中的正面价值已经为学生所接受。中华优秀传统文化已经较少与封建主义捆绑在一起。但是,该判断仍然需要进一步发展与强化。中华优秀传统文化在现代社会中的功能逐渐为大学生所认识。

第7题在调查“你对中国传统文化与儒学的态度”时,选择“接受中国传统文化,反对儒学”的同学有21名;选择“接受儒学,不接受中国传统文化”的同学有29名;选择“同时接受中国传统文化与儒学”的同学有191名;选择“对二者都持否定态度”的同学有9名。

由此可见,中华优秀传统文化与儒学的概念能够同时为大学生所接受,儒学作为一种知识体系在中华优秀传统文化当中具有重要地位,但依然有大学生接受中华优秀传统文化而反对儒学。这说明中国传统文化对儒学进行包容的同时包容着异质于儒学的内容。但是这部分比例少于“接受儒学、不接受传统文化”的选择。这说明儒学的影响力依然大于传统文化的其他内容影响力。

第8题在调查“你对五四新文化运动的态度”时,选择“全面反传统,导致了中国传统文化的断裂”的同学有38名;选择“批判了封建主义文化,但没有否定中华优秀传统文化"的同学有174名,选择"不能确定"的同学有38名。

由此可见,大学生对五四新文化运动与传统文化的关系有着清醒的认识。大学生对封建主义文化与中华优秀传统文化的辨别相当清晰,中华优秀传统文化已经摆脱了与封建主义文化搅和在一起的现象。

第9题在调查"《论语》一共有多少篇"时,正确回答出"20篇"的同学有150名。

该问题说明大学生对《论语》较为熟悉,这或许是中学语文教学的结果。《论语》越来越受到语文教学与高考的重视。而该校学生长期受到中国传统文化教育的熏陶。这都有利于经典的传播并为学生所接受。

第10题在调查"你是否选修过有关中国传统文化(或中国哲学)的课程"时,选择"选修过"的同学有128名;选择"知道有,但没有选修过"的同学有94名;选择"不知道有没有"的同学有28名。

这说明该大学开设了中国传统文化选修课程并为大学生所认知,可能由于课时等方面的制约而没有形成普遍性的覆盖。大学生出于自己的兴趣与时间的考虑能够自由选择学习。这种选修课资源能够满足大学生的需要。只是非常少的同学选择"不知道有没有",这说明中国传统文化教育处于不温不火的状态。

第11题在调查"你对目前思想政治课教材中的中国传统文化内容的态度"时,选择"内容足够多"的同学有140名;选择"内容不够多"的同学有110名。

在该题中,认为"地位很显著"的同学有120名;认为"地位不显著"的同学有130名。

选择"内容足够多"的同学占微弱多数。这是因为中华优秀传统文化在思政课不同章节中都有体现。认为"内容不够多"的同学是因为在学习过程中与中国传统文化教育选修课程相比,没有达到充分领会的程度。选择"地位很显著"的同学要少于选择"地位不显著"的同学。这真实反映了中华优秀传统文化在思政课教学内容中所处的地位依然不构成重点模块。上述调查说明大学生对中华优秀传统文化的内容与地位的判断仍然没有形成压倒性的一致意见。

第12题在调查“你对现有高校思想政治理论课程当中增加中国传统文化内容的态度”时，选择“不需要”的同学有37名，选择“需要”的同学有140名，选择“说不清楚”的同学有73名。

由此可见，大学生认为需要在现有高校思想政治理论课程中增加中国传统文化内容的同学占据多数。对于长期的马克思主义理论教育而言，增加传统文化内容会适当地增加新鲜感与吸引力。中华优秀传统文化尤其是切合于中国人的思维方式与情感体验，会让人从中得到某种积极的暗示。

第13题在调查“你对在高校思想政治理论课程基础上增加一门中国传统文化课程态度”时，认为“不需要”的同学有66名，认为“需要”的同学有115名，认为“说不清楚”的同学有69名。

此题中认为需要在高校思想政治理论课程中增加一门中国传统文化课程的同学虽然是最多选择，然而并不过半，而且低于第12题在现有课程中增加内容的选择。这说明大学生对新课程表示怀疑，而且有增加课业负担的现实考虑。所以，认为不需要增加新课程的同学占了很高的比例。选择说不清楚的与第12题同样多的比例。这说明大学生对该问题的判断没有形成统一意见。

二、文字反馈分析

大学生对中华优秀传统文化融入高校思想政治理论课基本持支持态度，对开设新课程则有一半的不同意见。在书面陈述中反映出如下一些真实的想法。

（一）支持开设新课程并增加教学内容的观点

比如：“因为人不能忘本，要多学习自己国家的好东西，不能只是学外国的思想文化”；“文化是代代相承才得以发展存在，一切历史中所流传下来的传统文化都是瑰宝，我们要理性地看待。否则，我们当代的文化也将会在未来无法传承”；“作为中国人不了解中国传统文化，就浪费了祖先辛苦多年的结晶”；“中华优秀传统文化有很多与思政课有关的东西，所以有必要学习”；“传统文化可以增强中国人的凝聚力”；“在现代化的今天，人们已经淡忘了传统文化，所以需要加强学习”；“传统文化对人的素质有提升作用”；等等。如果归纳一下，支持开设新课程增加教学内容的观点主要原因有三条：第一，大学生作为中国人，具有学习中华优秀传统文化的文化自觉；第二，大学生认识到学习中华优秀传统文化的功能与益处；第三，大学生认为高校思想政治理论课要与中华优秀传统文化相融合。

（二）反对开设新课程与增加新内容的观点

比如："因为目前思政课涉及这方面的内容太多，而且不能一直都是宣扬中国传统文化，否则，社会不可能得到长远发展"；"课太多，没有时间，就算加课也没有人学"；"思政课已经有足够多的内容，课程过多，不需要增加新课程与新内容"；"思政课已经蕴含了中国传统文化，所以不需要增加学习"；"课程比较多，不需要再加深，课余时间有其他安排"；"学习中国传统文化，但希望非强制"；"思政课与中国传统文化不应该混为一体"；等等。大学生认为不需要开设新课程或增加新内容的主要原因有四条：第一，大学生课业负担较重，反对增加更多的必修课；第二，大学生对中国传统文化中的糟粕依然保持较高的批判性思维；第三，大学生对高校思想政治理论课与中华优秀传统文化的差异性仍然持有深刻印象，无法接受中华优秀传统文化在高校思想政治理论课程的融入与提升；第四，大学生认为中学语文是传播中华优秀传统文化的主渠道，而对高校思想政治理论课承担该项功能表示怀疑。

三、结　语

就整个调查的结果而言，发现大学生对待中华优秀传统文化的态度差异较小，有着一定的认同，但由于生活在改革开放的社会条件下对中华优秀传统文化并不是一味地认同，而是有所批判。大学生对以新课程的形式融入中华优秀传统文化尽管得到较高的支持度，但也存在一定的疑虑。

第一，大学生对待中华优秀传统文化的态度差异较小。一是以性别为因素进行筛选比较。针对第3题"对中国传统文化的态度"，女生中选择"说不清楚"的有36份。而只有19%的男生选择"说不清楚"；同时男生选择"热爱，并认为很重要"的比例高于女生。在第7题"中国传统文化与儒学的关系"问题上的选择时，仅有3%的女生与14%的男生选择"反对儒学"。女生对儒学的认同度高于男生。女生选择"同时接受中国传统文化与儒学"的比例是

83%，大大高于男生的68%。这种异质性说明男生对儒学持有一定的批判态度，而女生则认同程度更高。在第9题中，女生比男生更准确地判断《论语》的篇数。这是因为应用语言系的女生比例更高。在第11题中，女生比男生更多地认为中华优秀传统文化在高校思想政治理论课中“内容足够多、地位足够显著”。在其他题目中，女生与男生的相似度大，有很强的一致性。综合而言，女生与男生都对中华优秀传统文化保持着较高的认同度，但女生比男生对目前中华优秀传统文化融入高校思想政治理论课的现状更为满意。二是以系别为因素进行筛选比较。在第3题选择时，人文社科系、应用语言系与艺术设计系的同学对中国传统文化与儒学的认同程度（50%）高于一般工科同学（25%）。在第5题中，应用语言系与艺术设计系的同学更多选择了“中华优秀传统文化促进现代化”（56%），而其他系同学则表示不能确定（机械系，42%）。在第7题中，文科系同学更多选择了对中华优秀传统文化与儒学的认同（人文系85%，语言系75%，艺术系82%），而工科同学则有不同的认识或倾向于不确定（机械系同时认同两者只有57%）。在第9题中，应用语言系、人文社科系、艺术系的同学正确率大大高于其他专业。在其他题目中几个系别的同学基本保持了较为一致的态度。通过以生源（城乡）与政治面貌为因素进行筛选比较同样发现2014级大学生的态度差异不够明显。这说明该校大学生在接触中国传统文化方面具有一致性特点，也说明高校思想政治理论课在统一教材方面所产生的客观效果。只是由于学科专业与中华优秀传统文化有很大的距离，这使得调查对象的态度略带差异。

第二，大学生对中华优秀传统文化有着较高的认同度。调查结果显示出，大学生能够客观评价中华优秀传统文化与马克思主义、现代化、西方文化的关系。大学生在学习中华优秀传统文化的途径方面更多依赖中学语文教学、大学中的选修课体系，而对中华优秀传统文化融入高校思想政治理论课的依赖性较小。这对于中华优秀传统文化融入高校思想政治理论课而言是一个有利条件，可以更好地借鉴传统文化通识教育实现思想政治教育的根本任务与目的。在保持较高认同度的同时，大学生并不是对中华优秀传统文化无条件接受。一部分同学依然具有从现代化与全球化角度清醒看待中华优秀传统文化。很多同学认为增加中华优秀传统文化的教学内容并不能对思想政治理论有根本的改变,甚至对融入中华优秀传统文化的效果表示一定的怀疑。

第三,中华优秀传统文化作为教学内容与知识模块还有一定区别。大学生认识到中华优秀传统文化在高校思想政治理论课程中的存在,但是对这种存在的地位是否显著有着较大的分歧。这说明中华优秀传统文化的地位是否显著不在于教学内容的多少,而在于知识模块化水平,乃至于在高校思想政治理论课概念体系与知识体系中的科学定位。所以,中华优秀传统文化融入高校思想政治理论课的重点已经由一种教学内容的存在转向了要成为知识结构体系的存在。中华优秀传统文化在高校思想政治理论课当中的知识结构化是融入工作的重点所在。这是比单纯作为教学内容更高层次的存在状态。

第四,在某种程度上,大学生对课时学分等因素也有一些考虑。中华优秀传统文化融入高校思想政治理论课的最高阶段就是开设专门讲授中华优秀传统文化的必修课,从而把中华优秀传统文化与马克思主义基本原理、马克思主义中国化理论成果、中国近现代史、思想道德修养与法律基础等视为同一级别的课程。如果学分相同,大学生学习中华优秀传统文化的兴趣自然很高。但是,这样的做法在目前而言,仍然有重重阻力。

一是大学生较少从知识结构的自身完整性角度看问题。从思想政治教育根本任务与基本原理的角度而言,马克思主义的主体地位不容改变。加大融入中华优秀传统文化容易造成知识结构上的二元化危机。大学生基本上还没有对该问题有太多的想法,而是认为二者相融合的可能性更大。一部分大学生早已习惯了高校思想政治理论课的教学内容与知识结构,形成了对马克思主义理论的一般看法。所以,加大中华优秀传统文化的融入力度会打破这种原有的知识结构。

二是大学生更多从课业压力的现实角度看问题。大学生接受高校思想政治理论课的总学分是14学分,在该学校教学计划中要使用224学时。而一个大学生四年共有240学分。思想政治理论占全部课时量的11.6%,约十分之一。中华优秀传统文化如果再作为一门新的高校思想政治理论课进行开设,就会使得高校思想政治理论课占总学时的六分之一强。这将会导致其他课程学习受到一定的冲击。在目前大学强调实习实践等教学思想的大环境下，增加理论教学时间越来越困难。随着中国高校逐渐进行学分制、自由选课制等改革，僵化的课程形式、单纯的理论讲授越来越受到质疑。四门高校思想政治理论课甚至也越来越多地出现了理论与实践结合、少而精、课下与课上结合、线上与线下结合等多种教学形式。这些形式灵活的改革都对传统的课程形态构成挑战。四门高校思想政治理论课也都在知识内容上越来越宏观，照顾到世界史、现代化、时政新闻、文化思想史等多种宏大视角。在这样的局面下，简单地以增加课程形式融入中华优秀传统文化仍然需要进一步斟酌，不可能一蹴而就。融入中华优秀传统文化的最重要环节依然是在知识结构与教学内容体系上有所突破。

第三章 中华优秀传统文化融入高校思想政治理论课的现实价值

毛泽东把中华优秀传统文化的价值性比喻为遗产。中国共产党已经深刻认识在自身思想体系中融入中华优秀传统文化的巨大价值。很多学者都会从现实价值的维度来论证中华优秀传统文化融入高校思想政治理论课的必要性。可以说,中华优秀传统文化融入高校思想政治理论课的现实价值是融入工作得以顺利实施的重要理由,是形成整体性思路的起点。中华优秀传统文化融入高校思想政治理论课的现实价值就是有利于实现立德树人的根本任务。

第一节 融入中华优秀传统文化,培育社会主义核心价值观

中华优秀传统文化融入高校思想政治理论课的现实任务就是让大学生承担起实现中华民族伟大复兴的中国梦的时代大任,践行社会主义核心价值观,完成立德树人的根本要求。

2013年,中共中央发布《关于培育和践行社会主义核心价值观的意见》,又一次推动了中华优秀传统文化融入高校思想政治理论课的进程。其中提出“增加国民教育中优秀传统文化课程内容,分阶段有序推进学校优秀传统文化教育”的文化战略必然需要一定的实施途径。教育部已经在努力推进这项工作。而从目前的思想政治教育专业课程体系、思想政治公共课程体系、中华优秀传统文化教育通识课程体系来看,融入中华优秀传统文化必须得到进一步加强,才能符合党中央大力传承与弘扬中华优秀传统文化的需要。《关于培育和践行社会主义核心价值观的意见》要求进行“经典作品阅读观看活

动”[①]。中国共产党正确认识和处理中华优秀传统文化需要有中华传统经典的支撑。只有融入并增强中华优秀传统文化在思想政治教育学科和专业的地位,并且在高校思想政治理论公共课程体系具有一席之地,把中华优秀传统文化教育吸纳成为思想政治教育的有效载体,才能完成2013年党中央有关加强中华优秀传统文化教育的意见,进而实现中国共产党传承和弘扬中华优秀传统文化的重要决策。

“立足中华优秀传统文化,培育社会主义核心价值观”已经从宣传思想工作导向逐渐落实为“中华优秀传统文化融入高校思想政治理论课、借鉴传统价值观培育社会主义核心价值观”的工作任务。

一、借鉴中华优秀传统文化所要遵循的原则

第一,“借鉴传统价值观培育社会主义核心价值观”与“实现中华民族伟大复兴中国梦”是一个有机整体。实现中华民族伟大复兴的中国梦需要弘扬中国精神,而中国精神是中华优秀传统文化的集中体现,并且服务于培育与践行社会主义核心价值观。通过中国精神这一精准概念,弘扬中华优秀传统文化、培育社会主义核心价值观(包括树立社会主义核心价值体系)和实现中华民族伟大复兴的中国梦三者之间就建立了有机联系。这对于全面理解习近平系列重要讲话精神具有一定的帮助。

第二,“借鉴传统价值观,培育社会主义核心价值观”存在着“手段—目的”的服务关系。中华优秀传统文化融入高校思想政治理论课的目的是服务于培育与践行社会主义核心价值观,而融入中华优秀传统文化是手段。这种目的论不能颠倒。融入中华优秀传统文化必须牢牢围绕社会主义核心价值观展开,而不是单纯地弘扬中华优秀传统文化。这就需要对传统价值观采取批判继承、推陈出新、古为今用的科学方法加以改造与驾驭,而不是盲目恢复传统价值观,倒向复古主义。

第三,社会主义核心价值体系在“借鉴传统价值观,培育社会主义核心价值观”的过程中具有指导地位。社会主义核心价值体系是对四项基本原则中

① 中共中央文献研究室编.十八大以来重要文献选编:上[M].北京:中央文献出版社,2014:584.

坚持党的领导与核心地位在社会伦理价值层面的有效展开，在培育与践行社会主义核心价值观过程中扮演着不容置疑、不容忽视的地位与作用。所以，融入中华优秀传统文化也必须以“坚持社会主义核心价值体系”为基本前提。

第四，“借鉴传统价值观，培育社会主义核心价值观”存在着“话语程度”的问题，即只能融入中华优秀传统文化中那些为党的文献与讲话所认可、符合当今时代精神的话语，而不能把传统价值体系与价值观等内容原封照抄、直接取用。但是，“借鉴传统价值观，培育社会主义核心价值观”随着工作的深入开展，必然要要通过创造性转化与创新性发展的方式充分借鉴最终彻底超越传统价值体系与传统价值观。

二、借鉴中华优秀传统文化所能达到的程度

随着弘扬中华优秀传统文化的深入进行，党的文献与高校思想政治理论课教材融入中华优秀传统文化的话语变得不断丰富。“借鉴传统价值观，培育社会主义核心价值观”不断逼近传统价值体系与价值观的核心，比如儒家的仁学思想与伦常思想。第一，就过去而言，党的文献有关“借鉴传统价值观，培育社会主义核心价值观”的说法还带有强烈的弘扬、鼓动的号召色彩，其话语水平较低。第二，就目前而言，高校思想政治理论课教材越来越丰富地使用传统价值体系与价值观的优秀内容。第三，就未来而言，社会主义核心价值体系与社会主义核心价值观已经形成了类似于传统价值体系与价值观所特有的伦常模式。目前学界对传统伦常仍然存在维护与批判的争议。但是笔者认为：尽管古代伦常在近现代思想史上受到了猛烈的批判，“借鉴传统价值观，培育社会主义核心价值观”一旦涉及古代伦常就容易产生争议，形成刺激性的难题，“借鉴传统价值观培育社会主义核心价值观”要取得更大的成就应当按照“创造性转化与创新性发展”的双创方针积极探索借鉴以伦常为核心的传统价值体系与价值观。这是因为：首先，古代伦常起码对于社会主义核心价值体系与核心价值观的结构关系有一定的启示意义；其次，古代伦常的一些合理原则值得注意。学界有关融入中华优秀传统文化培育社会主义核心价值观已经发表了大量论文，但是对能否套用传统的伦常模式缺乏足够的重视。本书就此问题进行前瞻性探索。

三、传统核心价值观与社会主义核心价值观

在中国近现代思想史中，传统伦常思想中“纲”的部分受到了猛烈的批判，而“常”的部分则获得了较大的认同。所以，本书所要论述的对象是以“常”的内容为重点，而不是以“纲”为重点。首先，本书要探究伦常模式对处理社会主义核心价值体系与社会主义核心价值观关系的可行性；其次，本书要探究传统伦常模式对社会主义核心价值体系与培育社会主义核心价值观的相似性。最后，本书要特别申明的是借鉴传统价值观的伦常模式，并不等于要全面复兴传统价值观中的伦常。高校思想政治理论课教师要批判古代伦常背后的落后社会存在等内容，但同时要借鉴其中的有益形式。

最初的“纲”仅仅是指“君臣”“父子”“夫妻”三种最主要的社会伦理关系。但是自从《白虎通义》引述了《礼纬·含文嘉》之后，“君为臣纲、父为子纲、夫为妻纲”成为基本内容。这种说法在汉代直到清代的儒学思想当中依然能够与儒家的谏君谏亲、道尊于势、夫妻平衡等思想并行于世。有的学者确证了以“某某以某某为重”的差等秩序合理性为“纲”的内容。任何社会都有合理的等级差异秩序。差异秩序是任何社会的基本原则。本书倾向于正确理解“纲”与“常”的新解释。比如，有的学者就认为，官员（上司）应当成为群众（下属）的榜样，父亲（长辈）应当成为孩子（晚辈）的榜样，这些解释比较容易被理解和接受。

社会主义核心价值观为个体设立了基本的道德标准，相当于发挥古代伦常的地位与作用。首先，社会主义核心价值体系为中国特色社会主义确立了最为基本的行为规范，规范了个人与马克思主义、中国共产党、中国特色社会主义、爱国主义、改革开放、集体、祖国、社会、法律之间的伦理关系。社会主义核心价值体系具有纲领性与指导性，已经超越了中国古代的伦常模式，更加注重“公共性”“集体性”“组织性”等特点。

古代伦常中的“纲”与“常”相当于伦理学中的规范与美德的差别。“纲”与“常”分别代表着伦理关系与道德要求。社会主义核心价值体系与社会主义核心价值观有类似的对应功能，对人们的基本行为进行了规范。伦理主要是对人际关系或者两个事物之间的价值善恶的判断。道德则是一个人所要遵

循的规范，其内化在人格当中就构成了品德。伦理更相当于一种事实描述，而道德则是对这种事实的判断。社会主义核心价值体系有四个内容：马克思主义的指导地位；中国特色社会主义的共同理想；以改革开放为核心的时代精神和以爱国主义为中心的民族精神；社会主义荣辱观。社会主义核心价值观更多地倾向于人的道德修养与品德养成教育，要调整的是人的观念性价值取向，比如，富裕、民主、文明、和谐等政治理念，或者人要具有爱国、敬业、诚信、友善的道德品质，或者人要具备自由、平等、公正、法治的社会生活准则等。相对于社会主义核心价值观对一系列价值观的倡导，社会主义核心价值体系更强调了一系列的伦理关系，倾向于调整一个人与马克思主义、社会主义共同理想、改革开放、国家、他人之间的关系。社会主义核心价值体系就是要发挥对社会伦理关系的规范性作用。中国共产党提出社会主义核心价值体系就是要人们树立、遵循、坚持、认同社会主义核心价值体系。所以，社会主义核心价值体系是四项内容的结合，却离不开认知主体（人民群众）对认知对象（社会主义核心价值体系）的树立、遵循、坚持、认同、学习等一系列思想政治教育内化同化过程。

四、融入中华优秀传统文化，涵养社会主义核心价值体系

本书把社会主义核心价值体系、核心价值观与古代伦常模式进行比较，并且对古代的伦理规范进行创造性转化，挖掘健康积极的内容，从而让大学生能够更深刻地接受社会主义核心价值体系与核心价值观。

古代伦常思想对融入中华优秀传统文化，树立社会主义核心价值体系有一定的借鉴价值。这有利于高校思想政治理论课通过融入中华优秀传统文化，培育社会主义核心价值体系。首先，融入中华优秀传统文化，有助于阐释马克思主义指导地位。中华优秀传统文化融入高校思想政治理论课，必然要坚持马克思主义的指导地位。马克思主义的指导地位不仅来自自身的真理性，而且在于中国共产党的领导核心地位。坚持马克思主义的指导地位与坚持中国共产党的领导具有同一性。“坚持马克思主义的指导地位”就隐含着要调节社会成员与中国共产党关系。中国共产党是马克思主义政党，马克思主义是中国共产党的指导思想。只要社会成员个体能够自觉与马克思主义相

一致，就自觉做到了与中国共产党相一致。“坚持马克思主义的指导地位”就相当于坚持中国共产党的领导，进而也就“坚持社会主义道路、坚持无产阶级专政”。而坚持共产党的领导是四项基本原则的核心。坚持党的领导就意味着人民群众要向党看齐，对党忠诚。古代伦常同样强调了忠君爱国的一面。尽管“忠君”已经化为历史陈迹，但是其中爱国主义却是一脉相承的。群众能够听从领导指挥，进而实现一定的层级化的行政管理。“坚持马克思主义的指导地位”就是对群众或者与中国共产党之间关系的生动写照。中国共产党是中国特色社会主义事业的领导核心，而群众是中国特色社会主义事业的依靠力量。其次，融入中华优秀传统文化有助于阐释中国特色社会主义共同理想。社会主义核心价值体系第二项内容是“中国特色社会主义共同理想”。概论教材认为：“更加需要一个能够代表广大人民根本利益、为社会各阶层广泛认可和接受的共同理想，才能有效凝聚各方面的智慧和力量，打牢全党全国各族人民团结奋斗的思想基础。”[①]这里延续与继承了新民主主义革命所强调的“各革命阶级的联合”，是对统一战线的继承与发展。中国共产党是统一战线的领导者，是中国特色社会主义共同理想的主体。各族人民是中国特色社会主义共同理想的组成部分。进而，中国特色社会主义共同理想具有强烈的一元性与兼容性。这种思维模式与古代伦常思想当中强调主体责任，强调大丈夫的担当精神，强调和谐的人际关系、“民胞物与”的同情心具有相当大的一致性与继承性。古代的伦常思想强调“仁者爱人”，要求当事人双方在平等协商的基础上，形成一定的共同价值取向。树立中国特色社会主义共同理想是针对各行各业、各个社会阶层、各个民族、各种团体而言的一种最广泛的社会共识。统一战线不仅是革命期间的三大法宝之一，而且是中华人民共和国成立以来的重要方略，能够让中国共产党凝聚各方面的力量，团结更多的群众。中华优秀传统文化一直都强调着“家和万事兴”等共同体意识。树立中国特色社会主义共同理想也是强调全国各个阶层、各个民族、各个民主党派与团体都汇聚起来，共同为实现人民共同富裕、国家富强、人民幸福这些共同理想而奋斗。所以，阐释中国特色社会主义共同理想可以借鉴古代伦常思

①《毛泽东思想和中国特色社会主义理论体系概论》编写组．毛泽东思想和中国特色社会主义理论体系概论[M].北京：高等教育出版社，2010：259.

想中的“家国一体”思维模式。最后,融入中华优秀传统文化有助于阐释爱国主义民族精神与改革开放时代精神。概论教材认为:“民族精神是一个民族在长期共同社会实践中形成的民族意识、民族心理、民族品格、民族气质的总和,是民族文化中固有的并且延绵不断的一种历史文化传统,是民族文化最本质、最集中的体现。”[①]这说明民族精神是一种历史的传承,而时代精神则是社会历史主题的最新反映。所以,民族精神和时代精神都是对社会历史规律的把握。社会主义核心价值体系以爱国主义总结历史、以改革开放概括现实。中国古代伦常思想特别强调“继承性”与“道统意识”。《论语》提出“慎终追远”“三年不改于父之道”的思维方式,这可以引申为现实与历史的关系。古代伦常思想中的孝道就是继承精神的体现。历史上的一切父辈、祖辈乃至于历史长河上民族祖先的历史与精神都应该得到继承。这才是中华优秀传统文化的根源所在。否则,社会主义核心价值观与核心价值体系就会丧失这样的根源,成为无源之水、无根之木。2015版概论教材引用了“中国共产党是中华民族最优秀的子孙”,“中国共产党是我们民族一切文化、思想、道德的最优秀传统文化的继承者,把这一切的优秀传统看成和自己血肉相连的东西,而且将继续加以发扬光大”的说法[②]。这种“优秀子孙”恰恰是以比喻的形式说明中国共产党对中华民族历史与中华优秀传统文化的继承性。邓小平指出:“我是中国人民的儿子,我深情地爱着我的祖国和人民。”[③]这样具有超越性与精神性的说法体现了中国共产党人对祖国的深情,愈发成为中国特色社会主义事业中的爱国主义传统一部分。以爱国主义为核心的民族精神是中华民族在长期历史发展中形成的。当我们继承中华民族的优良传统与中国革命的优良传统的时候,我们实际是在精神上继承父辈、祖辈,乃至于无数前辈奋斗牺牲所开创的事业。

马克思主义的指导地位构成了中国共产党人的政治信仰。中国特色社会主义共同理想构成了中国共产党人的政治责任。全面建设和建成小康社

①《毛泽东思想和中国特色社会主义理论体系概论》编写组.毛泽东思想和中国特色社会主义理论体系概论[M].北京:高等教育出版社,2010:260.

②《中国近现代史纲要》编写组.中国近现代史纲要[M].北京:高等教育出版社,2015:173.

③ 邓小平.邓小平自述[M].北京:国际文化出版公司,2009:235.

会、社会主义初级阶段的发展战略,都构成了中国共产党对全国人民的承诺。这就是旗帜的作用。实现民族复兴、国家富强、人民服务,则是中国共产党的责任。爱国主义的民族精神在最大范围内规范着人们的政治认同。基于统一战线理论的中国宪法从现实层面规范着人们的政治行为。中国传统社会是一个礼教为主的社会,进而民族精神主要体现为礼教纲常为主体的政治纲纪。改革开放的时代精神构成了中国共产党人的政治理性。中国人根据全球化而做出了改革开放的战略。开放就是一种理性,而不是主观保守。改革更是解放思想。这都是实事求是思想路线暨政治理性的应用。社会主义荣辱观则构成了一种政治觉悟,个体对祖国、人民、社会、法纪都具有义不容辞的责任感,并且带有深刻的情感体验,是内心当中的政治觉悟表现。社会主义核心价值体系经过上述提炼,可以概括为政治信仰、政治责任、政治纲纪、政治理想、政治觉悟。政治信仰可以称之为"信",政治责任可以称之为"义",政治纲纪可以称之为"礼",政治理想可以称之为"智",政治觉悟可以称之为"仁"。这五项内容如果用"仁、义、礼、智、信"的"五常"加以体现,就完成了从社会主义核心价值体系与古代五常说之间的比较与会通。总之,中国古代伦常思想作为中国古代社会的核心价值体系与核心价值观已经起到了维护社会稳定,促进中华民族凝聚的功能。人们通过修养伦常,维护了大一统的社会秩序。古代伦常思想逐渐成为中国古代社会进行思想政治教育的核心内容。不过对于作为古代核心价值体系与核心价值观的伦常思想需要用一分为二的辩证法进行分析,其中既包含了宣扬等级制度与绝对服从的封建思想,也包含了维护社会正常秩序与增强人们道德责任感、实现道德义务论的优点。中国共产党所领导的思想政治教育正在努力培育社会主义核心价值体系与社会主义核心价值观,需要古代伦常思想的历史经验。

五、融入中华优秀传统文化,涵养社会主义核心价值观

2013年12月23日,中共中央办公厅印发的《关于培育和践行社会主义核心价值观的意见》提出要把社会主义核心价值观与中国特色社会主义发展要求、中华优秀传统文化、人类文明优秀成果结合起来。其中有关中国特色社会主义发展要求的是"富强、民主、文明、和谐"的国家层面价值目标。因为中

国特色社会主义的基本路线就是要建设一个具有这样价值目标的现代化国家,而自由、平等、公正、法治恰恰是对人类文明优秀成果的继承。因为这些价值目标首先在西方资产阶级革命中得到体现,并被后来的社会主义运动所吸收。2014年10月15日,习近平在北京主持召开文艺座谈会上指出,中华优秀传统文化是中华民族的精神命脉,是涵养社会主义核心价值观的重要源泉,也是我们在世界文化激荡中站稳脚跟的坚实根基。这说明弘扬中华优秀传统文化对培育核心价值观具有重要价值。

第一,中华优秀传统文化的融入有利于高校思想政治理论课阐释富强、民主、文明、和谐。《论语》里记载了孔子对卫国的"庶—富—教"的政治发展要求。由该章可以看出,社会整体意义上的富强、文明、和谐等原则一直是中华民族的价值追求,也是中华优秀传统文化的基本内涵。中国自古就追求万民一体的政治和谐局面。而民主就其追求一致性而言,相当于中华优秀传统文化中的致中和、大一统的政治核心主义。和谐的政治局面是民主精神的体现,和谐更是中华优秀传统文化的不朽主题。

第二,中华优秀传统文化的融入有利于高校思想政治理论课阐释自由、平等、公正、法治。孟子提出的"匹夫不可夺志也"就是一种意志自由。《论语》提出"己所不欲勿施于人、己欲立而立人",尊重了个人的基本自由。中华优秀传统文化中有"齐物论""四海之内皆兄弟也""众生平等"等平等观念,中国古代强调义理、"天下为公"等公正思想。

第三,中华优秀传统文化的融入有利于高校思想政治理论课阐释爱国、敬业、诚信、友善。中华优秀传统文化富有爱国主义的优良传统,《论语》强调"敬事而信",儒家提出"诚者天之道""诚意""主忠信"等重要概念。总之,中华优秀传统文化具有丰富的伦理道德思想,可以为社会主义核心价值观所借鉴。

高校思想政治理论课在阐释社会主义核心价值体系与培育社会主义核心价值观过程中,当然要按照党的文献进行规范表述。同时,融入中华优秀传统文化,培育社会主义核心价值观是一个可行而又必行的方法。所以,借鉴传统价值观,培育社会主义核心价值观一定要坚持立场的原则性,把握话语的适度性。最重要的是处理好社会主义核心价值体系、核心价值观与古代伦常思想为主体的传统价值观的关系，创造性地发展与创新性地转化传统价值观为培育社会主义核心价值观服务。

第二节　以中华优秀传统文化阐释实现中华民族伟大复兴的中国梦

实现中华民族伟大复兴的中国梦是中华优秀传统文化融入高校思想政治理论课的最佳契机。传承与弘扬中华优秀传统文化是党的十七届六中全会以来的重要战略。

笔者认为中华优秀传统文化与“中国梦”之间存在着三个层次的理论逻辑。就中介而言，中华优秀传统文化蕴含着中国梦理论所需要的中国精神。只有融入与学习中华优秀传统文化，才能真正地弘扬中国精神，进而推动中国梦的实现。就效果而言，弘扬中华优秀传统文化有助于增强“文化自信”，而“文化自信”与“文化复兴”一起是“实现中华民族伟大复兴的中国梦”的组成部分。中国梦理论需要一种对“中华优秀传统文化”的文化自信。而要建立这种文化自信，就需要更好地融入与学习中华优秀传统文化。就立场而言，中华优秀传统文化与中国梦理论都有关于“中国”本位，从而在马克思主义中国化的理论体系中增加有关“中国实际”的分量，这将对马克思主义中国化产生深远的影响。这使得中国共产党的思想体系向民族性方向更加有所倾斜，更加有利于弘扬中华优秀传统文化。

一、融入中华优秀传统文化，阐释中国精神

中国梦与中国精神增加了弘扬中华优秀传统文化的话语力量。中华优秀传统文化是中国（民族）精神的有效载体。所以，中华优秀传统文化在经过中国共产党科学阐释之后可以融入中国梦理论的话语体系当中。目前，中华优秀传统文化在高校思想政治理论课的知识体系中还较薄弱。中国共产党提倡中国精神，这为中华优秀传统文化融入高校思想政治理论课提供了理论空间。中国精神相对于意识形态而言有着更大的文化属性。

在中国共产党的文献里面，中国精神作为一个褒义词出现在中国共产党的语言环境当中。中国精神实际上就是中华民族的精神，也就是民族精神。

值得一提的是，中国共产党在十六大报告中已经提出要弘扬民族精神："坚持弘扬和培育民族精神。民族精神是一个民族赖以生存和发展的精神支撑。"①中国共产党十六届六中全会提出的"社会主义核心价值体系"包含了"以爱国主义为核心的民族精神"。中国(民族)精神是当代中国共产党和马克思主义全力建构的一个现代概念，是对中华优秀传统文化的一种升华。如何将中华优秀传统文化内聚为中国精神和中国力量，是当前社会主义文化转型的重要任务，这不同于单纯以儒学为中华优秀传统文化核心的表述。

中国精神是对中华优秀传统文化的提炼，而且成为中国梦理论的重要组成部分。而中华优秀传统文化是中国精神的载体之一。中国梦理论与中国精神、中华优秀传统文化形成了一定的概念逻辑关系。中国力量、中国精神、中国道路是建设中国特色社会主义事业的动力条件。民族复兴、国家富强、人民富裕是建设中国特色社会主义事业的价值取向。中国化的马克思主义理论、中国传统文化分别构成了中国特色社会主义事业所必需的文化源泉与指导思想，分别构成了中国道路、中国力量、中国精神的载体，最终统一于中国共产党的领导。

中国梦理论是对全面建成小康社会、中国特色社会主义共同理想的描绘。党在精神领域里的发展趋势是以信仰为终极诉求。精神领域里的发展趋势必然体现为中国梦理论的诉求。中国梦理论是中国特色社会主义共同理想的形象说法，也和社会主义核心价值体系与核心价值观相贯通。中国梦理论是在实事求是的科学分析基础上的发展战略规划。这种规划是每一个具有理想信念人所应当具备的，而失去了梦想和理想的组织或个人，其精神意气也是萎靡不振的。习近平强调："中华优秀传统文化是中华民族的精神命脉，是涵养社会主义核心价值观的重要源泉，也是我们在世界文化激荡中站稳脚跟的坚实根基。"②这说明中华优秀传统文化与文艺创作之间具有巨大的关系。最重要的关联就是中华优秀传统文化具有精神品质。中国梦理论包含了中国精神，而中华优秀传统文化也重在精神品质。进而，"中国精神—

① 中共中央文献研究室编.十六大以来重要文献选编：上[M].北京：中央文献出版社，2004:30.

② 习近平.十八大以来重要文献选编：中[M].北京：中央文献出版社，2016:135.

中国梦—中华优秀传统文化”在精神信仰层面得到某种会通。所以，融入中华优秀传统文化有利于高校思想政治理论课更加深入地阐释实现中华民族伟大复兴的中国梦。

二、融入中华优秀传统文化，增强文化自信

在建党95周年庆祝大会的重要讲话中，习近平指出：“文化自信，是更基础、更广泛、更深厚的自信。”①这就把原来的“理论自信、制度自信、道路自信”发展为四个自信，而且把文化自信放在了“三个自信”之后最重要的位置。这里的“文化”特指中华优秀传统文化。而按照本章提到的融入中华优秀传统文化，培育社会主义核心价值观的程度而言，要想展示文化自信，就必须更大程度地融入中华优秀传统文化。文化自信本身也是“实现中华民族伟大复兴的中国梦”的组成部分。只有做到对中华优秀传统文化充满自信，才能谈得上中华民族伟大复兴。

第一，文化自信体现了中国共产党对中华优秀传统文化的肯定，进而为中华民族伟大复兴的中国梦奠定基调。中国共产党提出传承与弘扬中华优秀传统文化的文化战略与文化思考的时候，就体现了中国共产党对中华优秀传统文化所具有的文化自信态度。否则，中国共产党则根本不会提到“中华优秀传统文化”的概念。尤其是“优秀”二字，区别于以往的批判态度，体现了中国共产党对中华优秀传统文化的肯定与自信，而不是以往五四时期的文化批判立场，更不是中华人民共和国成立后一段时间对传统文化持有的“破四旧”态度。虽然中国共产党自建党之日起就坚持“中国共产党是中华民族的先锋队”理念，但是有一段时间因为对中国传统文化冠以“封建主义文化”，而持有批判态度，影响到中国共产党对“中华民族伟大复兴”的体认。所以，在中华人民共和国成立以来，中国共产党的发展战略往往体现为“跑步进入共产主义”“建成社会主义”“建设中国特色社会主义”等马克思主义话语。但是，随着邓小平使用“中国特色”“小康社会”等富有中华优秀传统文化色彩的话语，中国共产党的发展战略更多地转向“中华民族伟大复兴”。“文化自信”恰恰弥补了中华民族伟大复兴的文化基调问题，从而证实了“实现中华民族

① 习近平．习近平谈治国理政：第二卷[M]．北京：外文出版社，2017：36.

伟大复兴的中国梦”的真诚性,而不是“建设中国特色社会主义”、社会主义运动的附加产品。

第二,文化自信不同于学习一切文明成果的态度,它更加立足于中华优秀传统文化的本位,进而符合实现中华民族伟大复兴的中国梦的民族国家属性。首先,中华优秀传统文化更适合作为文化自信的立足点。中华优秀传统文化具有丰富多彩的内容,具有完善的经典体系,更为中国人民所喜闻乐见,进而能够成为“文化自信”的立足点。中华优秀传统文化的优势就在于它的存在性与持久性,这是“文化自信”必须具有的基础。中国共产党对马克思主义的信仰与自信已经体现在制度自信、理论自信、道路自信当中,所以,在最后的“文化自信”当中必须立足中华优秀传统文化。其次,本书通过比较中华优秀传统文化与国外优秀文化得出结论,中华优秀传统文化更适合作为立足点。国外优秀文化是中国共产党建设社会主义先进文化的重要借鉴,但是,国外优秀文化无法作为立足点。这是因为国外优秀文化虽然经过大量的引进,却无法成为人们的精神归宿。所以,实现中华民族伟大复兴的中国梦并不是要立足于国外优秀文化,进而实现中华民族的复兴。否则,中华民族的伟大复兴也仅仅是一种技术意义上的复兴,而不是一种文化意义上的复兴。这就是说,中华民族伟大复兴的中国梦必然是文化意义上的复兴,必然是对中华优秀传统文化的文化自信。

三、融入中华优秀传统文化,有利于中国梦的理论定位

中国共产党把中国力量、中国精神、中国道路作为中国梦的实现条件,把民族复兴、国家富强、人民富裕作为中国梦的基本内容。其中的中国精神就蕴含在中华优秀传统文化之中。中国道路即是中国特色社会主义道路的简称,而中国力量则来自中国共产党领导中国人民进行伟大社会变革的创造力与凝聚力。所以,中国梦是中国化马克思主义、马克思主义、中华优秀传统文化与中国共产党所领导的中国人民之间的一次理论大结合。中华优秀传统文化在这个结合当中是中国梦理论所倚重的重要文化资源,是中国精神的重要载体。中国共产党则是中华民族伟大复兴的中国梦的领导者,是中国力量的一种集中体现。而马克思主义开创了全球的社会主义运动,是中华民族伟

大复兴的中国梦的基本实现依据，构成了中国道路的指南与路标。由此可见，马克思主义、中国化的马克思主义理论、中华优秀传统文化分别构成了中华民族伟大复兴中国梦所必需的组成部分，分别构成了中国道路、中国力量、中国精神的担当者，最终统一于中国共产党带领人民建设中国特色社会主义事业在文化建设方面的精神动力和文化资源。中国共产党以中国化马克思主义为指导，继承中华优秀传统文化，坚持马克思主义的指导地位，走中国特色社会主义道路，构成了中国梦理论内部的四位一体。进而，中国共产党通过中国梦理论实现了对马克思主义和中华优秀传统文化的双重驾驭。

2012年11月18日，习近平在参观复兴之路时提出了中国梦的重大命题。党中央在随后对中国梦的内涵与外延进行了规范界定。中国梦特指中华民族的伟大复兴，其内涵是国家富强、民族复兴、人民富裕。梦想就是有待于实现的理想，是人对未来的一种愿景。中国共产党历史上的领袖都对理想、愿景进行过很好的描绘和勾勒。这些伟大蓝图都激起了全国人民为之努力奋斗的澎湃热情。中国梦在国家层面上是实现中华民族伟大复兴，落实在个人层面则是个人理想与梦想，在世界层面上则是对人类做出较大贡献，在马克思主义中国化和文化建设层面上则是继承与弘扬中华优秀传统文化。

中国共产党一开始就把国家独立、民族复兴作为重要的革命诉求，并深刻反思了近现代史上中国落后于西方的沉重历史事实。毛泽东在中共“七大”做的开幕词中指出：“我们的任务不是别的，就是放手发动群众，壮大人民力量，团结全国一切可能团结的力量，在我们党的领导之下，为着打败日本侵略者，建设一个光明的新中国，建设一个独立的、自由的、民主的、统一的、富强的新中国而奋斗”[①]。毛泽东在中国人民政治协商会议第一届全体会议上作了《中国人民站起来了》的开幕词，对新中国的美好未来进行了勾描。邓小平在南方谈话里表达了对中国实现社会主义现代化的战略构想与梦想期待。他认为：“如果从建国起，用一百年时间把我国建设成中等水平的发达国家，那就很了不起！”[②]这种理想信念是中华民族奋发图强的象征，是“两个一百年”理想的一个重要来源。“中国梦”则是对这种勾勒的又一次大胆而又生动

① 毛泽东．毛泽东选集：第三卷[M]．北京：人民出版社，1991：1026.
② 邓小平．邓小平文选：第三卷[M]．北京：人民出版社，1993：383.

的设计,而且按照社会主义建设的速度和规模乃至于经济社会的长期目标,提出以“中国梦”为代表的发展战略是中国特色社会主义建设的必然结论。中国共产党在宣传中国梦的时候把弘扬中华优秀传统文化作为有力的抓手。这是中华优秀传统文化在高校思想政治理论课中具有应用价值的理论支撑。中华优秀传统文化所蕴含的中国精神、民族精神是中国梦的重要内容,是马克思主义中国化所要结合的对象。所以,中国特色社会主义、马克思主义、中国共产党都是实现中华民族伟大复兴的重要手段,进而也是弘扬民族精神的途径。所以,中华优秀传统文化通过中国梦理论已经具有了重要的地位。

中国梦与中华优秀传统文化作为两大命题存在着紧密联系。中国梦、中华民族的伟大复兴都必须强调中国特色。而中国特色除了具体而言的“中国气派”这一要素之外,需要用中华优秀传统文化加以界定。中国梦所代表的中华民族伟大复兴体现为经济、政治、军事、社会等各个方面。中华优秀传统文化的复兴是中华民族伟大复兴的组成部分。提升中华优秀传统文化的地位与价值本身就是中国梦的体现。而树立正确的中华优秀传统文化观是进一步理解中国梦、中国精神的理论前提。

2013年版概论教材已经实现了对中国梦理论的涵盖,2015版继续加以完善。中华优秀传统文化从思想政治教育载体论的角度而言是“中国梦”理论的文化载体。中国梦要以“中国故事”为主。党的理论创新中的“中国色彩、中国特色、中国气派”在中国梦理论当中更加彰显。融入中华优秀传统文化阐释实现中华民族伟大复兴的中国梦是高校思想政治理论课教师紧跟党的理论创新的当务之急。

第三节　融入中华优秀传统文化,增强大学生的社会主义认同

陈万柏认为:“思想政治教育的目的是指通过思想政治教育活动,在受教育者的思想和行为方面所期望达到的结果。”[①]就此而言,中华优秀传统文化融入高校思想政治理论课的目的就应当是通过融入中华优秀传统文化,进而提升大学生的社会主义认同与政治素质。所以,高校思想政治理论课除了要

① 陈万柏.思想政治教育学原理[M].北京:中国人民大学出版社,2013:66.

宣传党的方针政策、培育社会主义核心价值观、阐释实现中华民族伟大复兴的中国梦之外，还必须按照思想政治教育学原理的要求，实现增强大学生的社会主义认同、培养大学生政治素质的现实目的。

中华优秀传统文化融入高校思想政治理论课必须坚持马克思主义基本的立场、观点、方法，服务于社会主义文化建设与政治认同。社会主义认同是指人民群众对社会主义制度、中国共产党的领导地位等一系列与社会主义性质有关的社会存在与社会组织的认同。本书主要从政治认同、文化认同、历史认同等方面论证中华优秀传统文化融入高校思想政治理论课的现实价值。

一、融入中华优秀传统文化，增强历史认同

中国共产党人对中国传统政治智慧有着积极认同与继承的态度。传承、弘扬与应用中华优秀传统文化也意味着对自身历史的合理性解释。中华优秀传统文化在历史进程中形成了一种文化持续发展的现象。这被称之为历史文化传统。中华优秀传统文化与历史传统是高校思想政治理论课所面对的基本国情。融入中华优秀传统文化也意味着中国文化传统得到认同、中国文化历史得到认同。这种历史认同也是国家政治认同的来源。世界上只有一个中国。中华人民共和国是中国历史上形成的版图、历史、国际法主体的继承者，是中国的文化传统、学术传统、政治权力传统的继承者。正统性是维护中国现存政治秩序的重要合法性依据。中国共产党在1949年建立政权之后获得了正统性。传统意味着现在的中国是历史延续的一部分。中国是历史传承下来的中国。中国的政治主权起源于夏商周三代的大一统。秦朝完成了国家的统一，确立了基本的政治体制。从汉代以来一直通过改朝换代完成了中国的政权的更替。中国的政治主权与政治传统是一个事实存在，是今天中国人必须接受的国家历史。中华人民共和国是中国历代政权依次更替的现实接班人。历代政权都已经成为中华人民共和国历史发展的一个环节。中华人民共和国和中国共产党是中国社会、历史、文化、政治传统的继承者，进而获得了历史合法性。

马克思主义强调历史认同，而不是历史虚无主义。毛泽东强调："今天的中国是历史的中国的一个发展；我们是马克思主义的历史主义者，我们不应

当割断历史。从孔夫子到孙中山,我们应当给以总结,承继这一份珍贵的遗产。”[①]中华人民共和国作为中国历史的延续自然成为这种政治传统的一部分。中华优秀传统文化融入高校思想政治理论课表明中国共产党对中国社会历史与政治传统的继承,进而获得了中国人民以及国际其他国家的历史认同。

高校思想政治理论课的根本任务就是从历史认同的角度促进大学生对制度、文化、国家的认同。认同现存的社会主义制度必须建立在历史认同的基础上。马克斯·韦伯称之为传统合法性。传统教育是思想政治教育的重要内容。中国共产党起码肩负着优秀文化传统、革命传统、社会主义传统等三种历史认同。高校思想政治理论课对大学生进行革命史教育就是为了建立中国共产党基于历史与传统的合法性。2010年,《中共中央关于加强和改进新形势下党史工作的意见》强调:“增强党史宣传的科学性、严肃性、权威性、有效性,坚决制止歪曲党的历史的错误倾向,有力驳斥敌对势力对党的历史的污蔑和攻击。”[②]敌对势力往往以抹黑历史的手段削弱中国共产党领导权威,进而离间中国人民群众与中国共产党关系,达到否认现政权的目的。而捍卫中国共产党的历史成为中共党史工作者和高校思想政治理论课教师的重要任务。高校思想政治理论课教师一方面要捍卫中共党史的正确性与权威性,另一方面也要通过捍卫中华优秀传统文化及其优良文化传统,进而增强对中国共产党的历史认同。

高校思想政治理论课需要强化大学生对中华民族的民族认同、文化认同、历史认同。党章提出的“中国共产党是中华民族的先锋队”本身就是对中华民族的民族历史认同。中国共产党在理论方面坚持马克思主义的主体地位与指导地位,但在历史文化方面则认同中华优秀传统文化。中国共产党始终坚持民族精神、民族复兴、民族认同方面的话语权,进而中国共产党弘扬和继承中华优秀传统文化也是为了继续深化这方面的民族认同、文化认同与历史认同。中国共产党认同中国历史文化也意味着认同中国的学术思想史。中国传统学术是中华优秀传统文化的载体。中国清代经学家提出了“六经皆

① 毛泽东.毛泽东选集:第二卷[M].北京:人民出版社,1991:534.

② 中共中央文献研究室编.十七大以来重要文献选编:中[M].北京:中央文献出版社,2011:791.

史”的判断。中华优秀传统文化的精髓一代又一代的中国学者在不断阐释经学典籍中才得以流传。经过中国共产党不仅是中华优秀传统文化的传承者，也是中国传统经典学术的继承者。中国共产党人不断学习与运用中华优秀传统文化的话语、案例以及经验。中华优秀传统文化融入高校思想政治理论课就是要使大学生回归历史大传统，从而实现毛泽东所言的“现在的中国是中国历史的延续”的论断，使大学生继承中华优秀传统文化的道统，恢复中华民族的历史自信。

二、融入中华优秀传统文化，增强政治认同

恩格斯在1890年给施密特的信中提出：“每一个时代的哲学作为分工的一个特定领域，都具有由它的先驱者传给它而它便由以出发的特定的思想资料作为前提。”①马克思主义本身并不否认继承性。这并不是维护前意识形态，而是要用以前的文化成果维护社会主义意识形态。从思想政治教育维护本阶级的意识形态与批判其他阶级意识形态的功能而言，高校思想政治理论课要维护社会主义意识形态，同时批判非社会主义性质的意识形态。融入中华优秀传统文化有利于高校思想政治理论课实现维护社会主义意识形态的功能。

融入中华优秀传统文化也意味着中国共产党开始从单纯的社会主义运动的传统逐渐融入了中国政治文化历史传统。中国作为一个文化共同体有着极强的历史生命力，就在于文化传统的韧性。中国古代人民在古代交通不便和技术落后的条件下，实现一个东方大国的长期和平与统一。这个奇迹与中华优秀传统文化有着密切的关系。韩毓海认为：“中国是唯一的一个保持了帝国规模的现代国家。”②他认为中国是文明型的国家而不是西方人所理解的民族国家。这在现代化与民主化的浪潮中越来越值得珍惜。而欧洲人正在通过建立欧盟追求中国人已经实现了天下秩序的理想。中华优秀传统文化有着强大的文化认同能力，进而使得中国历史长期处于和平发展的统一状态。韩毓海又提出：“所谓民族要解放，……即从西方资产阶级的文化霸权和封建旧文化这双重束缚中解放出来，努力创造出服务于民族政治解放的、现

① 马克思恩格斯选集：第四卷[M].北京：人民出版社，2012：612.

② 韩毓海.天下——包纳四夷的中国[M].北京：中国人民大学出版社，2012：3.

代的、民族的新文化和新的民族认同。中国人民在同甘共苦中所形成的民族共识，是这种新文化认同形成的基础。”[①]中国共产党已经重新建立了新的文化认同与民族认同。因此，中华优秀传统文化融入高校思想政治理论课有利于建立并维护这种政治认同。

三、融入中华优秀传统文化增强文化认同

十七大报告提出了精神家园的提法，明确了中华优秀传统文化的人文关怀价值。文化认同成为思想政治教育增强理论自信、制度自信、文化自信的重要手段。党的十八大报告提出："用社会主义核心价值体系引领社会思潮、凝聚社会共识。"[②]其中的凝聚共识就是培育政治文化认同的含义。社会主义核心价值体系的目的就是增强对社会主义的文化认同和政治认同。而融入中华优秀传统文化是马克思主义理论工作者培育社会主义核心价值体系与价值观的重要途径，在增强文化认同方面具有重要意义。中国特色社会主义制度取得了巨大成就，在面对西方民主化浪潮与和平演变的过程中逐渐建立了理论自信、制度自信、道路自信。文化认同是文化自信、文化自觉的重要环节，只有建立在文化认同的基础上，社会主义文化建设才能更加清晰。文化认同不同于文化批判越来越具有重要价值。所以，中华优秀传统文化融入高校思想政治理论课有利于凝聚社会共识，维护现存政治秩序。

认同马克思主义必然认同中国化马克思主义，实际上也意味着对马克思主义所继承的人类社会一切文明成果的认同，其中包含对西方现代化成果的认同，也包含了对西方历史文化传统的认同，从而形成对国外优秀文化的认同。这种综合认同是综合创新的基础。建立对马克思主义基本原理、中国化马克思主义、中华优秀传统文化的认同是文化建设上的综合创新的结果。张岱年的综合创新论提出要在西方文化、马克思主义、中华优秀传统文化三者之上建立社会主义文化。文化认同是综合创新的基础。只有经过认同才能更好地创新。认同与创新是对立统一的关系。创新是在文化认同的基础上

① 韩毓海.马克思的事业——从布鲁塞尔到北京[M].北京：中国人民大学出版社，2012:273.

② 中共中央文献研究室编.十八大以来重要文献选编：上[M].北京：中央编译出版社，2014:24.

创新,没有文化认同的文化创新就是无本之木、无源之水了。在此意义上,中华优秀传统文化融入高校思想政治理论课建立在广泛的文化认同基础之上。

融入中华优秀传统文化有利于抵制西方错误思想的侵蚀。个人主义、狭隘的民族主义、恐怖主义、殖民主义和霸权主义都对世界人民的福祉构成了严重的挑战。西方文化中有关民族国家的狭隘认识,容易造成政治分裂与文化对立。西方国家在国际政治领域里的现实主义与霸权主义都威胁世界安全。马克思主义对资本主义文化的批判依然没有过时。所以,中华优秀传统文化融入高校思想政治理论课有利于平衡这种西化倾向。

文化认同与文化自信是相辅相成的。中国共产党对中华优秀传统文化的自觉认同必然要求与其他国家进行文明平等对话。这有利于中国共产党在国际文化交流方面掌握一定的话语权。坚持爱国主义传统是中国共产党与广大人民群众及一切海内外同胞的共识。而爱国主义必然是对民族精神的皈依,民族精神必然以中华优秀传统文化为载体。中华优秀传统文化融入高校思想政治理论课在中国共产党意识形态工作中越来越具有凝聚社会共识的意义。最终,融入中华优秀传统文化有利于高校思想政治理论课增进大学生对马克思主义理论、社会主义道路、中国共产党的领导的认同,进而促进中国特色社会主义制度的长治久安与可持续发展。

第四节　融入中华优秀传统文化,提升大学生的政治素质

高校思想政治理论课肩负着把大学生培养成社会主义公民、接班人、建设者的任务。大学生就应当具有社会主义性质的政治信仰、政治理性、政治觉悟、政治担当等基本政治素质。中华优秀传统文化融入高校思想政治理论课有利于实现这种培养目标。

一、融入中华优秀传统文化,增强政治信仰

党的十八大报告在“全面提高党的建设科学化水平”的部分提出:“坚定理想信念,坚守共产党人精神追求。对马克思主义的信仰,对社会主义和共产主义的信念,是共产党人的政治灵魂,是共产党人经受住任何考验的精神

支柱。”[①]学界把“对马克思主义的信仰”归结为把马克思主义信仰化。在中国现代语境中，政治信仰要远远比“宗教信仰”更为重要，具有重要的现代意义。毛泽东在《〈共产党人〉发刊词》中提到“党……凭借着党在全国人民中间的很高的政治信仰……而且进行了伟大的抗日战争”[②]。这里明确提出了人民对中国共产党的政治信仰。这种政治信仰指向了共产主义理想。2012年最新的《中国共产党党章》中规定：“党的最高理想和最终目标是实现共产主义。”其中的“最高理想和最终目标”在哲学上与信仰高度相关。共产主义与马克思主义作为政治信仰是一个已然存在的事实。中国共产党信仰马克思主义是一种党性的必然要求。中华优秀传统文化融入高校思想政治理论课的重要目的就是培育这种政治信仰。宋代陆九渊提出了“先立其大”的本心论。这都是以伦理优先原则而展开的思维路径。儒家心学比较强调“伦理优先”。伦理优先符合政治立场的优先性。《大学》强调“一皆是以修身为本”“明明德”的优先性。《中庸》提出“自诚明，谓之性；自明诚，谓之教。诚则明矣，明则诚矣”。儒家学说非常乐观地认为信仰与理性可以保持同一性。孔子思想体系中的“仁”与“智”也是伦理立场与知识理性的统一，把“既仁且智”当作圣人的标准。儒学作为一种信仰体系而言更注重仁学。中华优秀传统文化以伦理优先的进路说明了政治信仰相对于政治理性更为重要。

二、融入中华优秀传统文化增强政治理性

20世纪英国最重要的政治哲学家迈克尔·欧克肖特写了《政治理性主义》一书，对近代政治中理性主义进行了独到分析。在中国共产党思想史的语境下，政治理性指向了实事求是与唯物史观。正如唯物史观把人类社会历史发展规律做了“两个归结为”的概括，政治理性主义是人类的理性精神、科学实证等方法在政治学领域的延伸。科学社会主义本身就是政治理性主义的一个代表。恩格斯在唯物史观中强调了“两个必然”的规律性。这里体现出了高度的政治理性。

---

① 中共中央文献研究室编．十八大以来重要文献选编：上[M].北京：中央文献出版社，2014:39.

② 毛泽东．毛泽东选集：第二卷[M].北京：人民出版社，1991:612.

马克思主义哲学把人类的认识分为真理判断与价值判断。真理与价值构成了马克思主义认识论的两个基本内容。真理是完全的客观的对事实的描述。而价值则是认识主体基于自我需要而对客体属性的一种认识。政治理性相当于政治领域里的真理性认识。政治信仰则相当于政治领域里的价值判断。如果从立场、观点、方法上而言，政治信仰则相当于政治立场，政治理性相当于方法和观点。邓小平在《坚持四项基本原则》中提出："中央认为，今天必须反复强调坚持这四项基本原则，因为某些人(哪怕只是极少数人)企图动摇这些基本原则。这是决不许可的。每个共产党员，更不必说每个党的思想理论工作者，决不允许在这个根本立场上有丝毫动摇。"①这里说明政治立场对于政治理性而言具有优先性。邓小平分析了中华人民共和国成立以来的一些曲折和现阶段的一些困难，但是更强调了共产党员要能够经受着各种风险的考验，首先保持政治立场的坚定，其次才是务实地解决实际问题。在中国共产党思想史上，政治立场背后就是政治信仰上的坚定性，具体的工作方法则属于政治理性。这就构成了"德才兼备"的干部原则。德相当于政治信仰与立场。而才则相当于政治理性、观点与方法。中华人民共和国成立后提出"红专结合"的观点，其中红代表了政治立场，而专则代表了工作技能、专业知识、业务水平。高校思想政治理论课的目的是培养社会主义公民。公民教育则倾向于政治理性教育，但是也具有细致入微的爱国主义教育，以培养政治信仰上的国家忠诚。高校思想政治理论课则倾向于政治信仰、政治立场的教育，而对政治理性教育提得较少。

政治信仰和政治理性是高校思想政治理论课不可偏废的双重目的。政治理性即每个社会成员能够运用政治学知识正确看待政治现象，从而避免政治蒙昧，也意味着他能够独立形成政治立场和判断，不受干扰或利用。如果没有政治理性支撑的政治信仰，大学生往往容易变成情绪激动的无意识的群众，进而在复杂的政治环境下不能保证正确的政治方向与判断力。如果没有政治信仰的单纯政治理性教育又会使得大学生缺乏政治热情，变成政治冷漠者。高校思想政治理论课要在确保大学生对中国共产党具有政治信仰的同时增加他们的政治理性。高校思想政治理论课要利用政治理性教育更加坚

① 邓小平.邓小平文选：第二卷[M].北京：人民出版社，1994：173.

定社会主义政治信仰与政治认同。高校思想政治理论课教师必须既有饱满的政治信仰的热情和勇气,又有充分的政治理性的视野和深度。

中国传统政治智慧充满了理性主义精神。《尚书》提出了“皇天无亲,唯德是辅”的理念。中国共产党以“实事求是”的思想路线和理论精髓,接受了马克思主义的政治理性主义传统。再比如,老子的辩证法思想、儒家“天道远、人道迩”的世俗精神,墨家的实验与逻辑思维都具有实用理性的特点,进而排除了神权政治的影响,避免了宗教对政治的干预与控制。这都有利于中国的现代化建设与进程。因此,融入中华优秀传统文化有利于高校思想政治理论课发扬中国固有的政治文化传统,增强大学生的政治理性。

三、融入中华优秀传统文化,增强政治觉悟

马克思主义的政治觉悟主要是指一个人具备无产阶级的科学性、革命性与先进性。政治觉悟在马克思主义中国化语境中就是为人民服务。为人民服务就是个体向“人民”整体、向整个人类共同体回归的政治觉悟。中国共产党人的著作中也常常提到觉悟。中国共产党的反帝反封建的纲领具有觉悟意义。觉悟论可以深化马克思主义中国化的程度。马克思主义觉悟是一个人自觉投身于社会主义事业的内在动力。

中华优秀传统文化有非常多的有关思想觉悟的内容。“自觉性”来自中华优秀传统文化中的心性论。比如“大公无私”的道德境界就非常有利于培养大学生的共产主义政治觉悟。宋明理学家强调了个体对心性学的“颖悟”。在中国传统哲学氛围里长大的中国共产党早期领导人容易把觉悟的说法带入马克思主义中国化之中。儒家的觉悟内容主要是体认孔子的仁、孟子的良知、宋明理学的天理等内容。觉悟在儒家语境中被称作“求仁”或“见体”。《中庸》提出了“天命之谓性”的超越存在。儒者体认“天命之性”后就可做到“中庸”的道德境界。《大学》提出了“明明德”的纲领。明明德也是把自身的德性体认出来,体认的方法则是格物致知。凡是追溯先天善性都是觉悟。宋明理学则吸收了佛教哲学、道家哲学的心性学本体论方法。马克思主义中国化的一个潜在含义就是马克思主义心性化。这是马克思主义能够在中国延续不断的重要基础。毛泽东等老一辈革命家用实事求是的观点抽象继承了马克

思主义的精髓。所以，中华优秀传统文化融入高校思想政治理论课必然有利于增强大学生的政治觉悟。

四、融入中华优秀传统文化，增强政治规矩

在高校思想政治理论课教学当中，思政课教师要以立德树人作为根本任务，必然要培育大学生“明大德、守公德、严私德”的政德品质。这就必须加强政治规矩素质的培养。这就必须融入中华优秀传统文化对政治规矩意识进行积极的培养。

马克思主义者非常重视“纪律性”。马克思在同《世界报》记者谈话中指出：“在协会里很难容下这样一个不受约束的人。有一次他竟擅自用我们的名义发表了一个草率的声明，我们立即予以否认。”①马克思强调了无产阶级政党的纪律性，提出：“我们现在必须绝对保持党的纪律，否则将一事无成。”②自我约束是维护党的纪律的重要条件。列宁的建党原则就是高度的组织纪律性，以民主集中制为根本组织原则，防止出现各种自由化的倾向。

毛泽东在《国共合作成立后的迫切任务》指出：“共同纲领是这个统一战线的行动方针，同时也就是这个统一战线的一种约束，它像一条绳索，把各党各派各界各军一切加入统一战线的团体和个人都紧紧地约束起来。这才能说得上坚固的团结。我们反对旧的那一套约束，因为它不适应于民族革命战争。我们欢迎建立一套新的约束代替旧的，这就是颁布共同纲领，建立革命秩序。必须如此，才能适应抗日战争。”③中国共产党在整体意义遵守约束，从而赢得了人民的信任。毛泽东在《关于正确处理人民内部矛盾的问题》中提出：“在人民内部，不可以没有自由，也不可以没有纪律；不可以没有民主，也不可以没有集中。这种民主和集中的统一，自由和纪律的统一，就是我们的民主集中制。在这种制度下，人民享受着广泛的民主和自由；同时又必须用社会主义的纪律约束自己。”④这里就明确提出了“法律约束”，并且形成了约

① 马克思恩格斯文集：第3卷[M].人民出版社，2009:619.

② 马克思恩格斯文集：第3卷[M].人民出版社，2009:619.

③ 毛泽东.毛泽东选集：第二卷[M].人民出版社，1991:367.

④ 中共中央文献研究室编.建国以来重要文献选编：第十卷[M].中央文献出版社，1994:66.

束与自由的辩证统一。

邓小平在《贯彻调整方针，保证安定团结》指出："我们在新民主主义革命时期，就已经坚持用共产主义的思想体系指导整个工作；用共产主义道德约束共产党员和先进分子的言行；提倡和表彰全心全意为人民服务，个人服从组织，大公无私，毫不利己、专门利人，一不怕苦、二不怕死。"[①]这里明确提出用共产主义道德约束党员的思想言行。这属于一种自上而下的约束。

习近平在庆祝中国共产党成立95周年大会上的讲话中强调："我们要加强和规范党内政治生活，严肃党的政治纪律和政治规矩。"[②]政治纪律是政治规矩的核心内容之一。笔者认为党的纪律、社会主义道德、作风要求、社会主义法治都是最重要的政治规矩。四者组成了政治规矩意识的内在维度与思想体系。这可以从《论语·为政》中得到一定的启示。

《论语·为政》中说："道之以政，齐之以刑，民免而无耻。道之以德，齐之以礼，有耻且格。"多数注家把四者分别解释为"政令、刑罚、道德、礼仪"。其中的"道之以政，齐之以刑"是外在强制，而"道之以德，齐之以礼"则是外在强制。相对于外在强制，孔子更强调内在强制性。但是，孔子并没有否定外在强制的必要性与合理性。这对讨论政治规矩意识有着重要的启示意义。所谓规矩意识，就是要把党的政治规矩、政治纪律与国家的宪法法律内化于心、外化于行。这四者分别对应"纪律意识、法治意识、道德意识、作风意识"，构成了儒家整体的规矩意识，对新时代政治规矩意识有一定的借鉴意义。

第一，《论语》对纪律规矩有所启示。习近平在庆祝中国共产党成立95周年大会上强调："治国必先治党，治党务必从严。如果管党不力、治党不严，人民群众反映强烈的党内突出问题得不到解决，那我们党迟早会失去执政资格，不可避免被历史淘汰。管党治党，必须严字当头，把严的要求贯彻全过程，做到真管真严、敢管敢严、长管长严。"[③]从严治党的最重要的就是严格执行党的政治纪律与政治规矩。政治纪律是最具体的政治规矩。政治纪律意识构成了最根本的政治规矩意识，进而是"增强政治意识、大局意识、核心意

① 邓小平.邓小平文选：第二卷[M].人民出版社，1994：367.
② 习近平.习近平谈治国理政：第二卷[M].北京：外文出版社，2017：44
③ 习近平.习近平谈治国理政：第二卷[M].北京：外文出版社，2017：45.

识、看齐意识”的重要保证。试想一个党员如果没有基本的纪律意识，就不会高度的组织纪律性体现着无产阶级的先进性，是中国共产党重要的建党原则。“提高纪律性，革命无不胜”是毛泽东思想留给人们的宝贵财富。在中国古典话语中，纪律意识体现在“为政”过程之中。孔子提出：“政者正也，子帅以正，孰敢不正？”他还提出：“其身正，不令而行；其身不正，虽令不从。”这些都反映出古人在“居位从政”过程中高度服从制度的约束性，进而保证政令畅通，而不消极依赖法度的强制力。所以，本书把“道之以政”作为纪律意识看待，实现儒家“政道”的现代转化。

第二，《论语》对法治规矩有所启示。全面从严执法乃是为了让全体党员成为遵守宪法法律的模范，进而推动全体民众具有基本的规矩意识。所以，本书把“齐之以刑”作为法治意识看待，实现儒家法律思想的现代转化。

第三，《论语》对树立道德规矩有所启示。习近平强调：“以德修身、以德立威、以德服众，是干部成长成才的重要因素。每一名党员干部都要坚守‘三严三实’，拧紧世界观、人生观、价值观这个‘总开关’，做到心中有党、心中有民、心中有责、心中有戒，把为党和人民事业无私奉献作为人生的最高追求。”①可见，三严三实构成了党员重要的道德素质。同时，道德意识又是一个政治家必备的素质。中国共产党党员不仅要做到道德高尚，也要成为“做好工作的行家里手”。“德才兼备、以德为先”的终极要求是全面素质，而不能被狭隘理解。这类似于孔子未曾轻易许人以“仁者”，把人的道德修养与全面发展引入无限地为人民服务的宗旨当中去。古代把领导人的合格素质称之为“君德”。《论语》的泰伯篇就从领导者的基本素质到责任意识，从如何对待下属到如何对待官位，从领导者的一般职能到核心职能详细分析了领导者所应当具备的各种素质和能力，为以后讨论治国理政提供了思想基础。所以，本书把“道之以德”作为道德意识看待，实现儒家道德的现代转化。

第四，《论语》对树立作风规矩有所启示。习近平强调：“党的作风是党的形象，是观察党群干群关系、人心向背的晴雨表。党的作风正，人民的心气顺，党和人民就能同甘共苦。实践证明，只要真管真严、敢管敢严，党风建设

① 习近平．习近平谈治国理政：第二卷［M］．北京：外文出版社，2017：45.

就没有什么解决不了的问题。作风建设永远在路上。'己不正,焉能正人'。"①党的作风就是对党员群体行为的总体概况。用于评价党员作风的标准就是党的政治规矩与政治纪律。在古典话语体系当中,一个人懂不懂政治规矩、有没有优良的政治作风会被说成是"知礼"与"不知礼"。春秋时代所谓的"礼崩乐坏"就是规矩意识被反复破坏殆尽的总体性说法。古典还用"礼宣乐和"的良风美俗来形容良好的政治生态与政治作风。与"礼崩乐坏"相反,孔子提出"克己复礼",就是要恢复规矩意识,进而实现礼运篇所形容的"选贤与能,讲信修睦"的理想社会状态。孔子在此篇更注重"礼运"中所包含的规矩意识及其调节社会秩序的功能。孔子提出:"夫礼,先王以承天之道,以治人之情。故失之者死,得之者生。故坏国、丧家、亡人,必先去其礼。"由此可见,孔子把作为重要规矩意识的"礼"提到了与天地同位的高度。宋明理学以"天理"代礼,更是把规矩意识本体化。本书认为党员的作风意识应当像古人重视"礼制""知礼""礼运"一样,不断强化为一种行为约束机制。所以,本书把"齐之以礼"作为作风意识看待,实现儒家礼学的现代转化。

综上所述,道德意识、作风意识、纪律意识、法治意识是对政治规矩意识的具体分解。其中的道德意识、作风意识更多地体现为自律性,更多地体现为向善行善的方面。其中的纪律意识、法治意识则更多地体现为他律性,更多地体现为去恶治恶的方面。"为善去恶"是宋明儒学心性论的重要目标。王阳明把"为善去恶"称之为格物,是良知的呈现。今天,中国共产党挺立规矩意识,就是要全体党员能够为善去恶、良知呈现,进而践行马克思主义信仰,成为"两学一做"的合格党员。这对大学生青年有着同样的期望与要求。

五、融入中华优秀传统文化,增强政治担当

中国共产党特别强调了"不忘初心、牢记使命"的政治担当意识。毛泽东在《中国革命战争的战略问题》中说:"在无产阶级已经走上政治舞台的时代,中国革命战争的领导责任,就不得不落到中国共产党的肩上。"②他在《中国共产党在民族战争中的地位》中指出:"在中国人民的伟大的斗争中,已经涌出

① 习近平.习近平谈治国理政:第二卷[M].北京:外文出版社,2017:44.
② 毛泽东.毛泽东选集:第一卷[M].北京:人民出版社,1991:183.

并正在继续涌出很多的积极分子，我们的责任，就在于组织他们，培养他们，爱护他们，并善于使用他们。”“去掉孤傲习气，善于和非党干部共事，真心诚意地帮助他们，用热烈的同志的态度对待他们，把他们的积极性组织到抗日和建国的伟大事业中去，这是每一个共产党员的责任。”[①]可见，政治责任在毛泽东时代已经成为中国共产党自觉意识。

习近平对高校教师提出：“正确认识时代责任和历史使命，用中国梦激扬青春梦，为学生点亮理想的灯、照亮前行的路，激励学生自觉把个人的理想追求融入国家和民族的事业中，勇做走在时代前列的奋进者、开拓者。”[②]党的十九大报告更是以“不忘初心、牢记使命”作为大会的主题。由此可见，责任、担当、使命是新时代重要的政治素质与价值追求。这种责任担当意识是中华民族的优良传统。

孔子的“人能弘道，非道弘人”、曾子的“士不可以不弘毅，任重而道远。仁以为己任，不亦重乎？死而后已，不亦远乎？”这里的“弘道”“弘毅”就是对责任的强烈的担当意识。曾子还曾表示：“可以托六尺之孤，可以寄百里之命，临大节而不可夺也。”这就把儒家的使命意识烘托出来。孔子曾表示：“自古皆有死，民无信不立。”这里就是要统治者以自己的生命来维护政治信用、政治责任。当孔子被原宪问到什么是耻辱的时候，孔子回答道：“邦有道，谷；邦无道，谷，耻也。”这就把政治责任感上升到荣辱感的地步。孔子提出“勇者无惧”的思想，就是一种强烈的担当精神。孔子说：“志士仁人，无求生以害仁，有杀身以成仁。”这就把仁道看作是比自己的生命更重要的价值追求。孔子把“志于道”“志于学”“匹夫不可夺志也”的“志”看作重要的精神品质。而这个“志”就包含了对责任、使命的担当。《论语·尧曰》篇里的“天之历数在尔躬”“朕躬有罪，无以万方；万方有罪，罪在朕躬”“虽有周亲，不如仁人。百姓有过，在予一人”，是儒家所认同的古代圣王的政治责任感与宣言书。

孟子提出：“伊尹曰：‘何事非君，何使非民？’治亦进，乱亦进。曰：‘天之生斯民也，使先知觉后知，使先觉觉后觉。予，天民之先觉者也。予将以此道觉此民也。’思天下之民，匹夫匹妇有不与被尧、舜之泽者，若己推而内之沟

① 毛泽东．毛泽东选集：第二卷[M]．北京：人民出版社，1991：526.

② 习近平．习近平谈治国理政：第二卷[M]．北京：外文出版社，2017：378.

中:其自任以天下之重也。”然后,孟子提出“伊尹,圣之任者也”的赞叹。伊尹的精神就是无论社会是乱还是治,他都会奋发有为,不仅要“觉民”,还要“自任”。孟子同样提出了“士尚志”的思想,提出:“仁义而已矣。杀一无罪,非仁也。非其有而取之,非义也。居恶在?仁是也。路恶在?义是也。居仁由义,大人之事备矣。”仁义便成为孟子的道德良心、道德本体。孟子强调:“由仁义行,非行仁义也。”仁义是最重要的原则,而不要考虑结果。“仁义”是统治者一方面要“爱民”,另一方面就是要尽到“爱民”的义务与责任。孟子的“仁义并论”就比孔子单提“仁”更有责任感、道德命令含义。孟子表示:“尊德乐义,则可以嚣嚣矣。故士穷不失义,达不离道。穷不失义,故士得己焉。达不离道,故民不失望焉。古之人,得志,泽加于民;不得志,修身见于世。穷则独善其身,达则兼善天下。”这里的“兼善天下”就是政治责任的表达方式。士大夫不仅要泽加于民,更重要的责任是要“正君心”。孟子说:“人不足与适也,政不足间也。惟大人为能格君心之非;君仁莫不仁,君义莫不义,君正莫不正;一正君而国定矣。”这作为士大夫最重要的爱国行为,而不是以顺为正,而是要做真理的担当者。孟子甚至表达了“舍生取义”的责任意识、使命意识。他提出:“义,亦我所欲也。二者不可得兼,舍生而取义者也。”针对“古之君子仕乎”,孟子强调了“士大夫”要具有入世出仕的精神。孟子说道:“仕。传曰:‘孔子三月无君,则皇皇如也。出疆必载质。’公明仪曰:‘古之人三月无君,则吊。’三月无君则吊,不以急乎?’曰:‘士之失位也,犹诸侯之失国家也。”孟子把为国家服务看作最重要的事情,是担当责任的最重要的途径。

荀子提出:“故先王案为之制礼义以分之,使有贵贱之等,长幼之差,知愚能不能之分,皆使人载其事,而各得其宜。然后使谷禄多少厚薄之称,是夫群居和一之道也。故仁人在上,则农以力尽田,贾以察尽财,百工以巧尽械器,士大夫以上至于公侯,莫不以仁厚知能尽官职。”他企图让人按照各自的名分尽到自己的职责。这就把政治责任、担当、使命与具体的职务、岗位结合起来。笔者认为政治责任、政治担当与使命一方面是从个体出发的普遍意义的道德义务,另一方面也是从具体职务职业而言的职责所在。

儒家强调君、父、夫要承担重要责任。朱熹强调了“格君心之非”,强调了君主对于社会的责任。董仲舒非常强调“天子祭天”的责任,以及其他一系列责任。春秋时代甚至有“君死社稷”之说。董仲舒责备齐顷公逃生，而应当“死之”。父亲同样具有养育家庭的责任。父亲对儿子具有权威，同样也有给予儿子各种教导、养育、遗产的责任。否则，父亲就以为丧失了传承。丈夫同样也有把自身财物与收益分润给妻子的体恤责任。三纲虽然代表着儒家的责任伦理，但是，张载还提出了“为天地立心、为生民立命、为往圣继绝学、为万世开太平”的责任。

在高校思想政治理论课教学中，对大学生进行责任意识教育也应当借鉴中华优秀传统文化。比如，古代的名言警句都有催人奋进的含义，让人能够担当自身的使命。比如思想道德修养就引用了“有志者事竟成”“匹夫不可夺志也”等话语，从而把政治责任意识与意志品质结合起来。

总之，中华优秀传统文化融入高校思想政治理论课的现实价值既不能有意拔高，也不能一笔抹杀，需要进行合理估计。这种现实价值受到融入程度与运用水平的制约。

第一，高校思想政治理论课教师要对融入中华优秀传统文化的现实价值有一个合理估计，不能把融入中华优秀传统文化当作包治百病的灵丹妙药。由于中华优秀传统文化作为尚未完成现代化转型并且还有自身的理论局限，所以融入中华优秀传统文化必然只发挥一定的作用，马克思主义理论相对而言则具有更为重要的作用。

第二，思想政治理论融入中华优秀传统文化的现实价值取决于我们对它的学习能力与运用能力。高校思想政治理论课只有先融入与应用中华优秀传统文化，才会有价值效果的产生。

第三，融入中华优秀传统文化的价值并不是短时间能够观察到的。高校思想政治理论课教师很难一下子看清其现实价值的所在。这就需要探究高校思想政治理论课详细分析中华优秀传统文化具体内容的现实价值，而不是一概而论。

第四，融入中华优秀传统文化对高校思想政治理论课的现实价值绝不仅仅是本书所关注的这几点内容，必然涉及方方面面的东西。这几点仅仅是中华优秀传统文化融入高校思想政治理论课所产生的价值的一部分，而且是较为现实的一部分。这说明融入工作必然产生深远的影响，产生更多的价值。

第四章　中华优秀传统文化融入高校思想政治理论课面临的理论挑战

现实价值仅仅是给中华优秀传统文化融入高校思想政治理论课提供了理想图景。中华优秀传统文化融入高校思想政治理论课的现状仍需要提升水平。理想与现实之所以存在巨大差距，就是因为中华优秀传统文化融入高校思想政治理论课在现实操作中依然面临着多重挑战。

第一节　中华优秀传统文化与马克思主义相融合对融入工作的挑战

马克思主义中国化学者的基本态度是认为二者存在着可融合性。二者之间的可融合性在于二者具有共同的理论旨趣。但是，这种可融合性存在于应用实践方面，而不是理论本身的生成逻辑方面。进而，中华优秀传统文化与马克思主义理论相融合存在着一个是本质化融合还是工具化融合的挑战。马克思主义作为理论本体与中国具体实际相结合，中华优秀传统文化则是中国实际的一个片段。中华优秀传统文化与马克思主义具有可融合性的同时还必须考虑二者融合的方式与程度。这个理论挑战必须通过马克思主义中国化理论创新才能加以解决。

一、中华优秀传统文化与马克思主义相融合对融入工作的积极意义

中华优秀传统文化与马克思主义理论具有共同的理论品质。中华优秀传统文化与马克思主义之间具有深刻的相似性。中华优秀传统文化强调重义轻利、大公无私的伦理取向与马克思主义消灭剥削、消除两极分化的社会主义本质相适应。中华优秀传统文化与共产主义道德都是强调个体对世界

的责任。中华优秀传统文化追求天人合一与世界大同,这与马克思主义追求共产主义理想社会具有一致性。中华优秀传统文化关注现世,而不是追求天国与永生。这种世俗品格非常符合马克思主义的唯物史观。二者在终极理想与思维特点上都具有惊人的一致性,在伦理学上也保持着义务论道德观的一致。

马克思主义中国化的理论进程已经融入了中华优秀传统文化的"实事求是"作为思想路线并用于阐释马克思主义的理论精髓。马克思主义中国化理论已经不可能排除自身所包含的中华优秀传统文化的内容。有些学者论证了"辩证法"与中国古代的阴阳论具有重要的相似性。而毛泽东提出的实践论也用到了中国古代的知行关系论。实事求是则是中国传统经学的重要方法,是宋明理学家的重要术语。这种经学思想成为诠释辩证唯物主义的重要话语,说明马克思主义中国化继承了中国传统哲学里的理事关系论。邓小平提出解放思想的主张,重新恢复实事求是思想路线,以摸着石头过河的理论勇气探索中国特色社会主义的建设规律。这与中华优秀传统文化当中的"经世济用"思想具有强烈的一致性。邓小平提出小康社会的建设目标也是应用中华优秀传统政治文化的元素。此后,江泽民提出以德治国、胡锦涛提出社会主义和谐社会、习近平提出实现中华民族伟大复兴的中国梦等思想都具有强烈的中华优秀传统文化色彩。就此而言,在马克思主义中国化过程中,中华优秀传统文化与马克思主义基本原理已经实现了融合。中华优秀传统文化已经成为中国共产党思想体系中无法排除的因素。中国传统哲学、中国传统政治智慧、中国传统道德都已经成为中国共产党重要的思想资源。这种对中华优秀传统文化的大量借鉴说明不认同或排斥中华优秀传统文化是将导致非常危险的后果。

从"中国共产党是中华民族先锋队"的角度而言,中国共产党在文化属性方面必然选择接受中华优秀传统文化。中国共产党是中华民族的先锋队,而不是在历史虚无主义的基础上建设中国特色社会主义,必须立足于中国国情,继承中华优秀传统文化。从历史唯物主义原理角度而言,中国共产党必须承认中华优秀传统文化是中国国情、中国实际的重要组成部分这一事实,只能基于这样的历史条件再创造中国特色社会主义。历史唯物主义强调人们不能选择历史境遇，只能根据当前的历史环境来进行判断。所以，作为一个实事求是的马克思主义者必然不能否定中华优秀传统文化存在的客观合理性。马克思主义者也强调要把马克思主义与各国的实际相结合，产生民族化的社会主义。所以，中国特色社会主义必然要含有中华优秀传统文化的因素。

二、中华优秀传统文化与马克思主义的非融合性对融入工作的不利影响

中华优秀传统文化与马克思主义理论之间的差异性导致了二者之间的非融合性。首先，马克思主义基本原理具有强烈的理论逻辑自洽性，而不是建构在中华优秀传统文化的基础之上。德国古典哲学、法国唯物主义、英国古典政治经济学等内容是马克思主义诞生过程中所参照过的思想资源，中华优秀传统文化却不在其中。其次，从中国特色社会主义文化建设格局角度来看，中华优秀传统文化仅仅是理论体系的一个局部，是建设社会主义先进文化的组成部分，进而不具有相融合的整体性与全局性高度。最后，从相融合与相结合的差异的角度而言，中华优秀传统文化是中国共产党在中国运用马克思主义基本原理过程中要结合的对象，是实现马克思主义大众化与中国化的工具。这都决定中华优秀传统文化融入高校思想政治理论课不能忽视马克思主义特有的理论品质与中华优秀传统文化的局限性。二者具有从内容到结构的差异性，是不同时代的产物。因此，融入中华优秀传统文化必须注意这些差异性特征，防止笼统地把二者放在一起。

第一，从马克思主义基本原理而言，相对于中华优秀传统文化，中国共产党更要坚持马克思主义基本原理。马克思主义基本原理是马克思、恩格斯、列宁等理论作家所开创的理论体系。这个理论体系具有自洽性。马克思主义是开放的体系，增加了后来马克思主义学者的理论贡献与创造，比如毛泽东、邓小平等思想。但是，马克思主义基本原理研究只存在于马克思恩格斯的著作当中，具有单纯性，而不与中华优秀传统文化相混淆。马克思主义理论者也倾向于以马克思主义为最新的社会科学，进而以此来解构其他思想文化体系，而不是相反地用其他思想解构马克思主义。进而，与中华优秀传统

文化相融合仅仅是马克思主义在中国实际当中运用的一个策略与局部。这不构成马克思主义主流与理论本体。只是马克思主义中国化纳入了中华优秀传统文化。由此可见,中华优秀传统文化融入高校思想政治理论课必须是在马克思主义中国化的框架内,选取符合马克思主义基本原理的内容,而不是融入异质的内容。

马克思主义在中国化过程中要与中国实际相结合相融合,其中包括与中华优秀传统文化相结合相融合。马克思主义中国化的理论体系也是以马克思主义基本原理为主要逻辑,不是中华优秀传统文化与马克思主义理论进行双向诠释之后的结果,更多的是对中国革命建设改革经验的总结,把革命建设改革中的经验上升为理论。这是马克思主义中国化基本内涵第二个维度所规定的内容。这一维度要高于"根植于中国文化传统之中"的维度。有的学者则企图在马克思主义与中华优秀传统文化之间进行对等诠释,这种对等性是难以实现的。

马克思主义中国化理论存在着以马克思主义基本原理为体,以中国化马克思主义为用的内涵。中国化的马克思主义是中国共产党的指导思想。中华优秀传统文化则是运用马克思主义、推动马克思主义中国化的工具。"以马克思主义为体,以中国化的马克思主义为用"的结构对"以马克思主义为体,以中华优秀传统文化为用"构成了强烈的压制,进而使得"中华优秀传统文化"达不到与马克思主义共称为"体用"的层面,而仅仅是中国化马克思主义的一个工具和基础,进而不能直接与马克思主义基本原理产生直接的理论结构。所以,在马克思主义基本原理、中国化的马克思主义、中华优秀传统文化之间存在着复杂的三方关系。中华传统文化被排在了最末端,不仅无法与马克思主义简单地进行理论建构,而且要考虑到由中国革命建设改革经验总结而来的中国化的马克思主义所造成的影响,乃至于只能成为中国化的马克思主义的支撑材料而已。从这种体用论的角度而言,中华优秀传统文化永远无法达到马克思主义基本原理的主体地位,也更不会达到中国化马克思主义的指导地位。中华优秀传统文化既不具有马克思主义基本原理所具备的"体"的地位,也不具有中国化马克思主义所具备的"用"的地位。进而,中华优秀传统文化与马克思主义的关系也就不是理论的融合,而只是运用马克思主义理论过程中的一种相结合的工具化效应。“中华优秀传统文化与马克思主义相融合”的命题则可能是对中华优秀传统文化的高估。所以，本书认为不能简单地提出中华优秀传统文化与马克思主义基本原理相融合的命题，而是要注意相融合与不相融合的二重性同时存在。

第二，相融合与相结合之间存在差异性。马克思主义中国化是马克思主义同中国实际相结合的产物，而不是同中华优秀传统文化相结合的产物。中国实际远远大于中华优秀传统文化。需要注意的是马克思主义中国化有三个维度。第一个是解决中国的实际问题。第二个是把中国革命建设改革的经验提升为理论。第三个是把马克思主义根植于中国传统文化之中。中国传统文化仅仅是其中的一个维度，并且是土壤与基础，而不是马克思主义中国化的本身内容。同时，这种“相结合”与“相融合”仍然具有微妙的差别。“相结合”倾向于在保持各自理论形态的独立性的同时，两种思想体系仅仅是相互协作、相互借用的关系。马克思主义作为一种理论体系，中华优秀传统文化作为另一种文化思想体系。二者具有鲜明的各自特点，不相混淆。而“相融合”则是把两种理论体系进行全方位的、细节的重新搭建，产生一个崭新的理论体系。马克思主义中国化的理论成果更是在马克思主义与中国实际相结合的过程中，把经验上升为理论的那部分内容，而不是两种体系融合的产物。毛泽东思想、邓小平理论、中国特色社会主义理论体系等内容更多地体现出来源于实践的特点，而不是来源于文化的融合。所以，从理论的生成过程而言，马克思主义中国化的理论成果不是马克思主义与中华优秀传统文化相融合的产物，更多的是中国共产党实践经验的总结。把马克思主义根植于中华优秀传统文化之中仅仅是这个理论创新过程的另一个侧面，而不是主要线索。进而，相结合比相融合更符合理论创新的历史实际。

马克思主义理论即使与中华优秀传统文化相融合或者相结合也一定要坚持自身的主体地位，而不会完全被中华优秀传统文化所消解。中华优秀传统文化也只能是服从马克思主义的主体地位，二者之间的张力在中华优秀传统文化融入高校思想政治理论课的过程中时刻存在。

三、合理估计中华优秀传统文化与马克思主义相融合的水平

从整个中国特色社会主义总体布局的角度而言，中华优秀传统文化仅仅是中国特色社会主义文化格局的一种元素，并不构成对经济、政治、文化、社会、生态五位一体总体战略布局的指导与作用。中华优秀传统文化作为这样一种局部思想文化资源，自然无法与马克思主义这种总体性的理论体系建立平等对应的关系。所谓的相融合也仅仅是中华优秀传统文化以某种思想资源嵌入到中国特色社会主义理论体系当中成为中国特色社会主义文化建设的一个局部动作。所以，中华优秀传统文化融入高校思想政治理论课依然是一种局部的呈现，无法与马克思主义的主体地位相提并论。

一方面，中华优秀传统文化与马克思主义二者之间具有可融合性，这构成了中华优秀传统文化融入高校思想政治理论课的理论基础；另一方面，二者之间具有非融合性，这构成了高校思想政治理论课必须坚持马克思主义指导地位，进而把中华优秀传统文化置于基础与应用的工具化地位。中华优秀传统文化与马克思主义并不是全都融合，也不是全不融合，而是可融合性与非融合性并存。

中国化的马克思主义强调马克思主义的主体地位，但是不会走向彻底反传统。毛泽东的批判继承已经说明中国共产党不可能走向全盘西化与彻底否定中华传统文化。与此同时，中国共产党也不会抛弃马克思主义、全面倒向中华优秀传统文化。高校思想政治理论课融入、传承、弘扬、应用中华优秀传统文化也不会走向喧宾夺主，把马克思主义替代掉。所以，中国共产党应用中华优秀传统文化既不会彻底走向反传统，也不会彻底复古，既不会完全把马克思主义与中华优秀传统文化合而为一，又不会把二者完全断裂。中国化的马克思主义理论者接受中华优秀传统文化的融合，但不会认为中华优秀传统文化与马克思主义可以并驾齐驱，达到二元论的状态。但与此同时，中国化的马克思主义理论者批判中国传统文化的糟粕，但也不会完全达到全盘否定中华优秀传统文化的态度。中国化的马克思主义理论者对待中华优秀传统文化的态度存在一个从批判否定到二者相融合的区间，并且在这个区间内不断循环摆动。高校思想政治理论课既不能完全批判与取消中国传统文

化，又不能突破马克思主义理论所设定的框架，只能是融入中华优秀传统文化并坚持马克思主义的指导地位。

高校思想政治理论课既不能一味鼓吹与追捧中华优秀传统文化，更不能一味打压与批判中华优秀传统文化，而是在坚持马克思主义主体地位的前提下，在马克思主义中国化的理论体系中恰当地、客观地对中华优秀传统文化进行合理定位，进而融入中华优秀传统文化。这种融入工作不能冲击马克思主义理论在高校思想政治理论课中的主体地位，而是服务于马克思主义理论中国化、大众化的需要。

第二节　中华优秀传统文化的地位问题对融入工作的挑战

中华优秀传统文化在融入工作中的地位需要高校思想政治理论课的决策者加以合理地定位。马克思主义理论作为主体、中华优秀传统文化作为工具是融入工作的基本框架。融入中华优秀传统文化必须坚持马克思主义立场，还必须正确处理中华优秀传统文化的自身主体性，才能应对这种理论挑战。

一、融入工作要坚持马克思主义理论的主体地位

高校思想政治理论课必须符合马克思主义理论的基本逻辑与学术规范，采用辩证唯物主义立场与方法来应用中华优秀传统文化。相对于马克思主义主体地位的明确性，中华优秀传统文化在马克思主义中国化过程中具有重要的基础地位。主体地位与基础地位相结合成为当前马克思主义理论与中华优秀传统文化的基本模式。

第一，马克思主义是中华优秀传统文化融入高校思想政治理论课的理论主体。

中华优秀传统文化融入高校思想政治理论课同样必须经过马克思主义理论主体的审视，才能消除与马克思主义基本原理的冲突，保证教学内容符合社会主义性质的要求。马克思主义作为指导思想构成了文化建设上的主体地位。马克思主义具有文化建设和意识形态工作领域的主体地位与中国

化马克思主义具有指导思想的地位形成了一种平衡。高校思想政治理论课教师作为一个坚定的马克思主义者，而不能信仰别的思想体系。习近平指出："党的纯洁性，体现在党的思想政治、组织和作风各个方面。体现在思想上，就是要求各级党组织和广大党员、党的领导干部必须坚持把马克思主义及其中国化的理论成果作为指导思想，坚持把为社会主义、共产主义奋斗作为理想信念，坚持马克思主义实事求是的思想路线，坚决抵制各种马克思主义思想的侵蚀，坚决同各种违背马克思主义的错误思想作斗争。"[①]马克思主义的指导地位对其他社会思潮有一定的抑制与制衡作用，进而使得其他思潮得以按照马克思主义所需要的逻辑与方式进行呈现，最终维护意识形态工作中的和谐稳定局面。马克思主义的主体地位虽然不能直接等同于指导思想，但在思想文化领域具有决定性的指导地位。马克思主义基本原理不仅对其他意识形态和多元文化有规范作用，而且对作为指导思想的马克思主义中国化各个理论成果具有内在的规范作用。邓小平曾经说："我们搞改革开放，把工作重心放在经济建设上，没有丢马克思，没有丢列宁，也没有丢毛泽东。老祖宗不能丢啊！"[②]这说明中国共产党时刻没有忘记自己的来源与身份。党的十八大报告提出："对马克思主义的信仰，对社会主义和共产主义的信念，是共产党人的政治灵魂，是共产党人经受住任何考验的精神支柱。"[③]这就必然要求中华优秀传统文化融入高校思想政治理论课不等于放弃中国共产党的领导和马克思主义的指导地位，相反却要以此加强马克思主义的指导地位。马克思主义在信仰领域的主体地位并不被中华优秀传统文化所动摇。

正如社会主义市场经济当中的"社会主义"是必不可少的最重要的制度特征。同样地，马克思主义是中国特色社会主义文化建设的标志性符号。马克思主义在文化思想领域居于主体地位，必然具有一元化的性质。中华优秀传统文化是马克思主义中国化重要的材料来源，融入与应用中华优秀传统文化也是马克思主义大众化的最重要的手段。这种融入不能挑战马克思主义

① 中共中央文献研究室编．十七大以来重要文献选编：下[M].北京：中央文献出版社，2013:821.

② 邓小平．邓小平文选：第三卷[M].北京：人民出版社，1993:369.

③ 中共中央文献研究室编．十八大以来重要文献选编：上[M].北京：中央编译出版社，2014:39.

的主体地位。高校思想政治理论课只有在坚持马克思主义主体地位的前提下把中华优秀传统文化置于文化基础的地位,进而实现应用中华优秀传统文化服务于中国特色社会主义的目的。

融入中华优秀传统文化之后的高校思想政治理论课当中的马克思主义与中华优秀传统文化依然要分清主次。马克思主义具有指导中国特色社会主义文化建设过程中的主体地位,中华优秀传统文化则具有在中国特色社会主义文化建设过程中辅助人民群众接受马克思主义的功能。马克思主义中国化受到了人民群众的理解力或基本国情的限制。这种限制必须通过融入中华优秀传统文化,并与马克思主义理论相融合才能得到解决。这是中华优秀传统文化相对于马克思主义基本原理、中国化的马克思主义所具有的独特价值。

第二,中华优秀传统文化在高校思想政治理论课中具有文化基础地位。

马克思主义中国化是中国共产党整个思想创新的主线,也是高校思想政治理论课的核心理论基础。就此而言,中华优秀传统文化在高校思想政治理论课当中具有文化基础地位。在西方诞生的马克思主义从来就是马克思主义中国化的最重要的源头。这并不意味着马克思主义中国化仅仅存在马克思主义话语,而是借鉴了各种文明成果,并且把中华优秀传统文化作为重要的思想资源。中华优秀传统文化也构成了马克思主义中国化的一部分。来源于中华优秀传统文化的各种命题对马克思主义中国化有重要的价值。马克思主义中国化需要以中华优秀传统文化作为基础,如实事求是就来自于中国古代文化。为人民服务、大公无私等伦理道德观念深深扎根于中华优秀传统文化的土壤。社会和谐的思想来自马克思主义对共产主义的设想,但也符合中华优秀传统文化的和为贵、仁者爱人等思想内容。

第三,中华优秀传统文化的文化基础源于马克思主义中国化的历史。

五四新文化运动当中的一些学者进行了全面的反传统,进而想以西方文化作为自己的文化传统,其结果则陷入了简单移植、全盘西化的错误当中。而坚持中国传统文化本位的学者形成文化保守主义的倾向。中华人民共和国成立以后,马克思主义成为主流意识形态,保持着对西方主体文化以及中国传统文化进行批判的姿态。改革开放后,党中央和理论工作者认识到社会主义初级阶段的基本国情,进而认识到经济文化落后的制约性。中国是一个具有深厚文化底蕴的国家,只有珍惜自己的文化传统,才能完成建设中国现代文化的任务。中华优秀传统文化属于中国最基本的国情,是中国无法消除的客观实际。一个国家的文化传统是历史形成的,不是轻易可以选择与改变的。中华优秀传统文化的基础地位是中国共产党选择的结果。中华优秀传统文化不具有主体地位与指导地位,却是中国共产党所要继承的文化传统。中国共产党并没有把别国的文化传统拿过来当作自己的文化传统加以继承。因此,中华优秀传统文化所具有的基础地位也是唯一的和稳固的,并不是轻易可以替换为西方文化传统。毛泽东批评了言必称希腊的现象,认为他们不了解中国的实际、把自己的文化传统搞错了。

中共二大之后就逐渐按照列宁主义指导中国革命,马克思列宁主义成为革命初期的指导思想。在中共七大以后,马克思主义中国化的各个理论成果相继成为指导思想。中国特色社会主义理论体系是当代的、最新的马克思主义。马克思主义的指导地位往往是在最广泛的文化意义上而言的。中华优秀传统文化作为一种文化,不具有指导中国革命、建设、改革的合法性。但是,中华优秀传统文化的某些理念可以成为中国共产党的治国智慧。2014年10月,中央政治局集体学习中国古代治国理政经验的活动说明,中华优秀传统文化的话语体系依然对中国共产党的政治领导有一定的启发意义。所以,中华优秀传统文化中的政治历史经验也具有一定的指导性。

马克思主义在课堂上被称之为"马克思主义基本原理",意味着马克思主义需要与实际结合,并不能马上指导中国共产党人的实践活动。这是因为马克思、恩格斯、列宁的话语当中并没有直接指导中国人应该如何革命、如何建设、如何改革。马克思主义基本原理与中国实际相结合过程中,中国化马克思主义起到了中介理论的作用与性质。指导思想必须直接能够指导客观实际,并且直接给出行动方案,而不能仅仅提供一种思考方法。中国化的马克思主义恰恰是一种完整的行动方案与指导思想。而中华优秀传统文化不具有这种指导能力,而仅仅是一种文化意义上的常识。所以,中华优秀传统文化融入高校思想政治理论课是在坚持马克思主义指导地位的前提下进行的一项重要的文化传承工作。重视中华优秀传统文化的基础地位是马克思主义中国化的理论需要与实践需要。

但是，无论是马克思主义基本原理还是中国化的马克思主义都离不开中华优秀传统文化的这片土壤。如果不能与中华优秀传统文化相结合相融合，那么中国化的马克思主义就无法作为指导思想动员群众。如果没有中华优秀传统文化作为文化基础，马克思主义中国化的理论创新就会变得残缺不全，更失去深厚的民众基础与民族气派。所以，马克思主义的主体地位与中国化马克思主义的指导地位都离不开中华优秀传统文化的文化基础作用。

第四，中华优秀传统文化的基础地位源于自身的现实价值。

马克思主义基本原理是中国共产党的理论基础与来源。而中华优秀传统文化则刚出现于党的文献。虽然十七届六中全会确立"中国共产党是中华优秀传统文化的传承者和弘扬者"的命题，但是，中华优秀传统文化属于五位一体的中国特色社会主义文化建设，而不是全局性的指导思想，更不具有指导地位。中华优秀传统文化本身仅作为一种文化出现。中华优秀传统文化及其经典形成于中国古代社会，更不具有直接指导现实的能力。但是，中华优秀传统文化是马克思主义中国化的文化基础，源源不断地发散出精神力量，成为塑造中国共产党人的人生理想与社会理想的文化资源。中国共产党的早期领导人、革命家和政治家几乎都受过中国传统文化经典的教育。这是中华优秀传统文化旺盛生命力的重要体现。

中国的马克思主义者与思想政治教育工作者必须坚持马克思主义的主体地位，同时也必须加强中华优秀传统文化的文化基础地位。中国特色社会主义文化建设必须从知识来源上建立自己的学脉。世界上任何国家的现有文化都建立在历史上源远流长的文化传统基础之上。现代中国要寻找自己的文化传统只能从本国历史中开发出来。中国传统文化和中国文化传统是现代中国唯一可取的文化传统。

强调中华优秀传统文化的基础地位不意味着高校思想政治理论课要放弃马克思主义主体地位和中国特色社会主义理论体系指导思想。与此相反，中华优秀传统文化融入高校思想政治理论课恰恰要以巩固马克思主义主体地位与指导地位为目的。正如社会主义道路是实现中华民族伟大复兴中国梦的根本途径，马克思主义中国化也是传承与弘扬中华优秀传统文化进而实现文化现代化的根本途径。中华优秀传统文化必须借助于马克思主义所特有的客观真理性与群众史观,才能通过文化批判获得新生。二者是一种相互需要的关系。中国化的马克思主义仍然需要把中华优秀传统文化作为文化基础。

二、融入工作要正确处理其自身主体性

融入中华优秀传统文化作为高校思想政治理论课的教学内容之后就必然要发挥思想政治教育活动所特有的改变对象行为的主体功能。进而,中华优秀传统文化在高校思想政治理论课的教学活动中就具有了主体性。但是,中华优秀传统文化在高校思想政治理论课中的主体地位却存在一个理论挑战。第一,中华优秀传统文化本身作为一种前意识形态与文化类型具有主体性。第二,中国共产党领导的中国特色社会主义事业,坚持马克思主义的指导地位与主体地位,必然要限制中华优秀传统文化的主体性。第三,对马克思主义理论与中华优秀传统文化采取二元论的设计本身充满了不确定性。第四,"实现中华民族伟大复兴的中国梦"必然要体现中华优秀传统文化的文化自觉与自信,这使得中华优秀传统文化具有获得主体地位的可能性。但是在一般情况下,思想政治教育学者更强调中华优秀传统文化的工具性特征。这就必然要求高校思想政治理论课正确处理融入中华优秀传统文化所产生的自身主体性带来的挑战。

第一,中华优秀传统文化融入高校思想政治理论课容易生成中华优秀传统文化的主体性。

融入中华优秀传统文化并不是单纯的动作,而是要考虑历史经验与未来的发展趋势。融入中华优秀传统文化必须要注意到生产自身主体性的必然趋势。而高校思想政治理论课教师必须能够驾驭这种主体性。本书基于文化比较、文化担当主体、过去历史经验与未来趋势等四个方面来衡量这个课题。

从文化比较的角度而言,中华优秀传统文化自身具有完整的内容,并不依赖外在的规范性。中华优秀传统文化是成长于中国古代社会内部的文化传统,是中国人思想创造的源泉,本身并不是外来文化。中国是世界历史上

保存传统文化较为完整的国家。古代印度、古代埃及、古代巴比伦、古代希腊的文化都随着历史的发展而后继无人,这些文明甚至被其他民族所同化或者代替,改变了语言与文化的一贯性。中华优秀传统文化则保持着这种生命力,其主体性并没有被消解。马克思主义处在中华优秀传统文化的大传统与氛围之中,必然受到其长期影响。

从文化担当主体而言,中华优秀传统文化依然拥有着现代新儒家、传统文化爱好者、中国语言文学等大量研究者、学习者、传播者、践行者。他们都起到了传承与弘扬中华优秀传统文化的作用。这使得中华优秀传统文化起码获得了一定人群的认同。中华优秀传统文化在这些人心中起码具有文化主体地位。现代新儒家与传统文化学者自觉担当了这种角色,苦苦探寻中国传统文化的现代化之路,并对中华优秀传统文化当中进行创新性转化、创造性发展的工作。二十世纪八十年代以后,新的传统文化学者成长起来。他们不再是五四新文化运动所要面对的前朝遗老遗少,而是经过了中国近现代史剧烈社会变迁之后又回归中华文化传统的新生力量。他们对现代化具有更强的接受能力。他们在批判传统文化的大环境中长大,具有更强的现代性免疫力。这些文化践行者与研究者会不断推动中华优秀传统文化主体地位的生成。

从过去历史经验而言,中华优秀传统文化中的儒家学说曾经长期作为中国古代社会的主流意识形态。马克思主义并不否认前社会意识形态在一个社会当中存在的合理性。所以,中国传统文化虽然遭受批判,但是并没有被完全消灭,依然可以通过文化基础等形式存在于现代社会当中。这为以后的文化复兴提供了可能性。从生活角度而言,中华优秀传统文化依然可以指导人生观与价值观。儒学的意识形态性质使得其具有强烈的规范人生、指导社会的主体性意味。历史上有很多种前意识形态都有复兴的经验。中华优秀传统文化的复兴也与中华民族的伟大复兴结合在一起。所以,融入中华优秀传统文化必须考虑文化复兴的历史经验。

从未来趋势而言,中华优秀传统文化成为思想文化主体的可能性一直存在。现代新儒家谋求与社会主义相适应,接受中国共产党的领导,但却依然不放弃研究政治的意愿。中国当代有大量的传统文化学者满足着人们对传统文化的需要。相比较而言，中华优秀传统文化的研究反而更有自由发挥的空间。而中华优秀传统文化的理论创新与自我生长，始终都有利于生成中华优秀传统文化的主体地位。

综上所述，中华优秀传统文化始终具有生成主体地位的有利因素。这种主体地位对中国共产党传承与弘扬中华优秀传统文化、中华优秀传统文化融入高校思想政治理论课而言既是机遇，也是极大的挑战。中国共产党作为高校思想政治理论课的领导者，一定要确保融入中华优秀传统文化的主体地位，把握传承与弘扬中华优秀传统文化的主体性。但是值得注意的是，中国共产党传承与弘扬中华优秀传统文化、中华优秀传统文化融入高校思想政治理论课非常容易为后者所借用，甚至为后者隐性发展提供有利的社会环境。高校思想政治理论课作为马克思主义理论的重要阵地，在这个问题上就显得非常敏感。只有马克思主义理论者能够掌握中华优秀传统文化，进而产生一批研究与应用中华优秀传统文化的大师，形成更大的影响力，才能化解这个问题。

第二，高校思想政治理论课需要使用中华优秀传统文化的主体性。

中华优秀传统文化融入高校思想政治理论课就是要发挥其应用价值，进而达到立德树人的目的。在这个过程中，融入中华优秀传统文化仍然不可避免地要在人们的头脑中具有一定的主体地位，才能指导人们的行为实践。所以，尽管存在一些不利于中华优秀传统文化生成主体地位的因素，但是融入中华优秀传统文化生成主体地位的必要性依然存在。

首先，实现高校思想政治理论课的价值需要中华优秀传统文化保持一定的主体地位。中国传统文化在中国近代思想史一直在批判对象、结合对象、主体本位这三种地位之间徘徊。中国共产党经历了批判者、传承者、弘扬者这种角色与立场的转换。中国共产党早期也是中国传统文化的批判者，但在改革开放的历史进程中逐渐成为中华优秀传统文化的传承者与弘扬者。中国传统文化实际已经从批判对象成为弘扬对象，进而具有了成为文化主体的可能性。中华优秀传统文化融入高校思想政治理论课的目的是服务社会主义。但是，这种服务也必须以中华优秀传统文化能够以主体地位影响人们的思想与行为作为前提条件。融入中华优秀传统文化就是要改变人们的思想与行为，进而使得人们按照社会主义制度生活。在这个改变中，没有主体地位就不会指导人们的行为。所以，作为工具性的中华优秀传统文化依然要保持主体地位。既然高校思想政治理论课要把中华优秀传统文化作为教育内容，就是要利用中华优秀传统文化来规范教育对象的思想和行为，对教育对象进行信息输出，从而让教育对象接受中华优秀传统文化，进而有利于接收马克思主义理论，实现马克思主义中国化与大众化。所以，中华优秀传统文化融入高校思想政治理论课的过程也就是大学生接收中华优秀传统文化教育的过程。那么在这个过程中，中华优秀传统文化对于教育对象而言就具有了主体性，尽管这种主体性是以服务于马克思主义中国化与大众化作为前提，中华优秀传统文化的主体性仅仅是作为工具所必备的主体性。所以，中华优秀传统文化存在着主体地位的挑战，由于不具备主体地位，使得其对人们的影响力不足，进而无法规范人们的思想与行为，最终会影响其应用价值的大小。其次，实现中华民族伟大复兴的中国梦理论需要提升中华优秀传统文化的主体地位。尽管马克思主义中国化是马克思主义基本原理与中华优秀传统文化之间的中介，甚至导致马克思主义基本原理与中国化的马克思主义的体用论关系，但是中国化的马克思主义毕竟属于马克思主义理论的组成部分，进而马克思主义理论直接面对中华优秀传统文化的理论遭遇是存在的。在这种不对等的遭遇中，中华优秀传统文化与马克思主义理论的地位关系存在着四种可能性。第一种是以马克思主义为主体，以中华优秀传统文化为应用工具。第二种是马克思主义与中国传统文化互为体用，呈现出一种二元论的状态。第三种是以中国传统文化为主体、以马克思主义为应用工具的理论形态。第四种是中国传统文化作为马克思主义者的批判对象。中国传统文化在中国近现代思想史当中存在批判对象、辅助工具、结合对象、主体本位四种地位选择。中华优秀传统文化的概念已经表明，把中国传统文化单纯作为批判对象已经行不通了。这会导致历史虚无主义错误。中华优秀传统文化作为结合对象与辅助工具是现实中的真实处境。而把中华优秀传统文化作为主体，以马克思主义作为工具的可能性则蕴含于“实现中华民族伟大复兴的中国梦”理论之中。传承与弘扬中华优秀传统文化预示着一种上升的发展趋势。而实现中华民族伟大复兴的中国梦则包含了把中华优秀传统文化确立为文化主体的意向。正如实现共产主义一样,实现中华民族伟大复兴的中国梦同样是一个很长的历史阶段。基于现实主义的考虑,中国共产党必然要做到最低纲领与最高纲领相结合。中国共产党在党的二大做出了实现民族解放、实现反帝反封建的任务与实现共产主义纲领的结合。同样在现阶段,中国共产党也要做到实现全面建设小康社会与实现中华民族伟大复兴的中国梦纲领的结合。从最初的共产主义理想到中国特色社会主义共同理想再到"实现中华民族伟大复兴的中国梦",中国共产党在理想信念领域里的中国色彩越来越浓厚。而中华优秀传统文化是中华民族的文化标志,是中华民族认同的基本符号。所以,中国共产党传承与弘扬中华优秀传统文化乃至于把中华优秀传统文化融入高校思想政治理论课,是"实现中华民族伟大复兴的中国梦"理论的重要组成部分。中华民族的复兴必然导致中华优秀传统文化的复兴。这种复兴必然要体现为中华优秀传统文化具有主体地位与主体性,进而对全社会产生极大的影响力,乃至于发挥准意识形态的功能。

总之,中华优秀传统文化融入高校思想政治理论课,无法回避中华优秀传统文化对社会、个体所具有的主体性。中华优秀传统文化只有具有思想政治教育的主体性,才能成为约束个体行为的伦理规范与道德要求。中华优秀传统文化融入高校思想政治理论课最终要落实到人们践行中华优秀传统文化的道德原则与政治伦理的实践上。因此,中华优秀传统文化就必然具有了指导人生与社会的主体地位。但是,高校思想政治理论课必须处理好中华优秀传统文化的主体性与马克思主义指导地位相配合的问题。目前而言,这个理论挑战无法得到很好解决。

第三节　中华传统文化内涵复杂性对融入工作的挑战

本书把该问题从中华优秀传统文化的基本概念、多重维度、与儒学的关系、学科归属等几个方面进行界定。

一、正确理解中华优秀传统文化的科学内涵

界定中华优秀传统文化的科学内涵是融入中华优秀传统文化并进行知

识结构设计的最基础的工作。高校思想政治理论课界定中华优秀传统文化的概念与科学内涵必须依据中国共产党的正式文件。

中华优秀传统文化是中国共产党所确立的科学概念。中国共产党在十七届六中全会以前往往使用中国文化、中国古代文化、中华文化、民族文化、民族精神、中华文明、中国传统文化、中华民族的优秀文化等不同的说法。这些说法最终凝练为中华优秀传统文化。2011年,中国共产党十七届六中全会正式界定了中国共产党与中华优秀传统文化的逻辑关系。"中华"特指中国人传承并认可的民族价值符号。"中华"与"中国"在英语当中同为"China"。"中国"代表着国家认同,"中华"则更多代表着文化与民族认同。"优秀"特指中国传统文化中的可传承与弘扬的精华内容。中国共产党使用"优秀"一词避免人们产生歧义。这是基于批判继承方法的一种严谨态度。"传统"特指这种文化具有历史存在的合理性与权威性。"中华""优秀""传统""文化"都是褒义词。中国传统文化概念虽然被用于文化批判工作,但是一般意义而言也具有正面和褒义色彩。所以,中华优秀传统文化同中华文化、中国传统文化、中国文化、民族文化等概念往往都大同小异。中华优秀传统文化是其中最为精确的概念。

第一,中华优秀传统文化是对中国传统文化精华部分的特定称谓。中华优秀传统文化与封建主义分别构成了对中国传统文化的两种极端评价,存在着褒义与贬义的区别。中华优秀传统文化不同于中国传统文化,中国传统文化是对所有文化成果的一种客观描述。甚至可以称谓批判对象,而中华优秀传统文化则不是批判对象,而是传承与弘扬、应用的对象。中国传统文化的概念起源于五四运动前后,中华优秀传统文化则兴起于21世纪初,是中国共产党建设社会主义文化强国所推出的重要概念。所以,中华优秀传统文化就意味着中国共产党对优秀文化内容的一种认定,而不是任由人们诠释的内容。

不同的历史主体对"中华优秀传统文化"的理解是不同的。对于一个现代儒学家而言,中华优秀传统文化可能就是指四书五经等内容,而对于一个国学研究者而言则可能是琴棋书画等艺术内容,对于一个哲学家而言则可能是包含墨家、佛家、道家以及诸子百家等各种思想。中国共产党对中华优秀传统文化的界定则是与马克思主义相符合的那部分精华内容，比如传统道德、民族精神、实事求是等内容。这就需要明确中国共产党在诠释与界定中华优秀传统文化的主体地位。所以，中华优秀传统文化不等于儒学等具体的思想资源，而是对所有文化思想资源的创造性发展与创新性继承。中华优秀传统文化包含着古老的内容却有着崭新的形式，相对于儒学等古代知识体系而言是一种全新的理论形态。中华优秀传统文化的概念本身意味着政治文化认同与继承性。本书考虑到高校思想政治理论课服务于意识形态工作的性质，较多使用“中华优秀传统文化”的概念，在提到文化批判与客观描述的时候则使用“中国传统文化”的概念。

第二，中华优秀传统文化与中华民族存在对应关系。高校思想政治理论课教师需要正确处理中华优秀传统文化与中华民族的对应关系。中华民族这一称谓反映出二十世纪初的学者与革命者对中国作为统一的多民族国家的准确定位。中华优秀传统文化是指以汉民族为主体、多个少数民族共同参与形成的文化传统。中华民族是古华夏民族与周边少数民族长期民族融合的产物。李大钊认为中国传统文化对多民族融合成中华民族的历史过程具有重要的促进作用，他认为：“吾国历史相沿最久，积亚洲由来之数多民族冶融而成此中华民族，畛域不分、血统全泯也久矣，此实吾民族高远博大之精神有以铸成之也……然则今后民国之政教典刑，当悉本此旨以建立民族之精神，统一民族之思想。”[①]中华民族这个称谓是当时五四新文化运动的学者为了维护国家统一而做出的重要贡献。

中国共产党传承了中华民族的科学概念，为中国的民族团结、民族融合事业做出了重要贡献。2014年12月，中共中央、国务院印发《关于加强和改进新形势下民族工作的意见》，其中指出：“在长期历史进程中，各民族共同开发祖国的辽阔疆域，共同创造灿烂的中华文化，形成了共同团结奋斗、共同繁荣发展的中华民族多元一体格局。要积极培育中华民族共同体意识，引导各族干部群众深刻认识中国是全国各族人民共同缔造的国家，中华文化是包括56个民族的文化，中华文明是各民族共同创造的文明。把尊重、继承和弘扬少数民族优秀传统文化，与传承、建设各民族共享的中华文化有机结合起

① 李大钊文集：第一卷[M].北京：人民出版社，2013：478.

来。"[①]这里不仅明确了中华文化与中华民族的关系，也解决了与少数民族文化的关系问题。2015年8月，中央召开西藏工作会议同样强调了在西藏工作中"不断增进各族群众对伟大祖国、中华民族、中华文化、中国共产党、中国特色社会主义的认同"[②]具有重要意义。中国共产党弘扬中国传统文化也有利于继续维护中国的多民族统一的政治局面。

二、正确评价中华优秀传统文化的多重维度

高校思想政治理论课需要从广义与狭义、精华与糟粕、大众与精英、通识教育与意识形态等多重维度厘清中华优秀传统文化的科学内涵，解决由于歧义造成的理论挑战，进而为融入中华优秀传统文化澄清各种疑惑。

第一，从广义与狭义的维度理解中华优秀传统文化。广义的文化代表着人类社会实践的一切物质成果和精神成果的总和。狭义的文化则是人类社会所创造的精神成果，特指精神财富，如知识、信仰、文学、艺术、教育、科学、宗教、哲学、法律、道德等。中华优秀传统文化是中国古代社会一切物质成果和精神成果的总和。由于没有产生出西方的近代工业文明，中国古代的物质文明受到了严重的批判。但是西方的科学技术也是建立在诸如四大发明等中国科技发明的基础之上。中华优秀传统文化是一个包罗万象的文化体系，在广义上说一切物质成果与精神成果的总和，在狭义上则特指精神文化，尤其是带有意识形态色彩的知识体系。朱志敏认为中华民族在历史上的生存方式及其创造的一切物质、制度、精神文明，狭义而言是指以中国古代形成延续清末民初的儒家学说为主体、儒释道结合的文化形态[③]。精神层面的中华优秀传统文化是高校思想政治理论课所要融入的重点内容。本书所讨论的中华优秀传统文化是就狭义的精神成果而言，有时特指作为中华优秀传统文化载体的儒释道经典。

第二，从精华与糟粕的维度理解中华优秀传统文化。中华优秀传统文化是中国传统文化中的精华部分，是经过批判糟粕之后所要传承与弘扬的优秀

① 关于加强和改进新形势下民族工作的意见[N].人民日报，2014-12-23(1).
② 习近平在中央第六次西藏工作座谈会上的讲话[N].人民日报，2015-08-26(1).
③ 朱志敏.马克思主义中国化理论与实践[M].北京：北京师范大学出版社，2007：8.

内容。在马克思主义中国化的语言环境下，中华优秀传统文化是褒义，封建主义文化就是贬义，中华优秀传统文化与封建主义文化恰好构成了同一事物的两个极端判断。封建主义在中国学术语境当中本身就带有歧义。五四新文化运动之后，封建主义特指秦朝以来的皇权官僚政体。该政体造成了中国在1500年之后逐渐趋于保守与落后。

五四新文化运动对封建主义糟粕进行了认真批判。五四新文化运动从理论与事实两个层面上批判了中国的历史传统和文化传统中的糟粕。中国古代历史构成了中国古代人实践中国传统文化的事实。人们在评价中国传统文化的时候，一定要区分理论逻辑判断与事实判断。中华优秀传统文化固然与中国古代社会历史有着密不可分的关系，但是二者存在理论与实践的区别。我们在批判中国古代历史上的丑恶现象的时候，不能等同于否定中国传统文化，尤其是中华优秀传统文化。现代人既要寻找中国传统文化的理论和经典自身的有限性与弊端，也不要把事实判断等同于理论本身。

五四新文化运动对中国传统文化的糟粕进行了无情鞭挞。在20世纪初，梁启超等学者都认为中国人的国民性需要改造。在封建社会盛世的外表下隐藏着中国社会很多的阴暗与陋习。如果按照唯物史观的解释，任何一个社会的文明形态一定要与经济基础相联系，中国古代文化被其生产力水平所决定。一旦人们对社会生产力提出更高的要求，相应的落后生产力基础上的文化也就会遭到批判。这种批判符合历史进化论的基本规律。近代学者批判中国古代社会的历史和文化的糟粕几乎走到了全面否定历史的文化虚无主义的态度。但这样一味地尽情批判糟粕并不能起到建设性的作用。五四新文化运动批判传统社会里的丑恶与糟粕值得称赞。但是中国传统文化还包括中华优秀传统文化这样的精华部分，不应该也变成批判的靶子。中国传统文化的学者也批判恶行暴政与糟粕。中华优秀传统文化也具有批判罪恶、褒扬善良的意识。在明清之际涌现出来黄宗羲、顾炎武、戴震、王夫之等众多批判型学者，已经开始进行文化自我批判。即使在孔子、孟子、朱熹等大儒的思想意识里也都有对社会丑恶现象、文化病态、糟粕错误的批判。批判也构成了儒家传统。批判本身就是意识形态的功能之一，但并不等于全部。维护高尚的价值观和优秀文化传统是文化学者的重要工作。中国传统文化已经遭到了接近一个世纪的文化批判。但是在当前传承与弘扬中华优秀传统文化的局面下,过多地文化批判容易造成更大的思想混乱。单纯批判对创造性转化工作造成了冲击。很多学者不满意于五四新文化运动对传统文化的一味批判或者全面否定,而是强调了文化发展的连续性特点。要使得这些理念扎根于中国文化土壤中只能采取改造中国传统的某些观念以符合现代文明。他批评五四新文化运动那代人是反传统的民族主义者。这些人进而不允许对传统文化进行一丁点的正面评估与理解,于是造成了中国传统文化创造性转化工作无法完成,也就是中国文化现代化的滞后。最后他的结论是胡适、陈独秀、鲁迅的反传统意识反而不利于现代文化的形成,而且必然是整体性反传统。由此可见,五四新文化运动全面否定传统固然有一定合理性,然而却造成了严重后果。这说明习近平正确认识与处理中华优秀传统文化已经取得了与中国近现代思想史研究学者相同的结论。无论在理论层面还是历史层面,中华民族都创造了伟大智慧,这是对理论和事实的双重肯定。以偏概全的批判糟粕有悖于文化自信与民族自豪感,甚至会阻碍中华优秀传统文化融入高校思想政治理论课的历史进程。

第三,从大众与精英的维度理解中华优秀传统文化。任何一种文化类型必然表现为精英文化和大众文化两种形态。儒家精英通过科举考试的办法成为皇权官僚体系中的统治阶级。科举制度在隋唐以降1000年的时间内成功地维护了国家的统一与社会发展,但也日趋僵化。在晚清政治中,一部分觉醒的儒家官员探索中国现代化的道路终归于失败。作为中国传统文化精英部分的儒学无法开出现代意义的科学与民主等内容来,无法指导中国的现代化。那时中国传统文化的大众形态主要体现为中国古代社会的民俗和民族形式。中国古代社会民俗方面存在着大量的陋习和丑恶现象,并逐渐成为中国社会历史进行制度创新、产业革命、思想解放的桎梏。

区分大众文化与精英文化是中国共产党正确认识与处理中华优秀传统文化的自觉意识。中国共产党依靠群众,所以需要运用中华优秀传统文化尤其是其民族形式来发动群众。马克思主义的群众史观要求中国共产党人站在无产阶级与劳苦大众的立场上。这本质上是一种精英与大众的结合。尽管排斥与批判历史上的精英主义文化,但是中国共产党人的先锋队理论具有精英性质。在社会主义建设中，精英文化的重要作用日益提上日程。精英文化的缺失也导致社会发展过程中丧失精英文化特有的开创性价值。所以，中国共产党需要用精英文化来提升大众文化，而不是消灭精英文化来迎合大众文化。中国古代的精英文化主要由儒家思想文化来承担。但是，中国共产党打破了旧有文化精英的权威统治，为中国文化现代化乃至于文化创造性提供了广阔的空间。这是中国共产党尤其是毛泽东长期批判儒家文化的客观效果。但是这种打破也导致中国的精英文化受到摧残，带有强烈的民粹主义倾向。中国共产党在注重文化普及工作的同时一度出现忽视精英文化并轻视知识分子的两种倾向。进而，中国共产党忽略了中国传统文化当中作为精英文化的部分，导致了中国共产党的大众化走向了民粹，而对知识分子在政策上则有了偏差。作为中华民族的先锋队的中国共产党必然要走群众路线。而党的群众路线并不仅仅是反映群众心声与意见的民主实践，也包括对群众进行马克思主义的大众化、唯物史观的思想政治教育。而要对群众进行思想政治教育必然要借用民族形式，进而高校思想政治理论课非常注意融入中华优秀传统文化的现实价值。因此，中华优秀传统文化融入高校思想政治理论课依然要走马克思主义大众化的群众路线，而不是简单地恢复儒学的精英主义传统，而是要创造性地继承这种精英文化。

第四，从通识教育与意识形态的维度理解中华优秀传统文化。中华优秀传统文化具有政治文化与通识文化两个属性。中华优秀传统文化中的儒学部分曾经长期作为中国古代的意识形态，具有政治属性，是一种政治文化。亚里士多德把政治文化等同于促成政治稳定或变革的心态，柏克则认为是影响政治机构运行的习惯，历史法学派则强调“民族精神”对政治的影响，托克维尔则认为是“民情”，我国五四运动时期则讨论“国民性”等问题。他们都是从政治文化的角度来看待现存的文化思想体系。任何文化都具有自身的阶级性。文化本身就属于一个社会的上层建筑的组成部分。高校思想政治理论课是把中华优秀传统文化作为普通文化知识加以融入，而不是作为意识形态加以融入。

中国传统文化的阶级土壤、社会土壤已经为中国近现代的社会革命所破坏，但是它所形成的政治文化心理却长期保存在人们的心中。这种政治文化心理具有两面性。一方面,中国优秀传统文化作为政治文化心理,具有强烈的大一统意识、爱国主义传统、天下为公的诉求,被看作是民族精神值得传承。另一方面,中国古代政治文化当中的等级意识、官本位思想、小农意识、保守情绪影响着中国政治现代化的进程。中国共产党一方面作为中华优秀传统文化的传承者与弘扬者,是中华民族的先锋队,所以要继承其中所蕴含的民族精神。另一方面,中国共产党作为社会革命的推动者,必然要对"封建意识形态"保持警惕,甚至要加以克服。

中华优秀传统文化具有政治文化色彩的同时也具有通识文化的性质。中华优秀传统文化融入高校思想政治理论课不仅因为中华优秀传统文化具有正面的政治属性,还因为中华优秀传统文化具有通识文化的性质。中华优秀传统文化去除了政治属性之后还可以成为全人类各个民族都可以学习与运用的知识体系。中华优秀传统文化在社会主义大学中以通识课程的形式加以传承已经获得了很大的成果。社会上积极从事传承与弘扬中华优秀传统文化的机构也能够按照国家法律规定的要求,积极寻求中华优秀传统文化与社会主义相融合相适应。清理中国传统文化中的糟粕因素、以通识性的人文知识作为中国特色社会主义文化建设的基本材料是中华优秀传统文化融入高校思想政治理论课的基础工作。

高校思想政治理论课教师要具备同时驾驭中华优秀传统文化的政治性与通识性两个维度的理论勇气。高校思想政治理论课本身就含有强烈的政治属性,服务于马克思主义大众化,是中国共产党领导思想战线的组成部分。所以,高校思想政治理论课在应用中华优秀传统文化的过程中不能回避中华优秀传统文化的政治属性。中华优秀传统文化融入高校思想政治理论课也是为了塑造新的政治文化,并利用它的通识文化属性来维护现存政治制度。

第四节　中国传统文化现代化对融入工作的挑战

现代化是中国近现代史进程的最重要的特征。然而,中华优秀传统文化却存在着现代化的挑战。马克思主义本身就是作为中国现代化的路径选择。思想政治教育必然要服务于社会主义现代化建设。这就要求正确处理传统文化与现代化的关系。

一、融入工作要符合马克思主义理论的现代化立场

《共产党宣言》提出："人们的意识，随着人们的生活条件、人们的社会关系、人们的社会存在的改变而改变，这难道需要经过深思才能了解吗？"[①]马克思在《资本论》第一卷第一版序言里指出："工业较发达的国家向工业较不发达的国家所显示的，只是后者未来的景象。"[②]马克思在发现资本主义发展趋势的同时预见到了现代化，同时也预见了在现代化过程中"古老的陈旧的生产方式以及伴随着它们的过时的社会关系和政治关系还在苟延残喘。不仅活人使我们受苦，而且死人也使我们受苦。死人抓住活人。"[③]马克思主义理论本身就是最重要的现代化理论。现代化构成了马克思主义的内在属性，也就构成了中华优秀传统文化融入高校思想政治理论课的内在要求。

以马克思主义理论为指南的中国共产党是把中国从传统社会带往现代化的历史主体，进而是文化现代化的历史主体与推动者。中国共产党思想史上的新民主主义以及改革开放之后的"四个现代化理论"都包含了文化现代化的内容。中华优秀传统文化融入高校思想政治理论课就是要执行中国共产党传承与弘扬中华优秀传统文化、推动文化现代化的功能。

在革命时期，"新民主主义文化是科学的"的判断继承了五四追求科学的传统。中华优秀传统文化融入高校思想政治理论课要符合现代化与科学理性的要求。科学技术是现代化的一个重要基础。中国共产党在七届二中全会提出建设工业化的设想。工业化、科学与后来人们所言的现代化具有内在的一致性。1949年以来，以马克思主义为指导的中国共产党主导中国社会的现代化进程。中国共产党在改革开放前的大部分时间里主要是以社会主义工业化来理解现代化。周恩来1975年前后郑重提出"实现社会主义四个现代化"之后，现代化成为中国共产党的重要议题。振兴中华、实现"四化"逐渐成为重要的口号。改革开放以来，"社会主义现代化""现代化国家"成为当时打

① 马克思恩格斯选集：第一卷[M].北京：人民出版社，2012：419—420.
② 马克思恩格斯选集：第二卷[M].北京：人民出版社，2012：82.
③ 马克思恩格斯选集：第二卷[M].北京：人民出版社，2012：83.

开国门后看到国内外差距的全体中国人一致价值取向。中国共产党在改革开放伊始就将国家纳入社会主义现代化发展轨道。

邓小平在1983年为景山学校题词，提出“教育要面向现代化，面向世界，面向未来”的观点[①]。这个思想后来被发展为中国教育文化事业的重要指示方针。在邓小平等领导人的决策下，国家恢复了高考与大学的教育制度，在学科建设上逐渐与世界接轨。邓小平在推动中国文化现代化和全球化方面做出了重要贡献。“教育要面向现代化”提示高校思想政治理论课要在现代化语言环境下融入中华优秀传统文化，而不是与现代化背道而驰。古代生活方式则由于中国社会主义市场经济、工业化、城市化、市场化、资本化、全球化的深入建设而变得模糊。现代社会生活方式决定了弘扬中华优秀传统文化的经济社会基础只能落在社会主义市场经济当中，而不可能走向文化复古主义或保守主义。而面向世界要求高校思想政治理论课在全球化语境下融入中华优秀传统文化。

21世纪以来，随着中国经济现代化任务逐渐获得巨大的成就，与西方现代化社会的差距有所缩小，中国改革开放中存在的一系列生态问题、社会公正问题、富裕之后的享乐腐败问题等开始困扰着中国社会。中国共产党不断提出政治文明与精神文明、“三个代表”重要思想、绿色GDP、科学发展观、社会主义和谐社会、社会主义荣辱观、社会主义核心价值体系、协商民主等重大理论创新，以此来对症下药解决中国现代化进程中出现的道德缺失、信仰迷茫等问题。中华优秀传统文化融入高校思想政治理论课不仅要符合现代化的要求，而且有利于培养宽容和谐的现代文化、维护社会正常秩序，是现代化建设中的必要组成部分。

二、融入工作要符合文化现代化的要求

中华优秀传统文化融入高校思想政治理论课，一方面是传承与弘扬了中华优秀传统文化，另一方面也使得中国传统文化实现了现代化，进而缝合了“传统”与“现代”的断裂感。高校思想政治理论课教师要自觉承担起这项使命。

---

① 邓小平.邓小平文选:第三卷[M].北京:人民出版社,1993:35.

第一,思想政治理论融入中华优秀传统文化是文化现代化的必要环节。中国的现代化尤其是经济现代化成为二十世纪八十年代、九十年代的重要意识形态话语。但是,经济现代化并不是现代化的全部。人类在全球化过程中经济形态逐渐趋同,政治制度也相互学习与模仿,但各国人民在价值观、生活方式、理想信念、宗教信仰等方面的差异依然显著。如何保持文化多样性逐渐构成了现代社会的难题。因此,文化建设与文化现代化的重要性就突显出来。经过改革开放四十年的建设乃至于新中国七十年的建设,一个重要的经验就是要取得文化现代化的成就必须建设社会主义先进文化。中国特色社会主义文化建设必须获得突出成就,才能说服人们更加认同中国特色社会主义制度。现代化构成了中国近现代社会发展的根本任务。社会主义现代化包含了科学技术现代化,也包含了文化现代化。中国的文化现代化一方面要求中国传统文化实现现代化转化,另一方面要借鉴国外优秀文化,最终发展社会主义先进文化。文化现代化的首要任务就是打破传统文化在文化思想领域里的垄断,进而破旧立新、推陈出新。五四新文化运动开启了文化现代化的历程。但是,单纯批判传统文化并不能实现文化现代化,只有经过"创新性转化、创造性发展"、推动传统文化的自身现代化,才能实现文化现代化。中华优秀传统文化本身就是中国共产党在批判继承、推陈出新、古为今用的基础上所要传承与弘扬的精华与对象,进而成为中国现代文化的组成部分。所以,中华优秀传统文化融入高校思想政治理论课是文化现代化的必然结论。

第二,中华优秀传统文化融入高校思想政治理论课有助于缝合文化断裂现象。中华优秀传统文化形成于中国古代社会历史当中并流传到现代社会。传统与现代构成了中国文化的两个时空。历史学界把1840年作为了中国古代与近代的历史分界。中国五四新文化运动的重要目的是批判中国传统文化,形成中国现代文化。但这种单纯的文化批判与嫁接造成部分学者所言的"断裂的传统"。五四学者把中国现代文化嫁接在西方现代文化的基础之上。然而,西方现代文化在一个农民占绝大多数的东方大国并没有获得根本优势。中国共产党接受马克思主义,把马克思主义革命理论应用于农民阶级身上,实现了旧民主主义革命与新民主主义革命的历史任务,进而完成了文化转型意义上的社会主义改造。马克思主义中国化成为中华优秀传统文化完成从传统向现代转型、实现文化现代化的必由之路。

马克思主义者对中华优秀传统文化所采取的科学态度具有历史意义。从五四新文化运动时代的全面批判、否定中国传统文化到新民主主义文化的批判继承的理论历程具有一定的合理性。高校思想政治理论课教师也要认识到中华优秀传统文化自身存在局限性,仅仅是依赖中华优秀传统文化自身力量是无法开出现代化道路的。中华优秀传统文化现代化需要借助马克思主义中国化才能得以实现。二者统一于中国特色社会主义文化建设。高校思想政治理论课教师要探索马克思主义中国化的理论创新,也要关照中华优秀传统文化现代化,进而及时解决社会主义现代化中出现的文化问题与困惑。这个课题的价值虽然看似低于中国共产党利用马克思主义解决中国实际问题的需要,却属于更大历史宏观的文化战略问题。而且在实际问题解决之后,也就是在革命道路、经济建设、政治制度等社会历史发展大问题得到基本解决之后,文化融合的重要性在思想政治教育领域里就显得更加突出了。通过探讨中华优秀传统文化现代化的路径,本书认为马克思主义中国化与中国特色社会主义制度是中华优秀传统文化实现现代化的唯一可取的路径。中华优秀传统文化融入高校思想政治理论课在服务于社会主义文化建设任务的同时,也肩负着中华优秀传统文化现代化的任务。高校思想政治理论课教师及其中国传统文化学者只有对中华优秀传统文化的经典与义理做出新的阐释才能更好地完成中华优秀传统文化现代化的使命。而这种新阐释必然要与马克思主义理论相融合、与社会主义制度相适应,才能更好地实现中华优秀传统文化现代化。

三、融入工作要符合社会主义现代化的要求

高校思想政治理论课与中华优秀传统文化都具有思想政治教育环境论的意义,对中华优秀传统文化融入高校思想政治理论课存在制约性。其主要体现在以现代化为总体特征的社会各个方面,就其大类而言则有以下几项内容。

第一,融入中华优秀传统文化要符合社会主义现代化的总体趋势。

中华优秀传统文化融入高校思想政治理论课,并不是要人们搞复古主义。其目的仍然是服务于社会主义现代化建设。中国特色社会主义的经济、政治的社会状态已经消灭了大量的传统遗存,甚至造成了一种文化基础上的空场。中华优秀传统文化是一个稳定因素,而不是一个破坏因素。社会主义现代化是中国改革开放以来最重要的历史过程。中国共产党的核心任务就是经济工作,进而建设以工业化为核心的现代化国家。

现代化必然要求思想文化领域里的理性化。高校思想政治理论课教师对中华优秀传统文化要有客观理性的判断,尤其是要兼顾现代化需要与历史的真实性,既要防止过度美化、不加批判直接继承的复古主义思想,也要防止全面否定、不加整理的历史虚无主义。中国文化现代化是众多马克思主义理论学者所关注的课题。人的现代化在本质上是文化现代化,而文化现代化是比经济现代化、政治现代化更深层次的课题。我们往往注重社会主义现代化的经济社会指标,而对文化现代化的探索尚未完成。中国共产党完善社会主义先进文化的建设事业必须找到中华优秀传统文化作为文化基础。中国文化现代化对中华优秀传统文化融入高校思想政治理论课具有宏观规范作用。

第二,融入中华优秀传统文化要符合社会主义文化建设的需要。中华优秀传统文化是中国特色社会主义文化建设的一部分,是社会主义先进文化的重要基础。只有实现中国文化现代化,社会主义先进文化才能具有更为丰富的内容。中华优秀传统文化恰好弥补经济建设中的人文精神失落等问题,增强人们的文化底蕴,具有促进社会和谐的作用。张岱年指出,从广义文化的视角来看,中国近代的民族危机根本上就是一种文化危机①。文化是一个比经济更为重要的、更深层次的建设课题。所以,中国共产党在21世纪以来逐渐提出了建设社会主义文化强国、繁荣哲学与社会科学、弘扬中华优秀传统文化等命题。

中国共产党要牢牢地坚持"一个中心、两个基本点"的社会主义初级阶段的基本路线不动摇,尤其是坚持以经济建设为中心。与此同时,中国特色社会主义的重心不宜过度聚焦在中国特色社会主义政治建设乃至于政治体制改革的议题上。在当今国际局势变幻的同时,中国共产党必须保持政治定

① 张岱年,方克立.中国文化概论[M].北京:北京师范大学出版社,1994:352.

力。在经济现代化建设的关键时期和未取得彻底成功的时期,中国特色社会主义政治建设要保持一定的稳定性和可持续发展的能力。随着经济建设的顺利开展和成就显现以及政治建设的不断提升,文化建设在十七届六中全会前后成为中国共产党关注的重点领域。所以,十七届六中全会制定《中共中央关于深化文化体制改革、推动社会主义文化大发展大繁荣若干重大问题的决定》开启了传承与弘扬中华优秀传统文化的历史进程。

中国特色社会主义文化建设要全面综合创新地完成社会主义先进文化、中华优秀传统文化、国外优秀文化的整合,从而巩固马克思主义的指导地位,并且促进社会主义文化的大繁荣大发展。马克思主义一直处于指导地位和主体地位,得到了国家的优先发展。同时在改革开放中,中国人对国外优秀文化也进行了大规模的学习,在大学教育体系中引进和消化了几乎全部的国外学术和文化。中国在改革开放以来,一直以较强的文化包容的气魄,对国外优秀文化进行学习。与上述两种文化资源相比,中华优秀传统文化直到党的十七大、党的十七届六中全会、党的十八大、中华民族伟大复兴的中国梦才得到了积极有效的弘扬和宣传。马克思主义与国外优秀文化都具有强烈的现代性,只有中华优秀传统文化背负着较为艰巨的文化现代化任务。

第三,融入中华优秀传统文化要符合社会主义初级阶段的基本制度。

融入中华优秀传统文化必须符合现代科学精神。融入中华优秀传统文化必须符合现代自然科学技术的发展要求。现代社会建立在现代生产方式的基础上,而科学技术又是生产方式的代表。所以,中华优秀传统文化融入高校思想政治理论课不得违背科学技术为主要特征的现代生产体系。而科学技术恰恰是在西方文明内部成长起来的,古希腊的纯粹理性与近代的理性主义哲学是其主要基础。而中华优秀传统文化恰恰倾向于实用理性。所以,从思维方式上来看,中华优秀传统文化如何与科学技术结合起来是一个重要问题。中华优秀传统文化当中的物质成果对此处有很强的作用。比如,《天工开物》、墨子等中国古代的科学技术与哲学都有利于实现这一点。融入中华优秀传统文化必须符合世俗化的人文精神。

第四,融入中华优秀传统文化必须符合中国特色社会主义政治制度。

融入中华优秀传统文化必须符合社会主义民主。中国马克思主义普遍认为，由于中国历史上有漫长的皇权专制历史，导致中国古代政治文化中的腐朽没落的部分仍然沉淀在人们的头脑当中，并影响人们的思想。所以，高校思想政治理论课进行社会主义核心价值观教育就是要把“自由、平等、公正、法治、富强、民主、文明、和谐”灌输到大学生当中去，就是要消除这些错误观念的影响。进而让人们拥有民主思维，按照社会主义民主政治的要求从事社会主义建设事业。中华优秀传统文化融入高校思想政治理论课，还必须要发掘中华优秀传统文化中的法治精神，系统研究中华法系的价值。

第五，融入中华优秀传统文化必须符合社会主义市场经济的基本原则。中华优秀传统文化当中有大量的义利之辨，这有利于对市场经济当中的唯利是图的经济伦理进行有力驳斥，进而引导人们正确看待金钱与利益。但与此同时，中国传统文化产生于小农经济加商品经济当中，对现代市场经济缺乏足够的适应能力。

总之，中华优秀传统文化融入高校思想政治理论课有利于社会稳定，进而可以为社会主义现代化建设争取更多的时间，争取更多的智力资源。而且文化建设有利于一个社会形成价值观共识，从而借鉴中国传统社会治国理政的经验，实现中国这样一个人口大国的长治久安。文化现代化对于中国特色社会主义里的经济建设、政治建设有着重要的反作用与提升意义。经济、政治、社会工作都离不开文化建设。经济建设当中的人才来自教育，人才的素质则通过文化进行培育。而政治建设当中的政治文化也需要文化建设加以灌输与培育，更需要政治文化对政治发展的引领作用。所以，中华优秀传统文化融入高校思想政治理论课有助于中国特色社会主义文化建设，进而服务于社会主义现代化建设事业。

第五节　全球化对融入中华优秀传统文化的挑战

本书把全球化对融入中华优秀传统文化的挑战归结为两个方面。一方面，全球化是高校思想政治理论课合理定位中华优秀传统文化的重要参照。高校思想政治理论课教师与教育对象在文化比较中能够更好地认识中华优秀传统文化，进而避免盲目自大，走向文化上封闭保守；又能避免盲目崇外，走向文化上的殖民地化。另一方面,中国共产党通过改革开放,参与了世界的全球化进程。中华优秀传统文化融入高校思想政治理论课必须符合改革开放的要求,把中华优秀传统文化应用于文化交流之中。

一、对中华优秀传统文化进行合理定位

中国被动地卷入了全球化运动,在全球化运动中逐渐正确认识了自身文化形态的局限性与落后性,进而找到了马克思主义理论来指导中国的革命、建设与改革,推动中国的现代化事业。而中华优秀传统文化融入高校思想政治理论课恰恰是为了增强文化自信,进而防止这样的被动局面。

融入中华优秀传统文化要保持文化自信、防止文化迷失。2014年9月,习近平在纪念孔子诞辰2565周年大会上强调:"中华文明,不仅对中国发展产生了深刻影响,而且对人类文明进步做出了重大贡献。"这种维护本国本民族思想文化自尊、自信、自立的态度是实现中华民族伟大复兴中国梦的重要组成部分。所以,中华优秀传统文化融入高校思想政治理论课就是要保持自信,防止在文化多元化、全球化进程中迷失自己。《纲要》指出:"加强中华优秀传统文化教育,是培育和践行社会主义核心价值观,落实立德树人根本任务的重要基础。世界多极化、经济全球化深入发展,国内经济社会转轨转型,深刻变革,现代传播技术迅猛发展,世界范围内各种思想文化的交流交融交锋更加频繁,社会思想观念日益活跃。青少年学生思想意识更加自主,价值追求更加多样,个性特点更加鲜明,社会上一些不良思想倾向和道德行为,对青少年学生健康成长产生了不容忽视的影响。加强中华优秀传统文化教育,对于引导青少年学生增强民族文化自信和价值观自信,自觉践行社会主义核心价值观具有重要作用。"可见,在面对文化交融交锋的情况下,高校思想政治理论课不能放任青少年而是要让他们自觉地增强民族文化自信与价值观自信,进而践行社会主义核心价值观,防止文化迷失现象的发生。所以,中华优秀传统文化融入高校思想政治理论课就是要大学生形成正确的文化定位,不能过低地评价中华优秀传统文化,进而在全球化的交往中保持自信心,防止崇洋媚外的心态出现。

2014年5月,习近平在北京大学师生座谈会上的讲话同样阐发了这种信

念。他提出:“中国已经发展起来了,我们不认可‘国强必霸’的逻辑,坚持走和平发展道路,但中华民族被外族任意欺凌的时代已经一去不复返了!……我们走自己的路,具有无比广阔的舞台,具有无比深厚的历史底蕴,具有无比强大的前进定力。中国人民应该有这个信心,每一个中国人都应该有这个信心。我们要虚心学习借鉴人类社会创造的一切文明成果,但我们不能数典忘祖,不能照抄照搬别国的发展模式,也绝不接受任何外国颐指气使的说教。”[①]这说明习近平站在全球化的宏观角度已经充分阐释了中国当代的文化自信问题。那么高校思想政治理论课就是这种文化自信的表现,同时融入中华优秀传统文化就是要防止“数典忘祖”现象的发生。

2016年5月,习近平在主持召开哲学社会科学工作座谈会的时候指出:“我们要善于融通古今中外各种资源,特别是要把握好三方面资源。一是马克思主义的资源……二是中华优秀传统文化的资源……三是国外哲学社会科学的资源……要坚持古为今用、洋为中用,融通各种资源,不断推进知识创新、理论创新、方法创新。我们要坚持不忘本来、吸取外来、面向未来,既向内看、深入研究关系国计民生的重大课题,又向外看、积极探索关系人类前途命运的重大问题;既向前看,准确判断中国特色社会主义发展趋势,又向后看、善于继承和弘扬中华优秀传统文化的精华。”[②]这里的“不忘本来”就是要坚持马克思主义,“吸收外来”就是要学习借鉴国外优秀文化,“面向未来”就是要弘扬中华优秀传统文化。这对于高校思想政治理论课保持“文化自信”有重要的启示意义。

融入中华优秀传统文化要保持文化清醒、防止自我膨胀。在保持文化自信的同时,高校思想政治理论课教师融入中华优秀传统文化也要保持文化清醒,防止文化膨胀。高校思想政治理论课教师不能搞唯我独尊的文化心态,而是要采取兼容并蓄的开放心态。高校思想政治理论课坚持马克思主义指导,必然不至于把中华优秀传统文化当作唯一的文化资源,更不会把中华优秀传统文化凌驾于其他文化之上。中国共产党只是说中国应当为世界文化的发展做出自己的贡献,却又不能过分高估这种贡献。学界也十分警惕并批

① 习近平.习近平谈治国理政[M].北京:外文出版社,2014:171.
② 习近平.习近平谈治国理政:第二卷[M].北京:外文出版社,2017:339.

判了类似于“21世纪是中国文化的世纪”等论调，不能把中华优秀传统文化当作放之四海而皆准的真理，更不可能以此取代世界其他文化。

二、融入中华优秀传统文化要符合改革开放的要求

中华优秀传统文化融入高校思想政治理论课与国外优秀文化，在改革开放的意义来说是非常必要的。这也符合改革开放后中国特色社会主义市场经济所产生的多元化效应。

第一，融入中华优秀传统文化与学习国外优秀文化互不违背、相互促进。

改革开放是要借鉴全人类一切文明成果，中华优秀传统文化融入高校思想政治理论课，是借鉴一切文明文明成果的开始。高校思想政治理论课在讲授马克思主义中国化的同时，在坚持马克思主义的同时，必然要大规模学习国外优秀文化。马克思主义中国化在改革开放过程中形成了中国特色社会主义理论体系，明显地借鉴了西方现代化理论，比如市场经济理论、法治理论、社会保障等方面的文明成果。

邓小平提出：“社会主义要赢得与资本主义相比较的优势，就必须大胆吸收和借鉴人类社会创造的一切文明成果，吸收和借鉴当今世界各国包括资本主义发达国家的一切反映现代社会化生产规律的先进经营方式、管理方法。”[①]作为落后的东方国家要建设社会主义必须学习资本主义已有的文明成果。中国共产党所领导的新民主主义革命甚至对孙中山所领导的旧民主主义革命都有所继承。新民主主义革命纲领里面已经包含了对世界文化的学习。中国共产党思想体系里面有着对西方资本主义文明的包容与借鉴。这与中国共产党坚持民族独立的立场、传承中华优秀传统文化并不矛盾。从而可以看出，中国共产党的思想体系本身就具有包容性以及来源上的复杂性。中华优秀传统文化仅仅是马克思主义中国化来源之一。

中华优秀传统文化融入高校思想政治理论课也不能忽略国外优秀文化的存在事实，而是要把融入、应用、传承、弘扬中华优秀传统文化与学习国外优秀文化结合起来。《纲要》提出：“坚持弘扬中华优秀传统文化与学习借鉴国外优秀文化成果相结合。既要高度重视培育学生的民族自信心、自豪感，又

① 邓小平.邓小平文选：第三卷[M].北京：人民出版社，1993：364.

要注重引导学生树立世界眼光，博采众长。”[①]该文件在完善中华优秀传统文化教育的同时，并没有忘记要把弘扬中华优秀传统文化与学习借鉴国外优秀文化结合起来，并且提出要培养学生“树立世界眼光，博采众长”。

第二，融入中华优秀传统文化要符合和平外交政策的要求。

习近平在纪念孔子诞辰2565周年大会上提出：“中华民族历来是一个爱好和平的民族，爱好和平的思想深深嵌入了中华民族的精神世界，今天依然是中国处理国际关系的基本理念。”[②]这就说明中华优秀传统文化本身含有和平外交的理念，对于维护世界和平有着重要意义。习近平在论述世界和平的时候往往同时运用了中华优秀传统文化。这提示高校思想政治理论课要把和平外交政策与融入中华优秀传统文化结合起来，而不是对立起来。

第三，融入中华优秀传统文化符合文化交往的要求。

中华优秀传统文化融入高校思想政治理论课并没有割裂与世界其他文化进行交流的美好愿望，而是更好地服务于文化交往。高校思想政治理论课并不是要独尊中华优秀传统文化，而是要在文化交往中展现中国的智慧与自信。习近平在国际儒联纪念孔子诞辰2565周年大会上提出：“中国优秀传统文化的丰富哲学思想、人文精神、教化思想、道德理念等，可以为人们认识和改造世界提供有益启迪，可以为治国理政提供有益启示，也可以为道德建设提供有益启发。对传统文化中适合于调理社会关系和鼓励人们向上向善的内容，我们要结合时代条件加以继承和发扬，赋予其新的含义。希望中国和各国学者相互交流、相互切磋，把这个课题研究好，让中国优秀传统文化同世界各国优秀文化一道造福人类。……推进人类各种文明交流交融、互学互鉴，是让世界变得更加美丽、各国人民生活得更加美好的必由之路。”[③]习近平为中华优秀传统文化与世界其他文化的交往提出了“维护世界文明多样性”“尊重各国各民族文明”“正确进行文明学习借鉴”“科学对待文化传统”的原则性指导方针。这对于高校思想政治理论课教师在融入中华优秀传统文化

① 完善中华优秀传统文化教育指导纲要[N].北京：中国教育报，2014-04-02(3).

② 习近平.在纪念孔子诞辰2565周年国际学术研究会暨国际儒学联合会第五届会员大会开幕会上的讲话[N].人民日报，2014-09-25(2).

③ 习近平.在纪念孔子诞辰2565周年国际学术研究会暨国际儒学联合会第五届会员大会开幕会上的讲话[N].人民日报，2014-09-25(2).

的过程如何正确处理中外文化比较与文化交往问题提供了正确的方法。

第六节　现代新儒家对融入工作的挑战

中华优秀传统文化融入高校思想政治理论课的理论逻辑当中含有"儒学"这一复杂难题与挑战。如何正确处理儒学与中国传统文化之间的关系，成为高校思想政治理论课教师必须认真面对的挑战。中华优秀传统文化大于儒学，但是儒学是中华优秀传统文化的主干。如果不能深入讨论儒学及其性质，那么中华优秀传统文化就会产生空壳化或者无核心的局面。而过度儒学化，或者简单轻易地把儒学定义为中华优秀传统文化的主体，也往往导致儒学复兴运动对中华优秀传统文化融入高校思想政治理论课造成冲击与阻碍。

一、中华优秀传统文化与儒学关系的复杂性

中华优秀传统文化融入高校思想政治理论课要正确处理与儒学研究的关系。中华优秀传统文化与儒学有重合的内容。部分儒学内容属于中华优秀传统文化，但是部分儒学内容不符合马克思主义基本原理，不能成为中华优秀传统文化的一部分。二者的重合性与非重合性需要马克思主义理论工作者加以鉴别。

儒学不仅仅是一种知识内容，其背后还有一个广泛的研究群体与信仰者。所以，中华优秀传统文化融入高校思想政治理论课不仅要正确处理与儒学的问题，还要处理好与现代新儒家的关系；既要基于马克思主义基本立场对现代新儒家保持一定限制与规范，也要借鉴现代儒学研究中的成果。这两方面缺一不可。由于现代新儒家的存在，中华优秀传统文化融入高校思想政治理论课必须坚持马克思主义主体地位，还要慎重区别弘扬中华优秀传统文化与儒学复兴之间的差异性。儒学复兴会对中华优秀传统文化融入高校思想政治理论课造成一定的挑战。思想政治教育学者从来不是简单地把儒学定义为中华优秀传统文化，也不把中华优秀传统文化简单定义为儒学。中华优秀传统文化远远大于儒学并好于儒学。现代新儒家对中华优秀传统文化

融入高校思想政治理论课形成了一定的挑战与干扰。高校思想政治理论课只有应对这种挑战,才能有效地维护自身的主体地位。

所以,中华优秀传统文化融入高校思想政治理论课,必然要关注其中具有意识形态与信仰的儒学部分。作为中国古代社会的意识形态——儒学教育与经学教育是思想政治教育的古典形态。中华优秀传统文化的儒学部分涉及中国的政治文化传统,对中国的政治、经济、社会发展具有举足轻重的作用。中华优秀传统文化与儒学的关系并不是一个想撇清就撇清的关系。

二、把儒学纳入中华优秀传统文化仍有待于探索

中华优秀传统文化的基本内涵包含中国精神、儒学、经学等命题。中华优秀传统文化就其抽象而言是中国精神的载体。而就其具体而言,中国古代的文化典籍是中华优秀传统文化的载体。儒学在中华优秀传统文化中具有主体地位。孔子是中华优秀传统文化的标志性符号。经学是中华优秀传统文化的重要形式与载体。所以,高校思想政治理论课教师必须讨论儒学、孔子、经学在应用中华优秀传统文化中的作用。否则,传承与弘扬中华优秀传统文化往往被有意地削去主干、符号与载体,变成了一句空洞的口号。高校思想政治理论课必须熟练使用儒学、孔子、经学的相关知识,才能真正得到中华优秀传统文化的精髓。

习近平在纪念孔子诞辰2565年大会上的讲话第一次正面地评价了儒学的历史意义。中国共产党以中华优秀传统文化概括儒学的同时也承认儒学在中华优秀传统文化中的主体地位。中国共产党积极评价儒学为以后中国共产党应用儒学奠定了基础。中国共产党以“孔子学院”的项目作为国际文化交流的中介。这充分说明了中国共产党对“孔子”“儒学”持一定的肯定态度。

儒学作为中国古代社会的主导意识形态,代表着当时中国古代传统文化的主体部分。邓小平等领导人主要精力在于领导改革开放与经济工作,正确认识与处理中国传统文化的时机还未成熟。党的十六大、十七大逐渐在中国特色社会主义文化建设领域发力,并且提出了建设“社会主义文化强国”的战略布局。文化建设的前提是正确认识与处理中华优秀传统文化。而如何正

确认识与处理儒学则是传承与弘扬中华优秀传统文化的硬核与难题。按照辩证唯物主义的原则,马克思主义者认为在否定一个事物存在合理性的同时,也应当肯定其存在的历史合理性。这已经使儒学进入了中国共产党思想史的研究视野。进而,儒学研究成为马克思主义者传承与弘扬中华优秀传统文化的新范式。

三、融入中华优秀传统文化与现代新儒家的关系

中华优秀传统文化融入高校思想政治理论课的一个重要前提就是必须正确认识与处理与现代新儒家的分歧以及由此造成的理论挑战。在1949年前后,那些带有儒学色彩的知识分子有了分化。一批拥护中国共产党的儒学研究者在马克思主义指导和中国共产党的领导下继续研究中华优秀传统文化,另外一批知识分子则形成了新儒家。新儒家,提出了儒学复兴运动。这与中国共产党弘扬中华优秀传统文化有相近之处,但也有立场上的分歧。中国高校体制内还有一批儒学研究者和中华优秀传统文化研究者。儒学研究者在态度上承认马克思主义的指导地位,拥护党的领导,对中华优秀传统文化融入高校思想政治理论课具有重要的资源价值和启示价值。

马克思主义与中华优秀传统文化融合论可以深化为儒学与马克思主义的融合论。融入中华优秀传统文化与正确处理现代新儒家之间存在着非常复杂的关系。中华优秀传统文化融入高校思想政治理论课必然会涉及如何正确处理现代新儒家的问题。这就需要马克思主义指导下的儒学研究者做出较为清晰的梳理。中国共产党所要传承和弘扬的是中华优秀传统文化,而不是儒学,更不能与现代新儒家相混同。

中国共产党面对这样的儒学研究局面,必须借用统一战线的思维,有效整合新儒家。现代新儒学在维护和弘扬中国民族文化传统、批判民族虚无主义、融合中西哲学和文化、探索传统文化现代化的道路等方面,确实做出了重要的贡献,这份思想财富我们就应该用马克思主义的观点加以总结和批判地继承。对待现代新儒家最有效的办法是中国共产党成为中华优秀传统文化的传承者与弘扬者,不断增强马克思主义理论工作者在中华优秀传统文化、儒学研究领域的话语权。

总之，儒学、儒家、经学等内容依然是中华优秀传统文化研究中的薄弱环节，依然难以为高校思想政治理论课教师所驾驭，而且难以为马克思主义所完全消纳。在这种情况下，融入中华优秀传统文化就面临着儒学挑战。如何解决这个问题还有待于马克思主义中国化理论创新真正地创造性转化与创新性发展中华优秀传统文化，把儒学难题与挑战加以真正克服。

第七节　多元文化对融入中华优秀传统文化的挑战

现代化与全球化都会造成世界范围内的文化多元化，也会造成一个国家内部的文化多元化。这与社会主义市场经济的多元主体性相一致。中国共产党在领导中国特色社会主义文化建设的过程中面对多元文化的格局，同样强调了马克思主义的指导地位。进而，中国目前形成了多元一体的文化格局。

高校思想政治理论课要面对一个多元文化共存的社会环境。马克思主义理论在这个文化环境中具有主体地位。在这样的一个社会环境中，融入中华优秀传统文化就不得不考虑多元文化相互制衡带来的挑战。高校思想政治理论课要自觉承认多元文化，包容多元文化，吸取以往处理多元文化的经验教训，正确处理西方文化的影响，明确自身来源的多元性，借鉴中国传统政治智慧维持多元文化共存。

一、多元共生文化生态对融入工作的挑战

中国目前的文化生态主要由社会主义性质的马克思主义主流文化、西方文化、以现代儒学为代表的传统文化等组成。中国共产党确立并整理的中华优秀传统文化与社会上各种人士所理解的传统文化在内容上还有一定区别。这些文化生态与社会思潮的存在构成了对中华优秀传统文化融入高校思想政治理论课的挑战。

第一，融入中华优秀传统文化要尊重多元文化共存的客观事实。

世界文化仍然表现为多元文明共存和竞争的关系。在任何国家内部都存在着多元文化，在任何国家也同样存在着居于统治地位的一元主导的意识

形态。多元一体的文化格局适用于大多数国家。意识形态工作往往以批判为武器。而文化建设则往往以继承优秀成果为主要方法。中华优秀传统文化作为文化资源,成为中国特色社会主义文化建设的一种知识体系,而不必刻意地上升到意识形态的高度。多元文化共存的格局是中国近现代史发展的产物,同时也是全球化过程的必然结局。马克思正确预见到了现代化过程中,地域性的文化要逐渐发展为世界性的文化。但是在这个文化全球化的过程中,在一个国家内部就会形成多元文化共同发展的格局。这种多元文化共存的局面需要马克思主义者正确应对,并且要总结意识形态工作中的经验教训。在这样的前提下,中华优秀传统文化融入高校思想政治理论课必然要符合多元文化共存的基本文化生态。

高校思想政治理论课教师主要是在多元一体的文化格局下应用中华优秀传统文化。文化底蕴比起意识形态而言更加具有稳定性,对民众有着更强的塑造性。而意识形态领域则往往成为一个激烈斗争与变动的领域。意识形态领域必须突出党的领导,但是在文化领域则是一个相互融合的文化格局。马克思主义作为指导思想已经有了70多年的历史。但坚持马克思主义的指导地位不意味着对国外优秀文化、中国传统文化采取过度批判的态度,而是应当采取包容的态度,否则容易在中国特色文化建设上形成独断的风气。伴随着改革开放,中国的高等教育制度得以恢复。进而国外优秀文化、中华优秀传统文化的研究得到了国家教育制度的保障。随着改革开放的深入,中国共产党越来越认识到学习全人类的文明成果的必要性。尽管对中国传统文化的批判工作仍然具有意义,但弘扬和传承中华优秀传统文化逐渐成为工作的重点。

中华优秀传统文化及其哲学要得到弘扬,必须坚持马克思主义科学立场与革命性,必须积极学习与借鉴国外优秀文化以及社会科学的先进方法。

第二,融入中华优秀传统文化要注意西方文化的挑战。

五四新文化运动的起因就是学习西方先进文化的结果,陈独秀、胡适、梁漱溟等都在东西文化比较领域有深刻的见解。所以,中华优秀传统文化融入高校思想政治理论课必须同时考虑如何正确处理西方文化的关系问题。西化学者主导了近代学术与大学制度的建立,采取西方学术理性整理中国传统文化。随着中华人民共和国的成立,马克思主义成为中国大学建设的指导思想,进而全面地整合了学科规范。马克思主义者同样基于唯物主义、理性主义认识论基础,不仅实现了马克思主义中国化,而且对中国历史与文化传统做到了有效的维护和传承。所以,中国化马克思主义在面对西方强势文化的时候,更倾向于认同中华优秀传统文化。而西化学者在政治思想方面则认为中国传统文化是现代化的障碍。中国的文化本位主义者处于二者之间,既要与马克思主义相融合,也要援引西方学术思想诠释中国传统文化,强调中国传统文化有现代性的内容。

学界对马克思主义与西方文化的关系存在一定的争论。一种观点是认为马克思主义属于西方文化。童世俊的《西学在中国90年》就认为中国在过去60年特别是过去30年所取得的巨大成就,是在一个源自西方的社会理论即马克思主义指导下取得的①。另一种观点认为马克思主义是反西方的西方文化。进而,马克思主义与西化学者在认识与处理中华优秀传统文化的问题上存在着相似之处与不同之处。西化学者与马克思主义者在五四时期同为反传统的力量。

马克思主义者与高校思想政治理论课教师对西化学者要加以引导,同时在思想阵地、意识形态领域也要保持定力。中国现代文化格局要在抵制错误思想与保护学术自由之间做到统一与平衡。极端化的自由主义与复古主义都越过了马克思主义指导地位划定的红线。所以,高校思想政治理论课教师必须有清醒的政治立场,以负责任的态度来研究中华优秀传统文化与国外优秀文化,既要为我所用,又不能被中华优秀传统文化与西方文化过多熏染而丧失正确的立场。任何国家都不可能在指导思想领域搞多元化。但是,社会大众文化乃至于精英文化可以丰富多彩,指导思想必须具有一元性。任何国家都会捍卫自己的意识形态。西方国家在指导思想上同样是把保守主义作为根本,同样把宗教作为自己的文化命脉。任何社会都要维护社会共识。中国的马克思主义者对国外优秀文化尤其是西方文化需要认真加以对待,不能轻易抵触和排斥。中华优秀传统文化在意识形态领域里实际上具有一种风向标的作用。

① 童世俊.西学在中国90年[M].北京:三联书店,2010:5.

第三,融入中华优秀传统文化要注意保持多元文化一体性。

列宁认为:“马克思主义这一革命性的意识形态赢得了世界历史性的意义,是因为它并没有抛弃资产阶级时代最宝贵的成就,相反地却吸收和改造了两千年来人类思想和文化发展中一切有价值的东西。”[①]马克思主义中国化在其理论发展过程中虽然经历了长期的文化批判工作,但是依然把各种文化资源作为研究对象,更没有抛弃中华优秀传统文化的应用价值。马克思主义本身就是多元文化的产物。至少从列宁开始,马克思主义者把英国古典政治经济学、法国唯物主义、德国古典哲学称作马克思主义在产生过程中重要的思想文化资源与来源。

多元一体的文化格局也就形成了综合创新的文化建设基本方法与态度。“三个代表”重要思想是中国共产党人面对改革开放中出现的混合所有制以及社会多元性所提出的一种解决方案。在思想文化领域中,一元性与多元性长期处于激烈斗争状态。单纯地维护一元指导地位反而不能形成有效的制衡多元性。只有综合创新的理论勇气才会有驾驭多元一体文化格局的能力。狭隘地理解马克思主义有着文化领域里的“左倾”关门主义倾向,甚至有丧失主导地位的危险。只有与其他文化思想体系打成一片,形成共识,维护共识,使得相互之间必然认同,才能扩大马克思主义理论的影响力与号召力,进而思想政治教育理论与实践也能够获得多元社会主体的认同。

综合创新和全面继承是针对多元文化而言的一种文化融合。在文化融合过程,马克思主义者与高校思想政治理论课教师既要坚持马克思主义的指导地位,又要大胆借鉴与应用中华优秀传统文化与国外优秀文化。马克思主义者应当主动吸收中华优秀传统文化的因素,进而使得中国人民更加认同中国化的马克思主义。

国家的文化必须统一,政治必须保持一元化的领导,才能够维持自身的长治久安。而文化的统一有赖于主流文化善于学习、把握各种文化类型,为自身所消化。社会主义国家必须强调文化的包容性,必须使主流意识形态融合多元文化。马克思主义文化建设必须把中华优秀传统文化结合起来。从而,中国化的马克思主义对多元文化进行综合创新,服务于中国特色社会主

① 列宁选集:第四卷[M].北京:人民出版社,1995:299.

义文化建设。马克思主义自诞生以来就宣布自己的全人类解放的科学，具有典型的一元化特征。任何文化类型都宣传自己是一元化的文化形态。事实上，只有一元化的文化形态才符合逻辑思维的自洽性与规范性。马克思主义一元化的主导地位必然要在客观上制约中华优秀传统文化，并且使得中国传统文化去掉自身的一元化、绝对化、极端化倾向，而接受马克思主义者的整理与领导。同时，马克思主义者也需要借鉴中华优秀传统文化在维护“大一统”方面的经验，借用中华优秀传统文化维护国家的统一与民族团结，进而更好地服务于中国特色社会主义事业。

总之，对多元文化进行综合创新是中国共产党洋为中用、古为今用的必然推论，进而以马克思主义为主体，传承与弘扬中华优秀传统文化，学习与借鉴国外优秀文化。

二、多元一体文化格局对融入工作的挑战

面对着马克思主义理论、中华优秀传统文化、西方文化为主体的多元文化生态，中国共产党领导中国特色社会主义文化建设，形成了多元一体文化的格局。这种多元文化格局一方面会推动中华优秀传统文化融入高校思想政治理论课，另一方面也会限制单独拔高中华优秀传统文化的地位与作用，进而产生了一定的制约作用。包容心态、综合创新、驾驭多元文化的经验都有助于破除复古主义倾向，进而对融入中华优秀传统文化提供有效保障。

包容心态有助于融入中华优秀传统文化。思想政治教育在应对西化学者与现代新儒家挑战的同时，也必须具有包容多元文化的成熟心态。社会主义核心价值体系的丰富性恰恰说明文化认同的重要性与合理性。所以，多元一体文化格局的环境与论域对思想政治教育而言有重要意义，高校思想政治理论课教师也必须对思想文化领域的多元一体格局有充分的包容心态。

本书认为维护马克思主义指导地位不能对其他非马克思主义思想采取简单批判的方法。过度的纯洁化反而不利于马克思主义指导地位的巩固。只有真正驾驭和吸收中华优秀传统文化和国外优秀文化，马克思主义的指导地位在思想文化领域才能被人们所欣赏和认同。这是马克思主义的科学性尤其是历史唯物主义的科学态度才能做到的文化包容。马克思主义者对宗

教信仰都有所包容，所以对文化资源的包容应当更为广泛。只有高校思想政治理论课教师与思想政治教育学者真正领悟中华优秀传统文化和国外优秀文化的精髓，并且能够认识三者之间的复杂关系，使得三种博大精深的文化精华充分融合，才能更好地从事文化思想史背景下的思想政治教育。这时候中国化马克思主义及其中国特色社会主义才能真正增强说服力、号召力以及生命力。假如热爱中华优秀传统文化以及西方文化的学者都能够从中国化马克思主义的作品里更好地理解它们想要的东西，那么也必然逐渐认同中国化马克思主义与中国共产党是中华优秀传统文化的真正继承者，也是国外优秀文化的优秀继承者，中国化马克思主义就具有号召力，从而实现进课堂、进教材、进头脑的任务。

马克思主义者和高校思想政治理论课教师是在对中华优秀传统文化、国外优秀文化作出有力回应和积极思考之后，以社会主义文化建设丰富的多元一体格局包容多元文化，采取综合创新的科学态度推动文化的大繁荣、大发展，进而建立理论自信、道路自信、制度自信。思想政治教育主体只有在文化思想领域保持客观、清醒、包容而又坚定的马克思主义政治信仰的态度，才能积极稳健地实施对人民群众和青年的思想政治教育，从而促进社会主义事业的健康发展与人们身心健康的协调发展。马克思主义的指导地位是社会主义国家的根本要求。同时，现时代的文化全球化要求我们采取和而不同、求同存异的态度，进而打造和谐世界所需要的和谐文化。中国共产党传承与弘扬中华优秀文化不仅获得国际社会的认同，也得到了全国人民的赞成。中华优秀传统文化是我们不能放下的文化符号，中国共产党领导的中国特色社会主义事业应以中华优秀传统文化说明自身的文化属性。

文化建设的方略就是学习融合。只有不断学习自己思想体系之外的优点，马克思主义才能真正保持最符合人类发展趋势的真理地位。任何僵化与排斥不仅流失自己的文化资源，也一直得不到其他文化的补充。在这方面，中华优秀传统文化里的儒学提供了丰富的经验。

中国化马克思主义从古代经学那里学到了实事求是，在改革开放过程中学会市场经济。中国化马克思主义不断学习和创新自己的理论体系，和谐社会也得益于对中国政治传统的学习与借鉴。生态文明、科学发展观都是在现代科技哲学以及经济学基础上提出的重要指导思想,生态文明也是中国化马克思主义对现代西方哲学的一种学习。20世纪的西方资本主义也经历了对社会主义宏观调控的学习。中国人学习俄国革命,东方国家学习西方现代化,都是文化类型之间相互学习的案例。

总之,高校思想政治理论课教师一定要注意,要包容多元文化,一旦包容多元文化就会抵制文化本位主义的错误倾向,进而以更开放的心态来看待融入中华优秀传统文化这项事业。

三、高校思政课教师驾驭多元文化的能力

高校思想政治理论课教师要注意学习中国古代历史上驾驭多元文化的历史经验。中国共产党也有驾驭多元文化的成功经验。这些历史经验都会对中华优秀传统文化融入高校思想政治理论课产生某种挑战与影响。

第一,中国古代驾驭多元文化的历史经验对融入中华优秀传统文化具有积极影响。

中国自古以文化教育作为立国根本。中国在春秋战国时代出现了百家争鸣,西汉早期以黄老道家无为而治的思想为主体,最后过渡到儒家大一统思想的主体地位。以儒家为主体、兼采诸子学构成了中国古代社会的基本书化方略。古代中国在政治上倾向于一元化的中央集权,而在文化上则坚持了多元和谐的文化观,进而包容多元文化、多民族、多宗教。在魏晋、隋唐之后,佛教、道教逐渐成为显学。儒、释、道三教融合为了唐朝之后基本的文化格局。儒家思想主要是以汉唐经学、宋明理学为主要特点。一些以传统文化为本位的学者在五四新文化运动反传统的背景下仍然坚持了较为旺盛的理论创造,起到了传承作用。众多学者都认为中国存在政治一元、文化多元的格局。但也有学者强调在多元文化中,儒家文化的一元主导和文化认同是中国长期保持统一的重要手段。因为多元文化再加上政治多头主义会妨碍一个国家的长治久安。所以,中国古代驾驭多元文化的历史经验也不允许出现马克思主义、中华优秀传统文化、国外优秀文化相互对立的文化格局。这种文化上的撕裂会带来一定的政治风险。所以,中华优秀传统文化融入高校思想政治理论课有助于恢复多元文化和谐的状态。

第二，中国共产党的成功经验对融入中华优秀传统文化具有积极影响。五四新文化运动的反传统倾向不等于文化虚无主义，而恰恰是圣贤文化的传统支撑他们进行文化批判事业，从而完成传统再造。即使西化学者反传统文化，也是为了对接西方现代文化这个人类大传统。因为一国的传统文化仅仅是一国的小传统，只有迎接人类的大传统才能算是真正的人类文化的发展趋势。1949年中华人民共和国成立，马克思主义成为指导思想。马克思主义理论家的主要任务是实现了两次飞跃，创造出了毛泽东思想、中国特色社会主义理论体系等宏大的思想体系。随着改革开放的深入，中国共产党的文化建设工作越来越认识到学习全人类的文明成果的必要性。虽然对中国传统文化的批判工作还需要继续进行，但是融入、应用、传承与弘扬中华优秀传统文化已经成为高校思想政治理论课教师更为重要的任务。

中国共产党驾驭多元文化，有利于保持政治上的领导核心地位。在中华民族复兴过程中，中华优秀传统文化是一个重要内容。弘扬中国传统文化是中国共产党能够作为中华民族先锋队的文化属性。中国作为东方大国在政治上从古至今都倾向于一元化，而在文化上则包容多元文化。坚持多元文化的综合创新有利于高校思想政治教师发展中国化的马克思主义，坚持马克思主义的指导地位，进而驾驭多元文化，保持中国共产党在政治上的领导核心地位。

第五章　中华优秀传统文化融入高校思想政治理论课的方法遵循

要解决中华优秀传统文化融入高校思想政治理论课所面临的挑战,必须坚持中国共产党正确认识与处理中华优秀传统文化的科学方法。其中最为关键的就是坚持批判继承、推陈出新、古为今用等方法。这些方法存在于毛泽东思想当中,并且被中国共产党不断传承。党的十八大以来,习近平总书记大力弘扬中华优秀传统文化,更加明确地运用了这种科学方法。此外,高校思想政治理论课教师要自觉学习习近平系列讲话精神、贯彻教育部《纲要》,才能真正把融入中华优秀传统文化统一到中国共产党的领导上来,避免出现各种形式的偏离与错误。

第一节　坚持批判继承、推陈出新、古为今用的基本立场

批判继承、推陈出新、古为今用在中国共产党正确认识与处理中华优秀传统文化的方法体系中居首要地位,也是中华优秀传统文化融入高校思想政治理论课的根本方法。高校思想政治理论课在融入中华优秀传统文化的过程中必须按照批判继承、推陈出新、古为今用的方法体系进行,才能达到理论逻辑的全面性,而不是停留在批判的历史虚无主义或者滑入一味继承的复古主义泥坑之中。这个方法体系也使得高校思想政治理论课教师避免了囫囵吞枣、学而不化、生搬硬套的错误,而要根据中国特色社会主义现代化建设事业的需要对中华优秀传统文化进行创新性转化与创造性发展,最终以古为今用的实践理性服务于高校思想政治理论课立德树人的根本任务。

一、批判继承

毛泽东在《中国共产党在民族战争中的地位》一文中提出:“学习我们的历史遗产,用马克思主义的方法给以批判的总结,是我们学习的另一任务。……从孔夫子到孙中山,我们应当给以总结,承继这一份珍贵的遗产。”①这段话曾经无数次地被引用。毛泽东提出了“批判总结”与“承继遗产”这两个学习任务。毛泽东强调批判的主体是“我们”,如果联系到这篇文章的题目是“中国共产党在民族战争中的地位”,那么可以说中国共产党具有批判传统文化的主体地位。而批判的方法则是马克思主义的方法。中国共产党的主体地位与马克思主义方法同样适用于“继承”的方面。批判继承的主体是中国共产党领导的人民群众,中国共产党具有批判继承的主体地位,是先进文化的代表。批判作为首要的态度不容置疑与取消,但批判不等于全盘否定,而是为了更好地继承应用中华优秀传统文化。中国共产党以批判继承的科学态度超越了西化论者与现代新儒家。

毛泽东在《新民主主义论》中指出:“但是一切外国的东西,如同我们对于食物一样,必须经过自己的口腔咀嚼和胃肠运动,送进唾液胃液肠液,把它分解为精华和糟粕两部分,然后排泄其糟粕,吸收其精华,才能对我们的身体有益,决不能生吞活剥地毫无批判地吸收。”②这是取其精华、弃其糟粕的来源。而这种取弃的主体依然是中国共产党领导下的人民群众。尽管界定中国传统文化的某一部分是“精华”还是“糟粕”是一个复杂的问题。但这种“一分为二”的思维具有明显的理论优势,让人产生豁然开朗的感觉。

毛泽东还提出:“清理古代文化的发展过程,剔除其封建性的糟粕,吸收其民主性的精华,是发展民族新文化提高民族自信心的必要条件;但是决不能无批判地兼收并蓄。……但是这种尊重,是给历史以一定的科学的地位,是尊重历史的辩证法的发展,而不是颂古非今,不是赞扬任何封建的毒素。对于人民群众和青年学生,主要地不是要引导他们向后看,而是要引导他们

① 毛泽东.毛泽东选集:第二卷[M].北京:人民出版社,1991:533—534.
② 毛泽东.毛泽东选集:第二卷[M].北京:人民出版社,1991:707.

向前看。”[1]毛泽东把批判的方法作为首要的方法，并对一味继承进行了批评。

中国的马克思主义者在坚持批判的同时逐渐认识到马克思主义要与中国实际相结合，进而有根植于中国传统文化的需要。不经过批判或者不经过严格现代理性检验的传统文化内容不能融入高校思想政治理论课当中。这种审慎的态度是中华优秀传统文化融入高校思想政治理论课的重要前提。

很多学者都把毛泽东提出的批判继承奉为圭臬，或者断章取义地认为仅仅是批判继承就能完成正确认识与处理中华优秀传统文化的任务。这是一种很不全面的态度。毛泽东在提出批判继承的同时使用了推陈出新与古为今用两个方法，批判继承并不能够涵盖或替代后二者。

毛泽东《在延安文艺座谈会上的讲话》提出：“对于中国和外国过去时代所遗留下来的丰富的文学艺术遗产和优良的文学艺术传统，我们是要继承的，但是目的仍然是为了人民大众。对于过去时代的文艺形式，我们也并不拒绝利用，但这些旧形式到了我们手里，给了改造，加进了新内容，也就变成革命的为人民服务的东西了。”[2]这里的“革命的为人民服务的东西”就是新文化内容，而且是继承了“过去的文艺形式”，更加符合推陈出新的含义。毛泽东在《新民主主义论》更清晰地表达了推陈出新的意思。他提出：“中国文化应有自己的形式，这就是民族形式。民族的形式，新民主主义的内容——这就是我们今天的新文化。”他要求取传统文化形式，增加马克思主义文化的内容。由此可见，中国共产党应用中华优秀传统文化并不是复古，而是利用其形式与内涵，并赋予社会主义性质。

二、保护、利用、普及、弘扬

2011年，党的十七届六中全会提出了中华优秀传统文化的概念并进行界定。中国共产党的十七届六中全会提出：“中国共产党从成立之日起，就既是中华优秀传统文化的忠实传承者和弘扬者，又是中国先进文化的积极倡导者和发展者。”[3]这标志着中国共产党对中华优秀传统文化的正确认识与科学界

① 毛泽东.毛泽东选集：第二卷[M].北京：人民出版社，1991：707—708.

② 毛泽东.毛泽东选集：第三卷[M].北京：人民出版社，1991：855.

③ 中共中央文献研究室编.十七大以来重要文献选编：下[M].北京：中央文献出版社，2013：558.

定达到了新的历史高度,中国共产党在坚持马克思主义指导地位的前提下开启了传承与弘扬中华优秀传统文化、实现文化复兴的历史进程。中国共产党及其领导人在舆论宣传和国际交往中大力弘扬中华优秀传统文化已经使得全社会上下都非常重视研究与应用中华优秀传统文化,并产生示范效应、形成热潮。

党的十七届六中全会并不仅仅是传承与弘扬中华优秀传统文化,而是以建设中国特色社会主义文化强国为目标,以促进中国特色社会主义文化大繁荣大发展为诉求,并预设了"中国先进文化"这一崭新命题。在"中国共产党从成立之日起,就既是中华优秀传统文化的忠实传承者和弘扬者,又是中国先进文化的积极倡导者和发展者"这句话里,中国共产党除了是中华优秀传统文化的传承者和弘扬者之外,还担负着倡导与发展中国社会主义先进文化的任务。中国共产党传承与弘扬中华优秀传统文化的重心落在了中国现代先进文化的倡导与发展上。在此,人们较多关注了中华优秀传统文化,而忽视了社会主义先进文化对中华优秀传统文化的限定。进而,中国先进文化潜在含义是社会主义先进文化,也就是实现了社会主义现代化之后的文化形态。中国先进文化比起中华优秀传统文化更加具有现代性和现实性。所以,从中国特色社会主义文化、社会主义先进文化角度而言,中华优秀传统文化的地位也不宜被高估,其与马克思主义相融合的困难更大。正如我国正处于社会主义初级阶段,建设社会主义文化还是一个繁重的任务,社会主义先进文化还是一个发展中的需要不断完善和探索的过程。中华优秀传统文化属于社会主义先进文化,构成了多元一体文化格局的组成部分。因为马克思主义作为一种全局性的理论,而中华优秀传统文化仅仅作为文化资源,二者的地位不相同,造成了无法相融合的局面。所以,中国共产党依然把传承与弘扬中华优秀传统文化作为手段,最终依然要以"中国先进文化"为归依。这对于中华优秀传统文化融入高校思想政治理论课是一个有力的限定,不能把弘扬中华优秀传统文化作为单纯的目的,不能为了弘扬中华优秀传统文化而融入中华优秀传统文化,而是为了实现社会主义先进文化而融入、传承、弘扬、应用中华优秀传统文化。

党的十七届六中全会通过了《关于深化文化体制改革推动社会主义文化

大发展大繁荣若干重大问题的决定》,指出:“使优秀传统文化成为新时代鼓舞人民前进的精神力量。加强文化典籍整理和出版工作,广泛开展优秀传统文化教育普及活动。发挥国民教育在文化传承创新中的基础性作用,增加优秀传统文化课程内容,加强优秀传统文化教学研究基地建设。”①这为中华优秀传统文化融入高校思想政治理论课提供了根本的政策依据。高校思想政治理论课是针对大学生进行马克思主义教育的主渠道,是宣传思想工作的主阵地,是社会主义大学的基本特征。所以,高校思想政治理论课教师应当认真地执行这一决定。“增加优秀传统文化课程内容”则需要高校思想政治理论课的设计者与领导者进行有效回应。该《决定》强调要“弘扬中华传统美德”。中华优秀传统文化是中华传统美德的载体。中华优秀传统文化与中华传统美德对培育与践行社会主义核心价值观具有重要意义。

党的十七届六中全会第二次会议要求培养高度的文化自觉和文化自信。这里的文化自觉主要是建设社会主义先进文化和弘扬中华优秀传统文化。该报告强调要正确处理“弘扬主旋律和提倡多样化的关系”。中华优秀传统文化不仅仅是多样化中的一种文化声音,也构成了目前社会的一种主旋律。该报告认为:“坚持中国特色社会主义文化发展道路,必须继承和发扬中华优秀文化传统。”②该报告还指出:“社会主义核心价值体系是根源于民族优秀文化和社会主义先进文化并吸收人类文明成果发展起来的。”③可见,中华优秀传统文化是培育社会主义核心价值体系的基础,是核心价值体系的思想来源。这对于本书以后探讨中华优秀传统文化融入高校思想政治理论课有着极其重要的理论支撑作用与政策支撑作用。

党的十七届六中全会是中国共产党论述中华优秀传统文化的重要会议。在会议发布的《决定》中有关“优秀传统文化传承体系”中指出:“要全面认识祖国传统文化,取其精华、去其糟粕,古为今用、推陈出新,坚持保护利用、普

① 中共中央文献研究室编.十七大以来重要文献选编:下[M].北京:中央文献出版社,2013:572.

② 中共中央文献研究室编.十七大以来重要文献选编:下[M].北京:中央文献出版社,2013:588.

③ 中共中央文献研究室编.十七大以来重要文献选编:下[M].北京:中央文献出版社,2013:590.

及及弘扬的并重。”[①]这是对批判继承的清醒认识，但却是有意回避使用“批判”二字，而是使用了“取其精华、去其糟粕”的相似说法。这里已经着重使用“古为今用、推陈出新”的说法，并且提出了“利用、普及与弘扬”的说法。“普及”相当于通过培养青少年具备中华优秀传统文化知识，进而完成对中华优秀传统文化的继承。该决定还把传承与弘扬中华优秀传统文化的任务加以具体化。其中提出“加强对优秀传统文化思想价值的挖掘和阐发”，这意味着要对传统文化的思想加以现代阐释，进而能够为现代社会所接受。其中提到“加强文化典籍整理和出版工作，推进文化典籍资源数字化”“加强国家重大文化和自然遗产地、重点文物保护单位、历史文化的名城名镇名村保护建设”“做好非物质文化遗产保护传承”“深入挖掘民族传统节日文化内涵，广泛开展优秀传统文化教育普及活动”“增加优秀传统文化课程内容”等具体的传承与弘扬的方法。相对于新民主主义文化提出的批判继承大原则，中国共产党在改革开放之后更注重推陈出新与古为今用。中国共产党在十七届六中全会以后大力弘扬中华优秀传统文化已经达到了这个方法体系的全面性，就是要求“古为今用”，进而把创新性应用中华优秀传统文化纳入意识形态工作、宣传舆论工作、文艺工作之中，最大化地实现古为今用，但批判继承的大原则在学习与应用中华优秀传统文化的热潮中更加凸显。中华优秀传统文化融入高校思想政治理论课仍处于这个阶段当中，只有继续遵循这套科学方法体系才能得以正确开展。

三、有鉴别的对待，有扬弃的继承

习近平在儒联纪念孔子诞辰2565年大会上提出要“科学对待文化传统”，这就包含了正确认识与处理中华优秀传统文化的方法体系。其中指出：“不忘初心才能开辟未来，善于继承才能善于创新。优秀传统文化是一个国家、一个民族传承和发展的根本，如果丢掉了，就割断了精神命脉。我们要善于把弘扬优秀传统文化和发展现实文化有机统一起来，精密结合起来，在继

① 中共中央文献研究室编．十七大以来重要文献选编：下[M].北京：中央文献出版社，2013:572.

承中发展，在发展中继承。”[①]习近平同时认为传统文化中存在“陈旧过时或已成为糟粕性的东西”，这就需要用批判继承的方法。他提出要“进行正确取舍，而不能一股脑儿都拿到今天来照套照用”，“坚持有鉴别的对待、有扬弃的继承”。这就已经点明了批判继承的方法。其中提到了继承与创新的关系，要把继承与创新结合起来，不能单纯继承，也不能盲目创新，而是在继承的基础上创新，在创新的基础上继承。这样就实现了从“批判继承”到“推陈出新”的过渡。而推陈出新就意味着“不能搞厚古薄今、以古非今，努力实现传统文化的创造性转化、创新性发展，使之与现实文化相融相通”。习近平明确点出了“古为今用、推陈出新”的说法。这八个字是对后面整个内容的概括。其中也包含了批判继承的意思，只是没有直接提到“批判继承”。他提出的“创造性转化与创新性发展”思想成为高校思想政治理论课应用中华优秀传统文化的根本指针[②]。“双创”方针与“批判继承”方法、“双百”方针一样具有重要的指导价值与历史意义，是对以往认识中华优秀传统文化经验的总结。这标志着以习近平同志为核心的中国共产党对中华优秀传统文化的正确认识与处理达到了理论自觉的高度。相对于“取其精华、去其糟粕”是批判继承的另一种说明方式，“创造性转化与创新性发展”也构成对推陈出新的另一种说明。创造性转化与创新性发展构成了“双创”理论，是推陈出新的应有之义。“厚古薄今、以古非今”就是推陈出新的反面。中国共产党肯定“新”与“今”就是坚持现代性与现代化，而反对“返本”“崇古”“复古”等做法。由此可见，“批判继承、推陈出新、古为今用”构成了正确认识与处理中华优秀传统文化的方法体系。习近平在2013年的“八一九”讲话当中提出：“对我国传统文化，对国外的东西，要坚持古为今用、洋为中用，去粗取精、去伪存真，经过科学的扬弃后使之为我所用。”[③]其中点名了“古为今用”，也点名要“去粗存精、去伪存真”“科学的扬弃”，这就是批判继承的另一种说法。习近平在2013年中央政治局第十二次集体学习时候提出：“在去粗存精、去伪存真的基础上，坚持古为今用、

① 习近平．习近平谈治国理政：第二卷[M]．北京：外文出版社，2017：313.

②《思想道德修养与法律基础》编写组．思想道德修养与法律基础[M]．北京：高等教育出版社，2015：100.

③ 习近平．习近平谈治国理政[M]．北京：外文出版社，2014：156.

推陈出新,努力实现中华传统美德的创造性转化、创新性发展”①。这已经把“批判继承、推陈出新、古为今用”的方法体系表达清楚。

习近平在2014年2月24日第十三次学习的时候依然指出:“要坚持古为今用、推陈出新,有鉴别地加以对待,有扬弃地予以继承,努力用中华民族创造的一切精神财富来以文化人、以文育人。”②这句话可以概括为批判继承、推陈出新、古为今用。中国共产党的宣传更多地使用“鉴别、扬弃”这样的中性客观说法,避免“批判”这种更具有刺激性的说法。习近平在会上强调:“积极深入中华民族历久弥新的精神世界,把长期以来我们民族形成的积极向上向善的思想文化充分继承和弘扬起来,使之为培育和践行社会主义核心价值观服务,为建设社会主义先进文化服务,为党和国家事业发展服务。”他还提出:“实现两个一百年奋斗目标、实现中华民族伟大复兴的中国梦,需要充分发挥全党全国各族人民今天所具有的伟大智慧,也需要充分运用中华民族5000多年来积累的伟大智慧。中华民族的历史智慧是中国人民世世代代形成和积累的,我们要总结发扬,使之服务于实现中华民族伟大复兴的伟大事业。”这实际是说明中国共产党的治国理政要能够运用中国传统政治智慧,就是要做到“古为今用”。

总之,习近平新时代中国特色社会主义思想是中华优秀传统文化融入高校思想政治理论课的重要指针,批判继承、推陈出新、古为今用方法体系已经成为指导中华优秀传统文化融入高校思想政治理论课的根本方法。

第二节　把握处理中华优秀传统文化的全过程

中华优秀传统文化融入高校思想政治理论课不仅需要根本方法的指导,也存在一个方法体系的构建问题,包含着批判、清理、创新、融入、传承、弘扬、应用等多个环节。

① 习近平.习近平谈治国理政[M].北京:外文出版社,2014:160.
② 习近平.习近平谈治国理政[M].北京:外文出版社,2014:164.

一、清理封建主义文化

清理封建主义文化影响是中华优秀传统文化融入高校思想政治理论课的必要前提。中国共产党对封建主义糟粕进行了清理。反封建是新民主主义革命的主题之一。中国化马克思主义并没有放弃“反封建”的口号和话语。封建主义却仍然作为负面表述，代表其糟粕的部分。在肯定与融入中华优秀传统文化的时候，高校思想政治理论课也要警惕封建迷信思想的泛滥，不能把这些内容融入进来。清理与批判糟粕的方法仍然具有重要的现实意义。

区分精华与糟粕、优秀与落后进而做到批判与继承是毛泽东思想当中的新民主主义文化纲领提出的对待中华优秀传统文化的根本方法。正确认识和处理中华优秀传统文化必然要求融入中华优秀传统文化要防止其中的封建糟粕沉渣泛起。马克思主义基本原理必然要消除封建主义对社会主义精神文明的背离。毛泽东提出：“清理古代文化的发展过程，剔除其封建性的糟粕，吸收其民主性的精华，是发展民族新文化提高民族自信心的必要条件；但是决不能无批判地兼收并蓄。”①这是毛泽东运用矛盾论得到的深刻结论。

孔子提出“述而不作”的思想。这恰恰包含了有批判的继承。儒家的思想方法以继承为先、以批判为后。这个细微的差别也造成了不同的结果。毛泽东时代对中国古代文化继承主要是继承了革命精神或者文艺形式，等等。而这种革命精神的继承往往走向极端化，对正常的社会历史发展和法治建设构成了一种冲击。毛泽东终其一生都在对作为中国传统文化主干的儒学进行批判。毛泽东强调：“中国是一个被民族压迫和封建压迫所造成的文化落后的国家。”②但同时，毛泽东又强调中国的长期封建社会创造了灿烂的古代文化。一般而言，落后和先进是两个文明体系相互比较而言。

在学术界，一般中国传统文化看作是农业文明的代表，而西方文化、马克思主义则被看作是工业文明的代表。这被称作是古今之争。陈来提出：“冯友兰当时已经认识到一般所谓的西方文化只是西方近代文化，从而所谓东西之别，应即中国与近代西方之别。他反对梁漱溟种类的解释，而转向时代的

① 毛泽东．毛泽东选集：第二卷[M]．北京：人民出版社，1991.707.
② 毛泽东．毛泽东选集：第三卷[M]．北京：人民出版社，1991：1082.

解释。”[①]学者们针对中国传统文化于是就有了古今中外之争。有的学者认为中国传统文化属于农业文明，进而提出文化现代化的要求。中华优秀传统文化即使诞生于农业文明，但有永恒的价值观。单纯以时间在后的文化为先进、以时间在前的文化为落后，容易导致贴标签的后果。这样会造成对过去的优秀传统文化的抛弃。所以，建设社会主义先进文化必然建立在学习以往文化传统的基础上，而不可能只要最高一层而不要地基。中华优秀传统文化恰恰是建设中国特色社会主义先进文化的地基。中国共产党申明自己是中华优秀传统文化的传承者与弘扬者。中国共产党对马克思主义理论的信仰，也决定了传承与弘扬中华优秀传统文化必然是一种工具论态度。一元论是任何思想文化资源竞争的必然要求。马克思主义的科学性与先进性必然要制约着对中华优秀传统文化的提升。但是，弘扬中华优秀传统文化会促进马克思主义中国化的发展，二者完全可以在融合中促进各自理论体系的繁荣与发展。

习近平坚持批判与继承、精华与糟粕的维度来正确看待中华优秀传统文化，还具体点出了封建糟粕在党内的存在以及危害。他在2014年1月14日中央纪委十八届三次全会上做的报告提出：“党内决不能搞封建依附那一套，决不能搞小山头、小圈子、小团伙那一套，决不能搞门客、门宦、门附那一套。”[②]习近平对中国历史上的一些政治文化糟粕保持了严厉的批判态度，进而保持中国共产党的先进性。对精华和糟粕的分离，必须使用批判与继承并用的方法。仅仅是批判传统文化不仅丧失了精华，而且损害了文化传统，而不加鉴别地继承传统文化则贻害无穷。腐败现象与中国共产党性质相违背，是落后社会意识的残余，值得我们警惕。由此可见，新一届领导集体在弘扬中华优秀传统文化的同时，并没有忘记批判中国传统文化中的消极因素与中国历史上的糟粕内容。这里提到了糟粕，但是没有提到批判，而且提到糟粕的目的仍然要回到更好继承的思路上来。单纯地批判糟粕仍然落入“只是破坏、缺乏建设”的窠臼之中。这对于思想政治理论融入中华优秀传统文化具有十分

① 陈来．传统与现代——人文主义的视界[M]．北京：北京大学出版社，2006：135.

② 中共中央文献研究室编．十八大以来重要文献选编：上[M]．北京：中央文献出版社，2014：770.

重要的补充作用。

高校思想政治理论课学者要认识到精华与糟粕的并存是一种普遍性的文化现象。世界上的任何文化和思想体系一旦走向极端化理解都容易产生谬误。人们错误地实践任何文化教条都会造成恶果,进而形成糟粕。精华和糟粕是任何文化类型必然出现的现象。弘扬中国传统文化必须是弘扬其中的精华部分,而淘汰其中的糟粕,反对一切假、恶、丑等社会现象与文化内容。封建主义往往被看作中国传统文化的糟粕部分,这个概念仍然集中体现了中国古代社会中的一些文化糟粕。虽然一些西方文化的学者认为封建仅仅是一种制度并不应该强加个人好恶与感情色彩。但是在反封建主义的文化氛围下,较少人肯定封建制度在人类历史上的积极作用。马克思主义本身又以社会历史进化论的角度对旧制度进行了更深入的批判。

中国共产党是一个追求历史进步的政党,并且具有两个"先锋队"的理念。中国共产党在十六大到十七大之间开展了大规模的先进性教育活动。马克思主义作为一种推动人类历史进步的力量,必然反对落后的生产方式和社会存在方式。落后与先进是马克思主义理论中的重要术语。中国共产党在中国特色社会主义文化建设方面强调的目的性是为了建设社会主义先进文化。因此,中华优秀传统文化融入高校思想政治理论课就是要肩负起清理封建主义糟粕的艰巨任务,只有用正确的中华优秀传统文化观教育大学生,才能减少封建主义糟粕的流毒与影响。

二、传承中华优秀传统文化

中国共产党正确认识与处理中华优秀传统文化为高校思想政治理论课教师提供了批判、继承、整理、弘扬、创新等多种方式方法。中国共产党的十七届六中全会把中国共产党定义为"中国传统文化的忠实传承者与弘扬者"。由此可见,传承与弘扬被凸显出来,超越了以往的批判继承。"传承"显示出中国共产党正确认识与处理中国传统文化有了更大的理论勇气与视野。传承与弘扬也就成为中国共产党为中华优秀传统文化融入高校思想政治理论课所确立的新的基本范式。中华优秀传统文化作为思想政治教育内容,被高校思想政治理论课所传承、弘扬、运用、提升。尽管应用中华优秀传统文化是一种较为普遍的说法，但是“传承”与“弘扬”则有特定的含义。传承的意思是保存并使之流传下去，获得一定的社会存在。

传承的一种态度是保存国粹。虽然个别文化内容需要保存，但是不等于全部文化内容都需要原封不动的保存。民国初年的尊孔读经方式带有强烈的复古主义色彩。这种传承相当于原原本本的复原方式。这种传承方式事实证明是失败的。原封不动地传承已经被历史所否定，但不排除个别文化内容需要保存下去。中国共产党传承中华优秀传统文化的方式并不是采取这种简单的“尊孔读经”的方式，而是采取了先批判清理，再抽象继承，最后进行创造性转化的创新方式进行传承。这种方式是一种真正的“传承”，是一种内在精神的传承，而不是简单再现。另一种传承是经过批判之后有选择地继承。传承中华优秀传统文化与批判继承具有对应性。仅仅是批判与清理中国传统文化的糟粕并不能达到传承中国传统文化的目标，仅仅是抽象继承与整理总结中国传统文化并不能够全面传承中华优秀传统文化，只有对中华优秀传统文化进行创造性转化与创新性发展，才能真正地让中华优秀传统文化在现代化过程中成为文化建设的一部分，发挥自身的作用，成为社会主义文化建设的底色，进而为应用与弘扬中华优秀传统文化提供基础。只有经过了清理、抽象、创新这三个步骤才能达到传承的最高要求。传承远远不是批判，但也不是运用。这种传承更接近于中华优秀传统文化的本体，而不同于“整理”的含义。中国共产党早期是中国传统文化的整理者，意味着对中华优秀传统文化具有裁断、取舍、吸取、抛弃的动作。传承比“取其精华、弃其糟粕”在方法上更加注重中华优秀传统文化的本体状态，而不是根据马克思主义理论的立场与需要进行剪裁、批判、淘汰。所以，从表面上看中国共产党深刻批判了中国传统文化，然而在本质上却是清理了其中的糟粕部分，为高校思想政治理论课应用、传承与弘扬中华优秀传统文化提供了历史的机会。

三、弘扬中华优秀传统文化

中国共产党弘扬中华优秀传统文化主要体现在宣传工作与外交工作当中。宣传是弘扬中华优秀传统文化的途径，而海外传播则是弘扬中华优秀传统文化的重要场合。首先，弘扬中华优秀传统文化具有宣传性质。应用则带有实践性质,传承则点出了思想政治教育把中华优秀传统文化作为教学性质。弘扬的意思是发扬光大,使之获得新的发展,弘扬具有认可、承认、认同的含义,在保护之下进一步获得成长。只有通过弘扬中华优秀传统文化,应用与传承才能获得更多人的认同进而发扬光大。弘扬相当于努力传播中华优秀传统文化的精神与内涵,进而引起人们的学习、传承中华优秀传统文化的兴趣,使得更多的人应用中华优秀传统文化来处理自己与周围环境的关系。其次,中国共产党人在海外积极传播中华优秀传统文化,并应用于国际文化交往领域,是弘扬中华优秀传统文化的重要体现。这增进了文化之间的交流,增强了世界对中华民族的文化认同。习近平认为:“我们坚持走和平发展道路,是对几千年来中华民族热爱和平的文化传统的继承和发扬。”①以热爱和平为重要主题与原则的中华优秀传统文化越来越被认同。在众多外交盛会场合,中华优秀传统文化所特有的和平、发展、包容、共赢的外交理念获得了世界人民的认可。在获得外界认同的同时,习近平也敏锐地提出各种文化平等友好交流的文化外交理念。中国共产党看到了现代人类社会存在着各国各文明相互交流、共同存在的客观性。任何文化文明都是在与世界文化交流过程中实现发展与繁荣的。

四、应用中华优秀传统文化

中国共产党对中华优秀传统文化的正确认识与处理过程中不断调整中国共产党与中华优秀传统文化的关系,从而使中国共产党成为中华优秀传统文化的优秀批判者、忠实的传承者、积极的弘扬者。但在最终意义上,中国共产党是应用中华优秀传统文化的主体。“主体”与“应用”构成了中国共产党与中华优秀传统文化之间最基本的关系。进而,中国共产党应用中华优秀传统文化是传承与弘扬的目标所在。相对于中国共产党是中华优秀传统文化忠实的传承者与弘扬者而言,高校思想政治理论课教师更注重应用中华优秀传统文化。所以传承与弘扬的基本前提就是学习与应用中华优秀传统文化。而学习中华优秀传统文化必须经过思想政治教育的设计。思想政治教育为学习者提供了教学内容与基本方法。只有应用中华优秀传统文化,才能把传

① 习近平.习近平谈治国理政[M].北京:外文出版社,2014:265.

承与弘扬落到实处。

"应用"是在中国共产党对中华优秀传统文化在正确认识、处理、批判、整理等一系列办法之上的最终目标。"应用"比起"整理""吸取"等说法更为准确地把握了中华优秀传统文化的正面价值。所以,本书的题目就已经包含了传承与弘扬中华优秀传统文化的意义。单纯的应用而不弘扬,单纯的传承而不应用,单纯的弘扬而不应用、不传承都是错误的,无法获得实效性。同时,"应用"包含了传承与弘扬这两种基本规范。传承是应用的前提。只有正确认识与处理中华优秀传统文化,进而通过"传承"的方式使得中华优秀传统文化深入人心,才能奠定应用中华优秀传统文化的基本前提。而中国共产党与思想政治教育传承与弘扬中华优秀传统文化的过程本身就是"应用",同时也是通过"传承"与"弘扬"获得人们更广泛的政治文化认同,进而产生更广泛的社会效果,推广到更广泛人群当中去应用中华优秀传统文化。

应用中华优秀传统文化是中国共产党的基本态度,正如中国共产党人对马克思主义基本原理的态度也富有"应用"的含义。毛泽东认为:"我们党校的同志不应当把马克思主义的理论当成死的教条。对于马克思主义的理论,要能够精通它、应用它,精通的目的全在于应用。"①中国共产党对马克思主义理论的态度是要求应用,同样对中华优秀传统文化的态度也是求应用。比如,习近平在儒联纪念孔子诞辰2565周年大会上的讲话指出:"这就要求人们在学习、研究、应用传统文化时坚持古为今用、推陈出新,结合新的实践和时代要求进行正确取舍,而不能一股脑儿都拿到今天来照套照用。"②习近平在这里为正确应用中华优秀传统文化提出了创造性转化的要求,并且要避免错误的"照套照用"。可见,应用中华优秀传统文化是中国共产党必然的要求。该报告还多次提到儒家"经世致用"的原则。可以说,经世致用恰恰是中国古代经学的精髓,目的就是把思想文化应用到社会的政治、经济等建设上去。中国共产党提出了"洋为中用、古为今用"的两"用"原则,同样说明了中国共产党要应用一切文明成果服务于社会主义现代化建设的决心。所以,"应用"是中国共产党正确认识与处理中华优秀传统文化的必然要求。中国共产党

① 毛泽东.毛泽东选集:第三卷[M].北京:人民出版社,1991:815.

② 习近平.习近平谈治国理政:第二卷[M].北京:外文出版社,2017:313.

不可能追求“无用之学”，而必然按照经世致用的原则来传承与弘扬中华优秀传统文化。所以，本书认为中国共产党与思想政治教育传承与弘扬中国传统文化，都必然基于中国共产党与思想政治教育“应用”中华优秀传统文化的前提。这种“应用性”不仅符合马克思主义实践论的基本要求，而且符合思想政治教育价值论的基本含义。但是，应用中华优秀传统文化的前提是要前期融入中华优秀传统文化。否则，应用中华优秀传统文化就无从谈起。

第三节　对其他处理中国传统文化的方法进行辩证

除了中国共产党提出了批判继承、推陈出新、古为今用等科学方法之外。很多著名的文化学者分别提出了抽象继承、综合创新等方法。处理中国传统文化又涉及中体西用、西体中用等主张。本书认为这些主张都有所见地，但其科学性仍然受到局限。

一、抽象继承法

冯友兰1956年8月在一次演讲中提出了抽象继承的问题，发表了《中国哲学遗产的继承问题。他认为：“我们近几年来，在中国哲学史的教学研究中，对中国古代哲学似乎是否定的太多了些。否定的多了，可继承的遗产也就少了。我觉得我们应该对中国的哲学思想，作更全面的了解。在中国哲学史中有些哲学命题，如果作全面了解，应该注意到这些命题底两方面意义：一是抽象的意义，一是具体的意义，就其具体意义说，是没有什么可以继承的。就其抽象意义说，则有进步作用，是可以继承的。只有这样做，才可以看出哲学史中可以继承的思想还是很不少的。”[①]冯友兰提出的“抽象继承”说法是有意识地发展毛泽东提出的“批判继承”方法。虽然，冯友兰提出的方法具有真理性，但是冯友兰的“抽象继承”方法受到了来自当时人们的文化批判。

冯友兰在这篇讲话当中也用到了恩格斯抽象继承黑格尔辩证法，而去掉了其唯心主义世界观的案例。所以，抽象继承非常符合中国共产党对马克思主义基本原理的态度。抽象继承虽然是冯友兰基于中国哲学史研究所阐明

① 冯友兰.三松堂全集：第十二卷[M].郑州：河南人民出版社，2001.94—99.

的方法,却可以成为中国共产党对待中国传统文化的正确态度。冯友兰在1959年对“抽象继承法”又予以澄清解释。抽象继承法虽然没有涉及古今中西的文化比较的问题,但是符合冯友兰“新理学”对共相、殊相的基本厘定。抽象继承恰恰是对文化共相的继承,是对普遍规律、绝对真理的认同。所以,抽象继承更加符合中国传统文化的核心精神,进而摆脱了糟粕对精华的附着,也使得文化建设走出了文化批判的影响。

五四新文化运动被认为是重在批判与破坏,而不是重在建设与继承。继承可能是一个更为艰巨的任务。因为社会之体已经变化了,批判的对象已经不存在了。在这种情况下继承就是比较重要了。没有批判,不足以完成中国的现代化。但没有继承,那么中国的现代化缺乏传统思想的根基。我们就与历史传统割裂。我们对于优秀的内容也不完全是原封不动的继承。我们是抽象地继承它们的精神内核,而不是继承他们的形式。

冯友兰的抽象继承就是把精华的内容加以提炼和学习的过程。中国哲学的再加工、体系化、知识化的改造,就是抽象继承。抽象继承是把精华内容转化为现代话语。抽象继承可能简化为一种符号继承。中国化马克思主义对中国传统文化的需要可能仅仅是一个符号来说明自身的历史来源。抽象继承就是对文化源头的肯定。对于中国传统文化是中国马克思主义的一个源头。只有这样,中国传统文化在体制内才有继续讨论和存在的必要。中国共产党宣称是中华民族的先锋队,意味着对民族传统的抽象继承。本书认为抽象继承就是把精华的内容,加以提炼,成为新的思想,加以学习的过程。中国哲学的再加工、体系化、知识化的改造,就是抽象继承。抽象继承就是对精华内容也不仅仅是延续存在,而是能够转化为现代形式。

抽象继承是社会发展过程中,社会原有意识形态和传统文化在失去自身的社会存在基础之后,仍然能够逐渐适应并移植到新的社会存在基础上。这个时候,对于原有的意识形态和传统文化必然出现抽象继承,而不是全面继承,原封不动地加以全面复古。这个时候,批判的对象已经不存在了。过度批判反而变成了一种独角戏。很多人并不知道中国传统文化的内容,然而却基于自己的立场采取了批判态度。抽象继承相对于批判继承要好的原因在于抽象继承更多的是继承,而不是批判。中国传统文化已经受到了重创,弘扬与传承的任务更加艰巨。单纯地批判传统并不等于建设社会主义先进文化。

中国共产党在改革开放之后已经开始有意识地使用抽象继承的方法。比如,中国共产党对民族精神的提炼,等等。既然要继承,就不能总是纠缠于批判。批判仅仅是一种破坏,破坏毕竟不等于建设。而抽象继承重在继承也就是重在建设。"去伪存真、去粗存精"的要求重在存真、存精,这就是抽象继承。而去伪去粗则是批判的过程。这符合唯物辩证法破立结合的方法。

中国文化传统相对于中国传统文化也是一种抽象继承。文化传统是传统文化背后的一种精神连接。有的文化现象只不过是一时的时尚,不能传之久远。比如中国古代的很多种乐曲就失传了。按照美国社会学家希尔斯的观点,传统是世代相传的东西。传统则意味着中国传统文化在历史发展中不断诞生出新的形态,从而成为活的传统,而不是一种遗存。弘扬中国传统文化不可能仅仅是弘扬内容,也必然是对文化传统的弘扬。对中国传统文化的继承意味着对中国文化传统的认同。这种继承相当于抽象继承其符号,从而表明自己的身份。

中国共产党所继承的传统主要是从马克思恩格斯开始的科学社会主义。但这并不意味着对中国传统文化、国外优秀文化的拒斥。毛泽东要人们学习"从孔夫子到孙中山"的一切文明成果。中国共产党必须对社会主义运动的传统、中国传统文化的传统、人类文明的大传统认真地加以对待。中国共产党追寻马克思恩格斯的马克思学研究在本质而言是确立社会主义的传统、道路、学派的延续性。中国共产党传承与弘扬中华优秀传统文化有利于增强自身的历史合法性与理论基础。所以,抽象继承对于大学思想政治教师而言具有重要的理论与实践价值。

抽象继承去掉了批判继承可能造成的向文化批判方向的倾斜,但也存在着肯定传统文化内在精神的可能性,进而精神性的内在继承得以全面发生。传统文化的因素得以改头换面地在现代社会中全面复兴。

抽象继承重在继承,并且更能保持传统文化的内核,而改易其形式。形成了"文变而不质变"的格局。进而其抽象原则具有了永恒真理的性质,这对中国共产党以马克思主义为指导,全面应用中华优秀传统文化构成一定程度的挑战。中华优秀传统文化不会受到根本性的颠覆。但是另外一个观点是：抽象继承去掉了传统文化的丰富内容，而变成了一种哲学教条，进而使得传统文化丧失其存在感。所以要大力弘扬生活儒学，才能恢复传统文化。这种文化态度的保守主义者不仅要保持传统文化的内核，甚至要恢复其形式，并且认为外在形式具有重要的文化符号与消费特性。

二、综合创新论

张岱年提出了综合创新方法。他认为："对于中国未来新文化的看法，也有人主张兼综东西两方之长，发扬中国固有的卓越的文化遗产，同时采纳西洋的有价值的精良的贡献，融合为一，而创成一种新的文化，作一种创造的综合。"[①]这里的综合创新还仅仅是就中国传统文化与西方文化两种文化而言，而实际上，张岱年在晚期的综合创新已经是对中国传统文化、国外优秀文化、马克思主义的综合创新。张岱年对中国唯物主义传统进行了深入探讨，并且服膺于朴素唯物主义哲学家，比如王充、张载、王夫之等伟大学者。所以，张岱年对哲学所进行的综合创新是以唯物论为基础的。张岱年与其长兄张申府的学问颇有渊源，而张氏兄弟在二十世纪二三十年代已经成为当时马克思主义学者与新唯物论者。所以，张岱年的观点可以认为是中国马克思主义者的观点。

张岱年与中国共产党具有接近的文化观和文化立场，这对于中国共产党来说，全面继承中国传统文化、国外优秀文化，以至于建设社会主义先进文化都具有探索与铺陈的意义。毛泽东说过要学习人类一切文明成果。中国共产党通过马克思主义继承西方文化中科学理性和唯物主义传统。马克思主义继承了法国唯物主义所代表的世俗性，通过英国政治经济学继承了工业革命、市场经济，通过德国古典哲学继承了个人主体性。马克思主义本身就是对以往人类文化的一次大的学习和整理过程。全面继承确实是中国化马克思主义得以发扬光大的重要契机。只有全面学习世界所有文化成果才能综合创造出最先进的文化形式来。

中国传统文化中的圣贤理想有支撑他们反传统的作用，从而完成文化传

① 张岱年.张岱年全集：第一卷[M].石家庄：河北人民出版社，1996：229.

统的再造。五四时代的反传统文化也有利于我们接受马克思主义。因为一国的传统文化仅仅是一国的小传统，只有迎接人类的大传统才能算是真正的人类文化的发展趋势。改革开放后，邓小平提出“面向世界、面向未来，面向现代化”的教育理念。该理念意味着对一切文明成果的继承，而不是“文革”当中的极“左”情绪，把一切西方的文化当作资本主义的复辟，把一切中国传统的文化当作封建主义的复辟。所以，对中国传统文化、国外优秀文化的全面继承、综合创新成为新时代的文化主题。

三、中体西用论

1861年，冯桂芬的《校邠庐抗议》提出“以中国之伦常名教为原本，辅以诸国富强之术”的观点。1898年，张之洞在《劝学篇》又详细说明了这个主张——“中学治身心、西学应世事，不必尽索之于经文，而必无悖于经义。如其心圣人之心，行圣人之行。以孝弟忠信为德，以尊主庇民为政，虽朝运汽机，夕驰铁路，无害为圣人之徒也。如其昏惰无志，空言无用，孤陋不通，傲很不改，坐使国家颠隮，圣教灭绝……此尧舜孔孟之罪人而已矣。”①他还提出：“《四书》《五经》、中国史事、政书、地图为旧学，西政、西艺、西史为新学。旧学为体，新学为用，不使偏废。”②中体西用的核心是以纲常名教为核心。而其西用则主要是器物层面、技术层面、经济管理层面。其西用甚至达不到“西政”的程度。所以，笔者认为“中学为体”主要是“政治体制”即“政体”之体，而不仅仅是学问之体。中体西用实际构成了洋务运动的核心思想。戊戌维新变法的领导人物康有为依然使用中体西用的基本框架，比如在《奏请经济岁举归并正科并各省岁科试迅即改试策论折》中指提出：“夫中学体也，西学用也，无体不立，无用不行，二者相需，缺一不可。”③但是，康有为的变法主张对于当时的政体而言是一个激烈的“全变态度”，而其变法的蓝本则是君主立宪制。他的《大同书》具有追求自由、平等的伦理特征。这就远远超越了“中体”的范畴。

① 张之洞. 张之洞全集：第十二卷[M]. 石家庄：河北人民出版社，1993：9767.
② 张之洞. 张之洞全集：第十二卷[M]. 石家庄：河北人民出版社，1993：9740.
③ 康有为. 康有为全集：第四卷[M]. 北京：中国人民大学出版社，2007：306.

中体西用是中国在清朝末年的封建皇权专制基本制度尚未得到根本改变的情况下局部引用现代生产力与科学文化所形成的一种略带合理性的解释。一旦中国近现代的基本国情由落后的半殖民地半封建社会过渡到社会主义初级阶段之后,社会主义基本制度作为本体就成为传统文化学者与内容所要依附的社会存在和所要服务的对象。

中华人民共和国成立之后,马克思主义成为主流意识形态,是中国共产党的指导思想,占据着指导地位与主导地位。就此而言,马克思主义占据了“体”的位置,同时要把中国化的马克思主义理论、毛泽东思想、中国特色社会主义思想贯彻到社会的方方面面。就此而言,马克思主义又占据了“用”的地位。与此同时,中国共产党提出的“古为今用”就说明了“坚持马克思主义指导地位”的“主体”与“本体”意义。古为今用是把中国传统文化落实到用,而不是为了返回传统文化的本体,进而更多地服务于马克思主义指导地位、服务于社会现实、服务于马克思主义中国化、时代化、大众化的需要。

所以,根据唯物史观的原则,中国传统文化不能称作为本体,或者中国传统文化背后的传统社会制度与社会形态已经失去了存在的意义与根基。在中国现代化进程中,以马克思主义为指导的社会主义基本制度才能构成本体,从而“古为今用”就具有了应用传统文化服务现代社会的含义。

第六章　中华优秀传统文化融入高校思想政治理论课的实施途径

中国共产党确立了中华优秀传统文化融入高校思想政治理论课的指导思想与方法。这仍然属于宏观意义的指导原则，但是并不代表着融入中华优秀传统文化的具体实现途径。中华优秀传统文化融入高校思想政治理论课最终要落实到具体的途径。这种融入中华优秀传统文化的途径构成了高校思想政治理论课改革的一个局部动作。按照思想政治教育课程教学论的观点，中华优秀传统文化融入高校思想政治理论课必然需要在思想政治教育学科建设、高校思想政治理论课课程建设、中华优秀传统文化教学内容设计、高校思想政治理论课教学法等方面进行相关配套的改进。融入中华优秀传统文化必然导致方方面面的相关改进，比如在校园文化、教学实践、评价体系、舆论导向、课程管理、业务培训等方面都要有所改变。但是以学科建设、课程建设、教学内容设计、教学方法为代表的途径却构成了最重要的环节。只有对高校思想政治理论课进行课程教学论意义下的改进才能真正实现中华优秀传统文化融入高校思想政治理论课的成熟机制。

高校思想政治理论课教师需要进行专业的学科训练才能掌握中华优秀传统文化的基本知识。因此，思想政治教育与马克思主义理论就应当进行相应的学科建设，从而培训思想政治教师具有中华优秀传统文化的基本素质。首先，设立有关中华优秀传统文化教育与研究的二级学科也有利于提升中华优秀传统文化在思想政治教育学科的地位，进而更好地把融入、传承、弘扬与应用中华优秀传统文化贯彻到高校思想政治理论课的教学当中去。其次，思想政治教育与马克思主义理论一级学科的某些专业课已经大量涉及了中华优秀传统文化的知识，加强专业课程的建设同样是有利于高校思想政治理论课融入与运用中华优秀传统文化。最后，这种学科建设必须借鉴其他学科的研究成果，从而更好地实现全面性地对中华优秀传统文化的研究。

第一节 设立中华优秀传统文化的二级学科

设立中华优秀传统文化研究的二级学科能够从整体上完善目前的马克思主义理论与思想政治教育学科结构。这对于马克思主义理论而言，进一步扩大了研究范围，增加了新的研究对象与资源，有利于马克思主义中国化的理论创新与研究，最终有利于马克思主义理论学科的发展，促进思想政治教育学的中国化。设立研究中华优秀传统文化的二级学科必须考虑与马克思主义理论、高校思想政治理论课、思想政治教育专业课程之间的关系。而就现实而言，甚至有的学者提到了中华优秀传统文化教育的时候，并没有把思想政治教育或者高校思想政治理论课作为主要的渠道。中华优秀传统文化教育仍然处于众多学科涉及却无“家”可归的状态。所以，马克思主义理论与思想政治教育开设中华优秀传统文化教育的二级学科就会产生重大的学科效应，进而彻底改观这种芜杂却又不深入的局面。

一、中华优秀传统文化二级学科与马克思主义理论的学科归属关系

根据国务院学位委员会“学位[2005]64号”(《关于调整增设马克思主义理论一级学科及所属二级学科的通知》)，新增设的马克思主义理论一级学科，暂设置于“法学”门类内，下设五个二级学科，即：马克思主义基本原理、马克思主义发展史、马克思主义中国化研究、国外马克思主义研究、思想政治教育研究①。其学科研究范围包括马克思主义经典著作和基本原理、马克思主义基本范畴及科学体系、马克思主义基本原理的形成和发展、马克思主义与当代社会思潮、马克思主义理论教育规律和方法。由此可见，马克思主义理论的学科研究范围并没有显著列出中华优秀传统文化，而仅仅是在马克思主义中国化研究、马克思主义与当代社会思潮等部分有所涉及。马克思主义理论的相关学科是马克思主义发展史、马克思主义中国化研究、当代国外马克

①张雷声.马克思主义理论学科体系建构与建设研究[M].经济科学出版社，2011：126.

思主义研究、思想政治教育、科学社会主义与国际共产主义运动、中共党史。这里的二级学科也不涉及中华优秀传统文化的学科归属。其中只有思想政治教育与马克思主义中国化研究涉及中国古代德育史与中国国情，与中华优秀传统文化略有交集。这说明中华优秀传统文化尚未成为马克思主义理论研究的一个正式的分支与内容，并不构成单独的知识模块。

马克思主义理论是思想政治教育所要依据并灌输到教育对象中去的重要内容。中华优秀传统文化虽然不是马克思主义理论的一部分，却是马克思主义中国化的文化基础，是马克思主义中国化的组成部分。按照马克思主义中国化的定义，中华优秀传统文化是马克思主义基本原理所要结合的对象。所以，思想政治教育与马克思主义理论学科必须研究中华优秀传统文化。马克思主义中国化并不是单纯研究马克思主义就可以实现中国化，而是要在马克思主义理论研究与中华优秀传统文化研究二者齐头并进的情况下，才能实现二者的结合。二者同时作为中国共产党的思想库，都具有重要的意义。马克思主义基本原理作为框架，确保中国共产党按照科学的世界观与现代化的逻辑展开马克思主义中国化的理论创新与实践创新。但是这个理论框架必须用中国话语加以填充。只有符合中华优秀传统文化的语言，中国化的马克思主义才更接地气，才能更好地实现马克思主义大众化。所以，把中华优秀传统文化融入马克思主义理论与思想政治教育一级学科当中，必然对该学科的其他部分内容产生积极的影响。

思想政治教育学者在马克思主义中国化论域中应当继续深化马克思主义与中华优秀传统文化融合论的研究。中华优秀传统文化应当成为思想政治教育学科的一部分，有利于更好地促进马克思主义中国化的理论创新与人才培养。马克思主义理论作为一级学科包含了马克思主义中国化这个二级学科。马克思主义中国化的专业课程也要涉及中华优秀传统文化。比如马克思主义哲学要讨论人性论，这是马克思主义人学的重点。马克思主义人学是为了改变马克思主义教条化的倾向，在马克思主义强调真理性的同时关注了人的价值和存在意义。而中国传统哲学恰恰对人的精神道德属性具有深刻而又丰富的论述。

二、中华优秀传统文化二级学科与思想政治教育其他专业课程的关系

中华优秀传统文化研究及其教育与马克思主义中国化等二级学科具有一定的平行性质。其内容足够成为二级学科的体量。在思想政治教育与马克思主义理论一级学科下面,思想道德修养、德育原理、思想政治史、德育史、马克思主义中国化等专业课程或二级学科与中华优秀传统文化的关系最为密切。中华优秀传统文化研究与教育属于马克思主义理论与思想政治教育一个分支内容,往往为德育原理、中国古代德育史等课程所涵盖。德育原理等课程固然可以涵盖中华优秀传统文化的一部分内容,但是无法涵盖中国传统政治智慧、中国传统哲学等内容。在专业方向建设方面,中国古代思想政治教育、古代德育思想都已经充分地思想政治教育化与马克思主义化。但是,中华优秀传统文化在思想政治教育的学科化和科学化的水平较低,无法适应当今中国共产党传承与弘扬中华优秀传统文化的需要。中华优秀传统文化是思想政治教育工作者及其高校思想政治理论课教师的研究对象与教学内容。中国古代思想政治教育史与德育史都以专业课的形式探讨了中华优秀传统文化的思想政治教育功能。这仅仅是从思想政治教育的角度研究中华优秀传统文化,而不直接等同于中华优秀传统文化本身的具体内容。但是,中华优秀传统文化博大精深,其内容远远超过现在的某些课程。所以,中华优秀传统文化及其教育可以作为思想政治教育与马克思主义理论的二级学科加以提升。中华优秀传统文化教育作为二级学科与专业方向,有利于形成专业性质的师资培养,不仅实现了中华优秀传统文化的传承体系,而且为中华优秀传统文化融入高校思想政治理论课奠定人才基础。也就是说,如果把中华优秀传统文化研究与教育单独设立为二级学科,就能更好地服务于马克思主义理论的创新与发展。

三、中华优秀传统文化二级学科与高校思想政治理论课的关系

高校思想政治理论课主要包括马克思主义基本原理概论、毛泽东思想和中国特色社会主义理论体系概论、中国近现代史纲要、思想道德修养与法律

基础等课程。主管部门也没有把中华优秀传统文化列为单独开设的课程。然而，由于中华优秀传统文化教学内容的体量庞大，把中华优秀传统文化融入其中任何一门课程都无法消纳其全部的教学内容。所以，只有开设单独课程才能更好地传承与弘扬中华优秀传统文化。而这种课程设置必须有专业课程与二级学科作为支撑。

第二节　加强有关中华优秀传统文化的专业课程建设

中华优秀传统文化研究与教育作为马克思主义理论的二级学科，必须充实相关的课程，才能真正展开相关的研究工作，从而为高校思想政治理论课教师提供有效支撑。思想政治教育学者对中华优秀传统文化研究与教育要进行整体性的学科设计。首先，该二级学科要研究中华优秀传统文化的基本内容。这种基本内容既包括原始经典的阅读，也包括对优秀精华的整理。其次，该二级学科要从思想政治教育原理的角度研究中华优秀传统文化，进而使得中华优秀传统文化实现思想政治教育化与马克思主义化。最后，该二级学科要学习马克思主义中国化的理论框架，努力实现思想政治教育的中国化。

一、设立研究中华优秀传统文化的资料课程

中华优秀传统文化当中的儒学长期作为中国古代社会的主导意识形态，而中国古代社会特别强调了儒学的教化功能。儒学具有政统、学统、道统三个传统。儒学经学是中国古代知识体系的基本形态，而文化传承、思想政治伦理教化也与儒学私塾、书院基础之上的科举制度结合在一起。科举制被废除之后，儒学作为教化的内容和功能也随之被政府予以改变。儒学的教化功能因为经学传统的废止而逐渐丧失。

1949年以后，马克思主义成为中国的主导意识形态，随即拥有了教化功能并作为思想政治教育正式内容。思想政治教育学具有应用学科的性质，是马克思主义的教化功能的执行者。儒家通过“学而优则仕”实现了向中国古代政体输送政治精英的任务，也完成了政治合法性的建设。按照马克思主义

基本原理而言，思想政治教育的最终服务对象是受教育者本身，也就是为人民服务。儒学同样在仕途之外关注于君子人格的养成，服务于个体的精神与生活。所以，中华优秀传统文化融入高校思想政治理论课符合思想政治教育原理的内在属性与功能。

研究中华优秀传统文化的内容相当于为思想政治教育与马克思主义理论确立基本的研究资料。思想政治教育专业教师与培养对象需要具备中华优秀传统文化的基本知识，需要开设中华优秀传统文化经典选读之类的课程。中华优秀传统文化教育是思想政治教育的古代形式，尤其是儒学教育具有强烈的思想政治教育性质。儒家思想主要依托于经典。传统经典有着丰富的人文素质、社会知识与伦理道德养成的知识。同样，思想政治教育与马克思主义理论也具有无所不包的知识广度。这是中华优秀传统文化与马克思主义理论都具有的特点。中国共产党的思想政治教育对待经典往往具有比较灵活的学风。一般而言，四书五经是中国古代的经典。思想政治教育与马克思主义理论把马克思、恩格斯、列宁、毛泽东等领袖人物的作品为经典。马克思列宁主义的经典替换了原来的四书五经的经典地位，中国传统经典在知识分子与一般民众的心中仍然具有深厚的认同基础。中国古代的经典教育，也就是思想政治教育被认为是成功地维持中国长达两千多年中央集权国家的统一与稳定的重要因素。所以，对经典的学习研究仍然需要借鉴中华优秀传统文化的经学方法。

二、实现中华优秀传统文化的思想政治教育化

要想使中华优秀传统文化实现思想政治教育化，必须系统总结中国古代思想政治教育史。一个高校思想政治理论课教师只有具备中国传统思想政治教育史的知识，才能更好地融入中华优秀传统文化，所以要把中国古代思想政治教育史研究与中华优秀传统文化研究结合起来。中国古代思想政治教育史是思想政治教育专业系统总结与应用中华优秀传统文化的途径。中华优秀传统文化蕴含着丰富的德育思想。中华优秀传统文化也是中国古代德育史的研究对象。中华优秀传统文化是德育研究的重要理论基础。思想政治教育学应当承认中华优秀传统文化的教化功能以及历史合理性和现实

意义。正如马克思主义中国化需要中华优秀传统文化的基本环境一样，思想政治教育也不可能脱离中国文化历史的环境而孤立地进行道德教育。中华优秀传统文化在道德伦理教育方面具有明显的优势。

中国古代教育体现出了倾向伦理道德教育的特点，是思想政治教育的古典形式。这在古代被称之为教化，是特定的伦理规范教育。儒家的伦理规范成为中国古代社会主流的规范。研究中国古代思想政治教育史的学者提出要借鉴中华优秀传统文化教育及其德育教育的经验，这种借鉴构成了中华优秀传统文化融入高校思想政治理论课的重要内容。

三、探讨思想政治教育的中国化

中华优秀传统文化教育是思想政治教育的古典形式。中华优秀传统文化的世界观、价值观乃至于社会历史观。可以为包括高校思想政治理论课在内的思想政治教育所用。中华优秀传统文化教育具有教化民众的功能，这与思想政治教育功能非常接近。《大学》提出了新民说，儒家孟子强调儒家有“先觉觉后觉”的责任。儒家特别重视对民众的教化，并且通过各种形式实现儒学思想的大众化。

第一，内圣外王之道与思想政治教育的高度契合性。

思想政治教育本身就包含了“思想”“政治”教育”这三个核心命题。通过“内圣外王”来阐释思想政治教育的本质，更有利于实现思想政治教育的中国化。儒家的“内圣外王”思想体系与现代的思想政治教育具有重要的契合度。思想相当于“内圣”，而政治则相当于“外王”。思想政治教育实际就是内圣外王的生成模式。这对于中华优秀传统文化融入高校思想政治理论课而言具有一定的借鉴意义。

内圣外王首先由《庄子·天下篇》提出，后来人们以此概括儒家思想的基本结构。梁启超的《论语考释》、熊十力的《读经示要》、冯友兰的《新原道》都把内圣外王之道作为中国哲学与文化的真精神。宋明理学则以体用论的思维方式阐述内圣外王，从而使得儒家思想具有了本体论方法。思想政治教育有着内圣外王同样的旨趣。思想教育是关于人的思想意识的教育，目的是培养人的思想道德和价值观，这就相当于儒家的内圣学的意思。政治教育是为人们提供政治理想和政治社会化,这相当于儒家的外王学的意思。思想政治教育的培养目标是社会主义公民,内圣外王之道的培养目标是让人如何成为君子和圣贤。所以,二者在形式与结构方面具有相似性。但是在思想实质上,社会主义公民与古代的君子具有不同的内涵。思想政治教育的伦理特征是整体主义、集体主义,是一个人对人类整体解放和社会主义事业的道德义务。而儒家的内圣外王之道则是仁者爱人、民胞物与的一种社会有机体论的思想状态,对于维护社会整体价值观有巨大价值。二者在伦理价值观方面具有强烈的一致性。

思想政治教育的一种重要目标就是要培养人们在政治理性基础上的政治认同。儒家经典《中庸》提出“修道之谓教”。《大学》提出:“大学之道,在明明德,在亲民,在止于至善。”《论语》有“学而时习之”“富之、教之”的思想。儒学作为中国古代的意识形态,是教化民众服从社会秩序的重要手段。儒学的基本架构是仁与礼、内圣与外王、体与用、性与天道等对称结构。

相对于内圣外王之道,思想政治教育恰好构成了一种内圣外王之道的类似结构。朱熹把人的认识归结为“心统性情”的一个结构,看作是心体的能动作用。但是儒家的认识论的重点不是认识客观世界,而主要倾向于伦理化的知识结构,进而达到修身的目的。儒家的认识论倾向于内圣的目的性。所以,思想政治教育中的“思想”与儒家的内圣学具有一定的相关性。但是,思想政治教育并不是儒家个体的内圣外王,而是一种整体性的教化。儒家的内圣外王之道带有个体性。这既是优点,又是其精英主义的内在缺欠。儒家思想通过名教、科举等一系列形式变成了意识形态,进而具有了对国民整体教化的能力。儒家也把“外王”规定为一种参与社会实践,进行齐家、治国、平天下的事功弘道。由此可见,儒家的外王学离不开政治领域里的实践。外王与政治具有很大的相关性,进而思想就是内圣部分,外王就是政治。思想与政治恰恰构成了一个人理论与实践、思想与行为的统一。而以中华优秀传统文化的观点而言,思想政治就是内圣外王。

思想政治教育可以分解为思想教育与政治教育两个内容。培养受教育者形成正确的思想服务于当前的政治实践活动,同样培养受教育者正确的政治观念也是为了服务于政治实践。但从根本而言,人的思想认识服务于政治实践。思想政治教育的根本目标是为了让思想政治教育对象形成正确的思想。这用古代话语而言就是内圣。思想政治教育对象要服从政治秩序与党的领导，成为社会主义公民，为社会主义建设事业奉献出自己的力量。这种过程相当于自我境界提升的内圣过程。同时思想教育是起点，而完成政治社会化是目的，进而思想教育服务于政治教育，思想政治教育服务于党的社会主义事业。中国大学的性质就是社会主义大学，服务于社会主义建设的需要，为社会主义服务。儒家学习内圣外王之道的目的是为了弘扬道德。思想政治教育的定义与内圣外王的对比，并不是简单地重复这个结构。《大学》提出“格物、致知、正心、诚意、修身、齐家、治国、平天下”的内圣外王的路径。而思想政治教育则是根据外在客观规律把教育内容内化到受教育对象当中去，但同时也有“内化”与“外化”这两种必要的思想政治教育方法。有的学者认为内化是受教育者有选择地接受社会核心价值体系的影响，并转化为个体意识和动机，外化则是受教育者将个体意识和动机转化为良好行为和行动习惯。进而可见，内化相当于儒家的内圣，使自己具有圣贤同样的道德本体；外化相当于外王，使自己能够把道德良知运用到社会生活当中。

内圣外王的关系在马克思主义与思想政治教育之间具有同构性。马克思主义主要体现为科学社会主义，政治经济学、马克思主义哲学这三个内容。思想政治教育则主要培养正确的人生观、世界观、价值观，进行形成正确的思想认识与政治观。进而，马克思主义与思想政治教育恰好构成了科学与人文的两重结构。而内圣外王的儒家话语也指代了道德实践与社会实践的统一。

第二，思想政治教育中国化需要学习中华优秀传统文化的历史经验。

任何社会的指导思想往往具有二元性质。儒家学说里面有孟子与荀子、程朱与陆王的对峙。此外，中国古代思想史上有儒道互补、儒佛互补等形式。意识形态领域既有一元化的统治，同时也有二元互补的结构。在西方政治文化当中，自由主义与保守主义就构成了二元互补。如果从当代中国的意识形态与多元一体的文化格局而言，马克思主义与中华优秀传统文化恰好构成了互补格局。进而，高校思想政治理论课可以应用内圣外王这种说法来实现教学内容的内化于心、外化于行。总之，本书认为只有把中华传统经典作为资料，学习中国古代思想政治教育史，不断进行中华优秀传统文化的学习，才能逐渐把中华优秀传统文化与马克思主义理论尤其是思想政治教育学融为一体，培养出既懂马克思主义理论又懂中华优秀传统文化的专业人才，为融入中华优秀传统文化之后的高校思想政治理论课提供基本的人才支撑。

第三节　借鉴其他学科，加强中华优秀传统文化研究

高校思想政治理论课教师要掌握中华优秀传统文化必须经过专业的学科教育。虽然思想政治教育与马克思主义理论一级学科下可以设置研究中华优秀传统文化的二级学科，但就长期形成的学科分类来看，中华优秀传统文化涉及并归属多个学科的特性一时难以改变。这会造成高校思想政治理论课教师融入与应用中华优秀传统文化面临各种难题与挑战。

《纲要》提出："加强中华优秀传统文化教育教学研究。充分利用传统文化优势学科、重点研究基地和相关科研力量，深入开展中华优秀传统文化教育教学研究，为中华优秀传统文化教育教学提供理论基础和学理支撑。"①由此可见，思想政治课教师必须利用上述学科资源，形成十七届六中全会提出的"中国传统文化的传承体系"；利用多学科交叉的客观化维度研究中华优秀传统文化。这种利用与结合要在思想政治教育和马克思主义理论一级学科的指导下进行。这将使得对中华优秀传统文化的研究与教学工作更加学科化、科学化，从而为高校思想政治理论课教师奠定学科基础。与此同时，多个交叉学科也为中华优秀传统文化融入高校思想政治理论课提供更加细致的学术支撑与经验借鉴。本书以下就多个学科、专业对中华优秀传统文化融入高校思想政治理论课的支撑作用展开论述。

一、借鉴国学专业

国学教育属于典型的中华优秀传统文化教育，其中既包括了经典阅读，也包括了古文字学、古典文学、古典礼仪、古典艺术、古典技术等。经学、中医、书法、茶道、诗词学、音韵学、训诂学、经史子集等内容。"国学"学科的设立对中华优秀传统文化有巨大的推动作用。国学一词源自章太炎、刘师培等学

① 完善中华优秀传统文化教育指导纲要[N].北京：中国教育报，2014-04-02(3).

者对本国文化的称谓。国学有别于西方学术文化，是对中国的语言文化、文学、历史和风俗习惯的研究。国学成为弘扬中华优秀传统文化的重要概念，受到社会各阶层的普遍关注。国学当中的红楼梦研究、诗词歌赋研究、书法国画的研究都源自中国的文学艺术形式。国学适合于国内交流，而在国际方面则不宜称之为国学。一般而言，国际上把有关中国传统文化的学问称之为"国际汉学"，主要是指国外学者研究中国传统文化的学术成果的总和。而在中国话语体系中，汉学意味着中国汉代的经学。汉学比起国学更加不适合称谓中华优秀传统文化。所以，中国共产党对外宣传使用"中华文化"，在国内则使用"中华优秀传统文化"。

在中华优秀传统文化融入高校思想政治理论课的过程中，我们不能把中华优秀传统文化称之为"国学"。国学属于一般社会民众的文化认同，而对于高校思想政治理论课教师而言，其文化认同与政治认同应当同步于社会主义先进文化。中华优秀传统文化是社会主义先进文化的一个部分。国学将会冲击高校思想政治理论课的意识形态特性。但是，伴随着国学专业已经开始招生本科的事实，中华优秀传统文化融入高校思想政治理论课就有与国学相呼应的性质。国学更多倾向于本国固有文化，与儒学相比更显得温和。进而，使用国学这一学科概念也有利于避免儒学化倾向。思想政治教育如果也设置中华优秀传统文化教育与研究的二级学科，将会与国学专业产生共鸣效应。

二、借鉴中国哲学专业

中国哲学专业在对中华优秀传统文化研究中具有首要的学科价值，中国哲学的研究对象与中华优秀传统文化的内容基本重合。相对而言，中国哲学是20世纪建立的学科体系，用哲学这种抽象思维总结归纳中华优秀传统文化，能够更多地剔除中国传统文化中的糟粕内容。张岱年认为："中国文化是一个包含多方面、多层次内容的体系，其中哲学思想居于主导地位"[①]，"哲学是文化的核心，是在文化整体中起主导作用的。科学、文学、艺术、教育等等

① 张岱年.文化与哲学[M].北京：中国人民大学出版社，2006:32.

莫不受哲学思想的引导和影响。”①中国传统哲学是高校思想政治理论课所要融入的中华优秀传统文化内容之一。中国传统哲学居于中华优秀传统文化的核心位置。中国哲学与中国古代经典息息相关。古典文献学继承了中国古代训诂学、章句学、考据学的优势，以文字为中心继承了中华优秀传统文化。汉字与古籍构成了中华优秀传统文化的基本载体。经典诠释学、古文献学也构成中国传统哲学的重要内容。尽管中国古代文学、古文献学也都涉及中国传统经典，但是在对中国传统经典的义理上的发挥与诠释而言，中国传统哲学是诠释中国古代经典的最重要的学科。所以，中国哲学专业是中国传统文化现代化的重要学科方法，可以为高校思想政治理论课教师融入并诠释中华优秀传统文化提供学术支撑。

思想政治教育设立中华优秀传统文化教育与研究二级学科也必然需要中国哲学专业的支撑。中国哲学的思辨性与伦理学特质都具有思想政治教育的性质。有的学者就特别强调了中国哲学尤其是儒家哲学是一种教化哲学。而所谓的教化哲学就是古代的思想政治教育，以伦理为本位的儒学在近代以来的学科归属上已经严重地内化到中国哲学专业去了。这虽然丧失了儒学的生活维度或者政治维度，作为知识维度上的儒学却大大发展了。中国哲学当中的心性儒学即是用现代的话语解构古代的思辨、修养的内容，对于思想政治工作的本质属性而言具有一定的补充意义。所以，中华优秀传统文化融入高校思想政治理论课，就需要认真考虑中国哲学专业作为学术支撑的重要价值。

三、借鉴中国古代思想史学专业

中国古代思想史学专业为高校思想政治理论课教师正确理解中华优秀传统文化提供了历史学支撑。中国古代思想史学是历史学的分支，主要研究古代思想家们活动经历与社会思潮发展历程，进而有利于人们了解中国古代历史事件、社会面貌、精神文化。对中国古代思想史的梳理有利于思想政治教育学者正确认识中华优秀传统文化的形成与演变的历史规律，进而对中华优秀传统文化有更宏观维度的把握，从而避免陷入只见树木不见森林的僵化

① 张岱年.张岱年全集:第六卷[M].石家庄:河北人民出版社,1996:33.

状态。中国古代社会与中国传统文化正好构成了社会存在与社会意识的二元结构。中国古代思想史浸透着中国古代思想家的个性和智慧，对思想政治教育超越单纯阐发的历史规律、实现以人为本与人文关怀有着一定的启发意义。高校思想政治理论课要融入中华优秀传统文化，必须把中华优秀传统文化与中国历史上的悲剧性事件区分开来，避免历史教育与文化教育相互干扰。但与此同时，高校思想政治理论课教师又要看到中国历史上的悲剧性事件往往与人们当时落后的思想观念密不可分。所以，融入中华优秀传统文化就必须对中国古代历史与古代思想史有一个准确的判断。因此，中国古代思想史学是高校思想政治理论课教师研究中华优秀传统文化的一个必要学术支撑。

四、借鉴中国古代文学专业

语言文字的教学活动是中国人接受中国传统文化的必要过程。语文教学必然涉及语言文学背后的思想意识形态。所以，中国古代文学与语文教学是在思想政治教育与高校思想政治理论课体系之外弘扬中华优秀传统文化的重要途径。中国古代文学与语文教学具有文以载道的功能，必然涉及中华优秀传统文化，这对高校思想政治理论课而言是一个有利的帮助。同时，中国古代文学也有利于思想政治教师正确理解中华优秀传统文化的经典与文本。中国古代文学与中国传统哲学恰好构成了文学与道学的分际。中国古代文学经典虽然不同于中国古代思想经典，但一样属于经典范畴。比如，在四书五经之外，中国古代的优秀文学家作品能够流芳千古，具有非常强的思想政治教育功能与价值。所以，中华优秀传统文化融入高校思想政治理论课不可能完全是中国传统哲学的内容，可以扩充到中国古代文学经典，而且古代文学与古典文字学都有着密切的关系。所以，思想政治教育要设立中华优秀传统文化教育与研究必须首先过了古文字学的关卡，防止出现错误理解古代文字造成理解上的失误。这是高校思想政治理论课教师融入中华优秀传统文化，进行中华优秀传统文化教育与研究的基本素质和要求。

中华优秀传统文化本身涉及文学、历史学、哲学等各个学科门类，多学科的知识背景也成为中华优秀传统文化融入高校思想政治理论课的独特优势，但多学科也造成了中华优秀传统文化的诠释主体处于相互叠加的混乱状态。国学学科的建立初步解决了这个问题,但是中华优秀传统文化融入高校思想政治理论课必须建立在自身的学科建设基础上。因此,把中华优秀传统文化设立为二级学科,进而把思想政治教育研究方法运用到中华优秀传统文化的内容上去,实现中华优秀传统文化的思想政治教育化,才能更好地充实中华优秀传统文化融入高校思想政治理论课的知识基础。

总之,开设新的中华优秀传统文化教育的二级学科以及加强有关中华优秀传统文化的专业课程建设的最终目的是培养能够担当中华优秀传统文化教育的思想政治教育工作者。人才培养是思想政治教育学科的重要职能,进而能够逐渐改变高校思想政治理论课教师知识结构狭隘,无法适应大力弘扬中华优秀传统文化需要的尴尬局面。

第四节 通过课程改革融入中华优秀传统文化

高校思想政治理论课程改革是融入中华优秀传统文化的必然环节。这里有两种方案可供选择。第一个方案是把中华优秀传统文化融入现有课程体系当中。这已经在历次教材修订中不断得到体现。第二方案是设立新课程全面融入并讲授中华优秀传统文化。这将会引发课程组成模块的增容并挤占其他课程的学时。

一、加大现有课程持续融入中华优秀传统文化的力度

高校思想政治理论课教材在实施05方案过程中不断加大融入中华优秀传统文化的力度。具体内容已经在第二章有关教材分析的部分有所叙述。但是,中华优秀传统文化融入高校思想政治理论课的体系化程度不高,重要性显得不足,分量不够重,进而远远不能满足中国共产党传承与弘扬中华优秀传统文化的决策需要。

第一,把中华优秀传统文化的话语内容融入现有课程体系之中。

增加使用中华优秀传统文化的相关案例与话语是最简单、最开始的做法,构成了融入工作的第一个环节。这是把中华优秀传统文化融入原有教学

体系各个部分当中去。中华优秀传统文化以材料的形式分散在各个章节之中，进而缺乏整体性。但是其优点是不破坏高校思想政治理论课原有的教学体系与知识体系。这种融入办法使得中华优秀传统文化缺乏鲜明的章节，不构成关键知识节点，对现有的高校思想政治理论课体系的冲击也最小。这种融入办法在现有教学体系下最容易实现，更符合高校思想政治理论课的特点，进而不会偏离马克思主义的主体地位。但是，这种融入方式不利于对中华优秀传统文化展开系统的学习，无法达到传承与弘扬的效果。这种方式已经在修订过程中实现。

第二，把中华优秀传统文化的知识结构融入现有课程之中。

在融入一定量的中华优秀传统文化之后，高校思想政治理论课需要生成有关中华优秀传统文化的知识模块。这构成了融入工作的第二个关键环节，更具有突破性含义，却存在着一定的困难。这就是以单独章节的形式融入中华优秀传统文化，较为完整地介绍中国共产党正确认识与处理中华优秀传统文化的理论构建。中华优秀传统文化如新民主主义理论、改革开放理论、中国特色社会主义经济一样成为中国共产党思想体系的组成部分。比如把中华优秀传统文化作为马克思主义中国化的文化基础，分析马克思主义与中华优秀传统文化相融合的宏观历史背景与历史发展的逻辑线索。这都可以算作高校思想政治理论课对中华优秀传统文化进行的理论建构。这种融入方法的优点是注重从知识结构上整理中华优秀传统文化，而不是零散地把中华优秀传统文化作为材料。但是，这种方案需要正确处理中华优秀传统文化与马克思主义中国化、中国特色社会主义文化建设等内容的逻辑关系。目前则是不断增加中华优秀传统文化的一些话语。中华优秀传统文化已经以案例和必要简介的形式存在于高校思想政治理论课当中，但远远没有达到独立成章节的地步。增加新的知识结构需要进行严格的理论论证。

第三，把中华优秀传统文化融入现有课程当中仍处于发展演化之中。

马克思主义理论学者与高校思想政治理论课教师长期关注中华优秀传统文化并积累了丰富的经验，形成了基于马克思主义立场的文化理论与科学认识。大学已经有了开设中华优秀传统文化教育和经典教育的长期经验。思想政治教育者可以对此类课程加以整合。国学、传统文化通识课、中国哲学课、中国古代思想史等课程都对中华优秀传统文化有着丰富的阐释。马克思主义理论者不断把中华优秀传统文化纳入整个马克思主义理论体系当中，二者的融合模式更加成熟。中华优秀传统文化经过了长期批判与诠释已经消除了复古主义的土壤。中华优秀传统文化融入高校思想政治理论课已经可以排除“尊孔读经”“复古主义”的嫌疑与阻力。但是，高校思想政治理论课在现有课程体系内融入中华优秀传统文化需要高校思想政治理论课教师以极大的理论勇气接受中国优秀传统文化的知识体系。这种接受对于全体高校思想政治理论课教师而言还是一个挑战。高校思想政治理论课在知识固定化之后融入中华优秀传统文化会增加一定的活力。但是，这种融入也会开启一系列思想演化的后效。中华优秀传统文化融入高校思想政治理论课并不是问题的结束，其以往的演化则非常复杂，需要认真加以对待。

二、通过开设新课程融入中华优秀传统文化

中华优秀传统文化教育完全具有单独设立成为一门课程的体量，进而与其他四门基本课程并列。开设新课程与在原有课程教材中增加中华优秀传统文化的教学内容并不矛盾，可以同时进行。即使开设了新课程，高校思想政治理论课也需要在现有课程中增加中华优秀传统文化的教学内容，并且把新课程与马克思主义基本原理、马克思主义中国化、思想道德修养与法律基础等内容衔接起来。这样才能使得中华优秀传统文化渗透于高校思想政治理论课的整体，进而与其他教学内容形成相互联系的知识结构与教学体系。

即使开设新课程，同样有两种方案进行选择。中华优秀传统文化教育分为文化通论教育和经典教育两种形式。这两种形式值得高校思想政治理论课教师借鉴，并把文化通论与经典阅读结合起来。这两种形式的优劣比较具有复杂性，现存的中华优秀传统文化教育与经典教育对高校思想政治理论课教师应用中华优秀传统文化具有启示意义。

第一，借鉴通识教育方式，编写通论性质教材。

中华优秀传统文化融入高校思想政治理论课必然要借鉴中国已有的通识教育模式。中华优秀传统文化教育存在着多种形式。如人文通识教育意义下的中华优秀传统文化教育。这是以思想史文化史的思路，以通识教育的

方式，撰写有关中华优秀传统文化的全面介绍，包括物质文化、精神文化，乃至于政治文化等等。这接近于历史教育与文化常识教育，也是一种以文化为主的国情教育。中华优秀传统文化作为选修课广泛存在于大学教育体系之中，并且几乎都配备了教材。

第二，直接把中国传统经典融入进来，进行经典教育。

用经典进行教学是中国古典教育的重要载体和基本特点。但是，高校思想政治理论课教师掌握经学方法的水平与立场需要进行审慎衡量。中华经典教育是一个有着两千多年传统的古典教育。古典教育是人类历史的基本形式并且普遍存在于各个国家之中。蒙学读物在这个方面一直都有大的出版量。经典诠释学本身构成了一门深刻的学问。直接开设经典选读为主体的中华传统经典教育存在着较大的争议与困难。中国传统经典教育必然要以经典诠释学为方法。这种经典教育是中华优秀传统文化教育的最重要的形式，是把握思想核心的关键方法。

经典教育退出了国民教育体系，仅仅在哲学系、历史系、古典文献学、中国古代思想史等专业领域有所保存，并适合于研究生阶段的专业学习。经典自身的现代化与诠释方法有待于高校思想政治理论课教师掌握，这也构成了直接进行经典教育的困难。经典教育与马克思主义联系最少。而通识教育则是用马克思主义方法进行总结的客观内容，更为全面。通论性质的教材更能反映中国古代文化的全貌，对认识历史上的中国并对接受马克思主义起到了一定的铺垫作用。但就思想道德的训练而言，经典教育更能激发大学生学习领会中华优秀传统文化的动力与亲和力。经典本身是思想的载体，是中华优秀传统文化的载体。中华优秀传统文化融入高校思想政治理论课离不开经典教育。推行古代经典的教育是中华优秀传统文化教育的基本形式。只有阅读经典、弘扬经典才能算是真正传承与弘扬中华优秀传统文化。高校思想政治理论课的政策性强，需要有严密的政策论证与支撑。这种现状并不是某个大学或者某个高校思想政治理论课教师所能够改变。马克思主义理论研究和建设工程咨询委员会与高校思想政治理论教材编写领导小组是执行高校思想政治理论课改革的权威机构。他们依据党和国家的政策，对高校思想政治理论课教材按照年度紧跟党中央理论创新的步伐进行及时修订。该委员会与小组的各位专家委员对于中华优秀传统文化融入高校思想政治理论课有着更为慎重的态度。把中华优秀传统文化教育作为一门课程放入高校思想政治理论公共课程体系,乃至于马克思主义理论建设工程当中,仍然需要马克思主义理论学者、思想政治教育学者、高校思想政治理论课教师在中国共产党的领导下进行慎重论证与周密决策。

第五节　通过教学内容设计融入中华优秀传统文化

中华优秀传统文化融入高校思想政治理论课并不是简单的教学内容与话语,而是要对中华优秀传统文化进行知识模块化的总结,进而生成知识结构。只有生成知识结构才能提升中华优秀传统文化在高校思想政治理论课的地位,仅仅引用若干中华优秀传统文化的话语进行点缀并不能从根本上提升融入的水平。只有从知识结构上把中华优秀传统文化植入马克思主义中国化理论体系以及高校思想政治理论课的知识结构,才能真正达到传承与弘扬的目的。所以,设计中华优秀传统文化的教学内容是融入工作的关键标志。目前的融入工作仍然停留在话语引用的层次,没有达到知识结构的水平。融入中华优秀传统文化的工作除了正确界定基本概念、科学内涵之外,最重要的就是对中华优秀传统文化的教学内容进行设计。以知识结构为主体的教学内容设计能够更大范围地反映出中华优秀传统文化的全貌,又能结合高校思想政治理论课的需要,契合马克思主义理论的规范。这就需要对中华优秀传统文化进行系统总结与概括。

在对中华优秀传统文化的知识内容划分方面,有的学者把以中国哲学为代表的中华优秀传统文化与马克思主义理论及其中国化的理论在“马克思主义哲学、唯物史观、马克思主义价值观、中国特色社会主义”四个部分进行了双向诠释。马克思主义哲学、政治经济学与科学社会主义是马克思主义理论的经典知识结构。其中,政治经济学与唯物史观具有重要的重合性质,而中国特色社会主义是科学社会主义的重要组成部分,所以可以融合为一。而马克思主义价值观本来属于马克思主义哲学的部分,但是却由于巨大的社会效应而单独列出。大部分的思想政治教育学者则会按照知识分类的横向逻辑加以总结。

本书把中华优秀传统文化按照高校思想政治理论课需要的视角划分为中国传统哲学、中国传统政治智慧、中华传统美德三个部分。需要说明的是，有关中国古代历史的研究与学习则一直为中国共产党所提倡，处于显著位置。有关中国古代的历史教育与学习在高中初中阶段已经相当充分。所以，融入中华优秀传统文化就更加强调要把中国传统哲学、中国传统政智慧、中华传统美德三个内容融入进来。这三个内容对高校思想政治理论课的对象——大学生具有重要的意义。学习中国传统哲学相当于让大学生具有基本的哲学思考能力，学习中国传统政治智慧是为了让大学生具备治国理政智慧，学习中华传统美德是为了让大学生具备道德修养的能力。

马克思主义基本原理划分为马克思主义哲学、政治经济学与科学社会主义三个部分。而现有的高校思想政治理论的课程同样存在一个知识结构的分类。中国传统哲学、中国传统政治智慧、中华传统美德分别对应着马克思主义基本原理概论、毛泽东思想和中国特色社会主义理论体系概论、思想道德修养与法律基础等三个部分。由此可见，马克思主义理论与中华优秀传统文化具有这种知识结构上的相似性与全面性。高校思想政治理论课只有全面、系统地总结中华优秀传统文化的内在知识结构，才能更好地融入中华优秀传统文化。

一、中国传统哲学的融入

马克思恩格斯非常看重哲学的重大作用。他们曾经提出："哲学把无产阶级当作自己的物质武器，同样，无产阶级也把哲学当作自己的精神武器。"[①]哲学的重大作用也为中国共产党领导人所重视。2004年，中共中央印发的《关于进一步繁荣发展哲学社会科学的意见》强调了哲学对社会发展的引领作用。哲学作为最根本、最系统的世界观与方法论，对于建构人们的价值观和内在心理结构有着极其重要的指导意义。中国传统哲学对阐释中华优秀传统文化有着重要作用。

《中国哲学与辩证唯物主义》是张岱年、方克立对中国哲学与辩证唯物主

① 马克思恩格斯选集：第一卷[M].北京：人民出版社，1995：15—16.

义相结合、相融合的理论建构，具有一定的标杆性，代表着融合论的较高成就。该书是从中国哲学角度对中国优秀传统文化与马克思主义融合论的一种探讨，突出了中国传统哲学中的朴素唯物主义因素。这对于高校思想政治理论课应用中国传统哲学思维有一定帮助。中国传统哲学作为中华优秀传统文化的首要与重要内容，是高校思想政治理论课教师正确诠释中华优秀传统文化必要的学术训练。中国传统哲学是中华优秀传统文化融入高校思想政治理论课的重要学术资源与基础。中国传统哲学与高校思想政治理论课相关性较强的主要有以下几个部分。

第一，以中国传统哲学阐释唯物主义世界观。

马克思主义哲学的逻辑起点是物质概念。物质概念是对客观存在的抽象概括。同样，中国传统哲学用一元论表达了朴素唯物主义。《庄子》里提出："人之生，气之聚也；聚之则生，散则为死。若死生为徒，吾又何患。故万物一也。是其所美者为神奇，其所恶者为臭腐；臭腐复化为神奇，神奇复化为臭腐。故曰：通天下一气耳。圣人故贵一。"庄子形象地描述了世界的统一性，并把这种统一性命名为"气"。《易传》提出"精气为物"的说法。周敦颐认为："二气交感，化生万物。万物生生，而变化无穷焉。惟人也得其秀而最灵。"无生命的自然物顶多是器。而有生命的生物则是精气生长而成的。精的本来含义就是种子。古人还有元气说。带有能量性质的存在被称为元气。气相当于物质。

第二，以中国传统哲学阐释唯物主义。

马克思主义认为运动是物质的根本属性。中国传统哲学则以气化流行来描述运动。比如，张载提出："一物两体，气也。一故神，两故化。此天之所以参也。"[①]张载用阴阳二气的对立统一说明气化的原因。易传上提出了"阴阳不测之谓神"的判断。阴阳的对立统一运动具有无穷的变化。中国哲学用"常道"描述运动的规律，用"无常""不测"描述运动的复杂性、随机性、偶然性。周易提出"动静有常"的思想。易传的世界观就是变易。中国哲学以阳为动、以阴为静。动静阴阳结合在一起更丰富地描述气化的复杂性。周易用"易"来表达"运动"这一概念，并把"易"作为了世界的本质属性。易本身就有

① 张载．张子正蒙[M]．上海：上海古籍出版社，2000：110.

变易的意思。《周易》提出："复，其见天地之心乎。"人们以往把静当作本体，而程颐据此却把动作为世界的本质。天地的本性就是复归于健动。气化易道往往有机械运动的嫌疑倾向。中国哲学还用"生"这个概念阐释"运动"这一概念所包含的化学反应、本质变异等不易被人察觉的变化。运动与变化在一般常识中有不同侧重。《周易》提出："生生之谓易。"生化是事物在本质上的迁移，而不是简单的物理位移。程颢对此深有体悟。他说："天只是以生为道。"后代学者高度评价了这种生生不息的本体。他认为程颢所揭示的天理就是"生生之理"而不是静止和抽象的规律。程颢以"万物皆有春意"的智慧关照说明了生化的宇宙观。马克思主义在物质运动与静止的背后发现了普遍联系与规律，中国传统哲学往往用"道"来形容规律性，用"一"来形容普遍联系。庄子提出"万物一体、道通为一"的普遍联系的思想。比如，张载说："由气化，有道之名。"王夫之说："气化者，气之化也。阴阳具于太虚，絪缊之中，其一阴一阳，或动或静，相与摩荡，各自成其条理而不妄，于此而言之谓之道。"进而，中国古代哲学以永恒的规律——道作为终极性的存在。马克思主义者同样把追求真理作为自身的信条。

第三，以中国传统哲学阐释唯物辩证法。

辩证法则是认识规律的方法。从老子的"常名"，到孔子的"正名"、墨家的"名实论"等思想都是辩证法的体现。《论语》记载："子路曰：卫君待子而为政，子将奚先？子曰：必也正名乎。子路曰：有是哉？子之迂也。奚其正？子曰：野哉！由也。君子于其所不知，盖阙如也。名不正，则言不顺；言不顺，则事不成；事不成，则礼乐不兴；礼乐不兴，则刑罚不中；刑罚不中，则民无所措手足，故君子名之必可言也，言之必可行也。君子于其言，无所苟而已矣！"可见，孔子把名辩思想应用到政治领域。中庸是孔子根本的思维方法。中庸就是把两个极端都考虑到，进而找到事物可以中和的临界点，从而保持矛盾运行的稳定性。

毛泽东在20世纪30年代写的《矛盾论》，对唯物辩证法的中国化做出了贡献。在中国传统哲学中，矛盾论有着更为丰富的内容。《周易》指出："易有太极，是生两仪。"老子提出："道生一，一生二。"中国哲学的"一分为二"实际在讲矛盾的对立性。阴阳论与矛盾论具有相似性。阴阳对立、阴阳并生、阴阳和合则是矛盾对立、矛盾并生、矛盾两方面统一的形象说法。矛盾这一说法来自韩非子“自相矛盾”的故事。矛盾论仿佛更强调了对立的一面，阴阳则更强调了统一的一面。张载说：“有物斯有对，有对斯有仇，仇必反其为，仇必和而解。”和解是矛盾的最终走向。中国哲学强调矛盾的起点是“一”，即太极运动。矛盾的终点则是“参”，即和解状态。老子认为：“万物负阴抱阳，充气以为和。”《中庸》指出：“致中和，天地位焉，万物育焉。”中和是把矛盾对立的两方面整合在一起，保持事物存在的稳定性。这种丰富的辩证法思想有利于高校思想政治理论课阐释唯物辩证法。

第四，以中国传统哲学阐释马克思主义认识论。

马克思主义认识论是能动反映论。中国哲学称意识为心体。心体能够思虑、认知、行动。能思、能知、能行都是心体的作用。实践和认识都是人在思维头脑主宰下的活动。心体构成了实践和认识的本体。荀子就以“心有征知”说明了这种唯物主义认识论。荀子提出：“水火有气而无生，草木有生而无知，禽兽有知而无义；人有气有生有知亦且有义，故最为天下贵也。”人在思维认知基础上具有了社会道德和社会关系的组织能力。社会属性成为最可宝贵的品质。这符合马克思主义关于人的诞生是在人类社会集体劳动和生活中产生的观点。荀子同时认为心具有“缘天官以征知”的能力。《论语·述而》提出：“我非生而知之者，好古敏以求之者也。”孔子发扬了心具有知的能力，从而可以学而知之，而不是生而知之。《中庸》提出：“或生而知之；或学而知之；或困而知之：及其知之，一也。”知是心的功用。宋明理学的格物致知就是心体的能动作用。这对于高校思想政治理论课克服机械唯物主义，阐释辩证唯物主义，注重人的主体能动性有一定价值。

第五，以中国传统哲学阐释实事求是思想路线。

实事求是是一种注重实证与考据的学术方法，是中国共产党的思想路线。“实事求是”包含着唯物论、认识论、辩证法和方法论的丰富含义。“实事”就是客观存在着的一切事物。事物，即是“事”和“物”的总称，也就是运动过程和物质实体。“是”即规律性。规律在中国古代被喻为“理”“常道”。实事求是可以表述为“即事求理”。如果再去掉“求”字，那么实事求是可以表述为“理在事中，理在气中”。理在气中，较为稳妥地表现了真理的来源，乃是事物运动。可见,中国哲学当中充满了类似于实事求是的思想方法,其中以即事求理、事上穷理最为突出。即事求理可以追溯到程朱理学当中。程颐认为:"物则事也,凡事上穷极其理,则无不通。"①这种思想方法后来被朱熹用《大学》上的"格物致知"加以说明。事上穷理,即"格物致知",就是要在实事中寻找规律。这是一条向外寻理的思路。即事求理、格物致知与实事求是具有理论形态的一致性。实事求是思想路线是中国共产党融入中华优秀传统文化阐释马克思主义的经典案例,值得马克思主义者继续推动这种结合,而不是故步自封。

二、中国传统政治智慧的融入

高校思想政治理论课必须把中国传统政治智慧融入进来,才能服务于中国特色社会主义政治建设。爱国主义、执政为民、天下为公、夙夜在公等都可以为中国特色社会主义政治文化建设提供有益的支撑。中国传统政治智慧具有维护国家统一与激浊扬清的作用。中国传统政治智慧与高校思想政治理论课相关的内容主要有以下几个部分。

第一,以中国传统政治智慧阐释中国特色社会主义事业领导核心。

"大一统"是中国传统政治智慧的核心观念。《公羊传》记载:"元年者何?君之始年。春者何?岁之始也。王者孰谓?谓文王也。曷为先言王而后言正月?王正月也。何言乎王正月?大一统也。"②这虽然叙述的是周朝故事,但也表明公羊学家对汉代一统天下的肯定。董仲舒在汉武帝元光元年举贤良对策中对大一统有所发挥,提出:"《春秋》大一统者,天地之常经,古今之通谊也。"然后按照大一统的原则要求"诸不在六艺之科孔子之术者,皆绝其道,勿使并进。邪僻之说灭息,然后统纪可一而法度可明,民知所从矣"③。这实际完成了中国古代社会以儒学为主体的意识形态建构。从此,大一统成为中国传统政治智慧的基本特质。大一统的政治哲学术语应当是"权威性"。政治核心的权威性即是它合法性的必然反应。权威是政治学的一个基本范畴。

① 程颢,程颐.二程集[M].北京:中华书局,2004:143.
② 董仲舒.董仲舒集[M].北京:学苑出版社,2003:10.
③ 董仲舒.董仲舒集[M].北京:学苑出版社,2003:28.

一个正常的政体应当具有足够的政治权威去引领社会。一个正常的政体也应当在恰当的时机建立自己的权威,维护自己政治领导核心。维护权威是一个政体的必然反应。西方发达资本主义国家也注重权威培育。权威性、合法性乃至于神圣性是政治文明中的重要号召力、影响力、软实力。孟子言:“夫人必自侮,然后人侮之;家必自毁,而后人毁之;国必自伐,而后人伐之。”他提醒统治者必须注重权威的培育。大一统相当于政治核心主义。政体之中的政治核心必然是国家机构。中国共产党在党章中规定为“中国特色社会主义事业的领导核心”。任何国家都必然存在政治核心。高校思想政治理论课教师使用“大一统”观念,有利于继续坚持党的领导核心作用、权威和团结。高校思想政治理论课必须加强政治核心主义教育,发扬中国传统的“大一统”观验,防止权威性的丧失。

第二,以中国传统政治智慧阐释革命精神。

革命精神是中国共产党在长期领导新民主主义革命过程中所形成的精神品质。“革命”作为中国共产党思想史的重要话语同样起源并贯穿于中国古代思想史之中。马克思主义理论工作者系统总结了中国古代历史上的革命。中华优秀传统文化融入高校思想政治理论课有利于阐释革命精神。

“革命”一词最早来自《周易》。《周易》提到“汤武革命顺乎天而应乎人”的历史观。周易中的革卦包含了变易政权、社会改革等多重含义。六二爻提出:“巳日乃革之。”巳日是地支的一半。社会变革的实现往往需要很长的时间。六三爻提出的“革言三就,有孚”说明改革要取得更多人的信任。

中国古代有“杀无道、就有道”等追求正义的革命精神。《尚书》载有“时日曷丧?予及汝皆亡”的革命要求。商汤则提出:“有夏多罪,天命殛之。夏氏有罪,予畏上帝,不敢不正。”他利用了人们的天命信仰进行革命动员。

儒家对残害民众的无道昏君持否定态度,并有革命倾向。孟子对“汤放桀,武王伐纣”评价说“闻诛一夫纣矣,未闻弑君也”。孟子认为民众有权推翻不称职的统治者。后来很多儒家都以天命转移的危险性来规劝君主实行负责任的政治行为。荀子则评论道:“汤武者,民之父母也;桀纣者、民之怨贼也。今世俗之为说者,以桀纣为君,而以汤武为弑,然则是诛民之父母,而师民之怨贼也,不祥莫大焉。”荀子认为汤武诛杀桀纣是顺天应人的正义之举。

直到西汉，儒家学者辕固生依然坚持汤武革命的正义性。西汉大儒董仲舒说："天之生民，非为王也，而天之立王，以为民也。故其德足以安乐民者，天予之；其恶足以贼害民者，天夺之。故夏无道而殷伐之，殷无道而周伐之，周无道而秦伐之，秦无道而汉伐之。有道伐无道，此天理也。"[①]董仲舒通过屈君而伸天，督促君王修德明治。明末清初的黄宗羲揭示了专制君主的罪恶，重申了民众对于暴君的革命权。他说："古者以天下为主，君为客，凡君之所毕世而经营者，为天下也。……然则为天下之大害者，君而已矣！"[②]黄宗羲指出天下全体民众才是真正主人，推翻自私贪婪的暴君是理所当然的。

儒家的均富思想也蕴含在革命精神之中。革命行动的最现实原因就是要求均贫富。孔子较早提出了"均贫富"的学说。《论语》记载："丘也闻有国有家者，不患寡而患不均，不患贫而患不安。"平等占有财富是国家安定的基础。社会主义运动追求共同富裕与均贫富具有一致性。

毛泽东早年对儒家革命论有所研究，指出："今吾以大本大源为号召，天下之心其有不动者乎？天下之心皆动，天下之事有不能为者乎？"[③]明清时代的成圣论已经成为儒学通识。圣贤人格也成为中国近代以来革命者的理想追求。中国共产党要改造军阀割据的旧中国，实现民族独立。这也是整个儒家济世安民理想的生动体现。宋代范仲淹的"先天下之忧而忧，后天下之乐而乐"的担当精神也逐渐演变成革命者舍生取义、杀身成仁的殉道精神。中华民族历史传统中的圣贤人格成为鼓舞革命者完成历史使命的重要思想来源。近代的康有为在董仲舒之后重新把孔子塑造为一个社会革命者形象。他认为孔子作《春秋》就是要革除弊政、为汉立法。熊十力则认为"天下为公，选贤与能"非常符合民主政治意义上的现代革命。

第三，以中国传统政治智慧阐释社会主义改革。

毛泽东思想与中国特色社会主义理论体系概论课界定了社会主义改革科学内涵，主要是以下两点：第一，改革是一场新的伟大革命；第二，改革是社会主义的自我完善和发展。高校思想政治理论课对社会主义制度区分为基

① 董仲舒．董仲舒集[M]．北京：学苑出版社，2003：176.
② 黄宗羲．黄宗羲全集：第一卷[M]．杭州：浙江古籍出版社，1985：3.
③ 毛泽东．毛泽东早期文稿[M]．长沙：湖南出版社，1990：30.

本制度和具体体制机制,进而认为基本制度不能变而具体体制机制可以变。而中国传统政治智慧对这种变与不变的统一体有着丰富的论述。从中国传统政治智慧的角度而言,“改革是新的伟大革命”相当于承认变易,而“改革是社会主义制度的自我完善与发展”则承认了变易中有不变的内容。对于基本制度的不变性,董仲舒的“天不变道亦不变”可以强化其永恒性。而对于具体体制机制的可变性,董仲舒的“故王者有改制之名,无易道之实”可以说明其灵活变通性。改革开放以来,中国领导人强调“改革、发展、稳定”。稳定强调了恒常性,改革则强调了变化性。发展作为改革的成果,也强调了变化性。以变为本的发展观是马克思主义的基本观点。中国传统政治智慧往往强调“渐变因革”。社会需要慢慢修正自己的轨迹。革卦对变革体制的过程有详细的分析,恒卦对“恒德”有所论述。整个《周易》都在讲变化。易本身就含有变化的含义。《周易》中的“损”“益”二卦也是对变易的一种描述。改革就是损益社会制度。《论语》记载了儒家的社会损益的思想。比如:“子张问:‘十世可知也?’子曰:‘殷因于夏礼,所损益可知也。周因于殷礼,所损益可知也。其或继周者,虽百世可知也。’”孔子在谈到殷周之际的制度变迁的时候也认为存在因循损益的过程。政治就是损益之道,不可能完全地创新,也不可能完全的守旧。子张问孔子是不是可以预言社会制度将来怎么演变。孔子在这里讲到夏、商、周三世,只是引用过去以代表将来。孔子说殷商文化是由夏朝文化演变而来。夏朝原有的文化,有的减损了,有的增益了。但增益也好,减损也好,总由前面的历史迹象而来,必须要变才变。周朝文化又是从殷商渐变而来的。所谓传统就是这样在一个系统中渐变传下来的,并不是指一定保留原来的样子才叫传统。这是强调人们可以通过遵循历史的轨迹和逻辑预知未来的社会变迁。变与不变的结合恰恰是中国传统政治智慧的优点所在。

毛泽东思想和中国特色社会主义理论体系概论课程在谈到“保持改革、发展、稳定的协调”时候引用了《老子》六十四章“为之于未有,治之于未乱”的思想[①]。促进改革、推动发展、保持稳定是一种综合的状态。改革是主体的变化和作为,而发展则属于客观的变化和影响。改革相当于人为,发展则相当

①《毛泽东思想和中国特色社会主义理论体系概论》编写组.毛泽东思想和中国特色社会主义理论体系概论[M].北京:高等教育出版社,2015:291.

于天道。以改革促发展就是以人道的作用参赞天地的化育工作。马克思主义哲学也只是把向上的前进的运动称之为发展。中国共产党人在掌握人类社会发展规律、社会主义建设规律之后可以较快地推动社会发展。社会发展建立在社会稳定的基础之上。社会动荡不符合人类的生活需要,社会稳定是经济建设能够获得成功的重要原因。稳定服务于改革与发展,而不是单纯谋求稳定。中国近代史的时代精神就是变易,而以往中国社会往往是趋向于停滞的静态。可见,把中国传统政治智慧融入进来对于高校思想政治理论课阐释社会主义改革有重要的借鉴价值。

第四,以中国传统政治智慧阐释社会主义本质。

邓小平提出了社会主义本质的思想。他认为:“社会主义本质是解放生产力,发展生产力,消灭剥削,消除两极分化,最终达到共同富裕。”①社会主义本质符合马克思主义有关生产力是推动社会发展的重要动力的论述,同时也是中国古代一系列治国智慧的延续。按照儒家思想的解读,社会主义本质相当于求仁的生产力路线。这按照儒家仁学的思路可以被概括为“力而后富,富而后仁”。马克思主义者以生产力求人类解放、人的自由而全面发展的“仁”。无产阶级革命相当于以暴力革命求仁的路线。这些都符合儒家以外王事功求仁政的思想路线。富民本身就是事功。所谓的外王事功按照孟子的讲解就是人们的生活得到改善普遍地安居乐业。仁政的内容最后以人们的生活为体现。力行、富民、仁爱是一个完整的体系。儒家重视以功德助王道的责任。马克思主义者实际也在通过政治发展改造中国社会,建设中国特色社会主义与小康社会,造福人民。

孟子提出:“不违农时,谷不可胜食也……养生丧死无憾,王道之始也。五亩之宅,树之以桑,五十者可以衣帛矣;……百亩之田,勿夺其时,数口之家可以无饥矣;……黎民不饥不寒,然而不王者,未之有也。”这里的王道既有从物质生活资料角度考虑的“不可胜用”的富足,也有从生产资料所有制角度考虑的“勿夺其时”的保障。可见孟子按坚持人民生活幸福的指标和生产力发展的标准评价理想社会。荀子提出:“节用以礼,裕民以政。彼裕民,故多余。裕民则民富。”荀子还提出:“量地而立国,计利而畜民,度人力而授事,使民必

① 邓小平.邓小平文选:第三卷[M].北京:人民出版社,1993:373.

胜事,事必出利,利足以生民……轻田野之赋,平关市之征,省商贾之数,罕兴力役,无夺农时,如是则国富矣。夫是之谓以政裕民。”通过节制统治者的欲望也可以使得人民富裕。人民富裕则人民安定,进而国家富裕,从而社会秩序得到稳定。这为实现理想社会创造了物质条件。

“解放生产力、发展生产力”属于人与自然的关系。生产力是人和自然之间的中介。生产力也是人类社会组织与工具组成的体系。儒家重视社会政治伦理,对生产力缺乏足够的重视。儒家思想立足于“德”,而不是力。这是社会主义与儒家不同之处。孟子反对农家“君臣并耕”的思想。孟子强调了“劳心者治人,劳力者治于人”。宋朝理学下移之后,很多儒者也开始参与经济活动,逐步形成了儒家的经济思想。以力发财、以财求仁是《大学》里的经济思想。《大学》提出:“有德此有人,有人此有土,有土此有财,有财此有用……生财有大道,生之者众,……仁者以财发身,不仁者以身发财。”《大学》的经济学思想就是重视“人”的作用。这里的人是特指劳动力。古代社会中的劳动力和生产力具有密切含义。劳动力就是最重要的生产力。

“消灭剥削,消除两极分化,最终达到共同富裕”按照中国传统政治智慧的解读属于富民、养民的经济政策。共同富裕的目的是为了达到社会主义根本原则下的人的自由而全面的发展。人的自由而全面的发展在儒家语境中被称之为“求仁”“得仁”。《论语》中的“善人是富”强调了利他之善是财富的象征。人类真正意义上的财富可以被伦理化,一切经济活动都具有道德性质,这说明儒家仁学具有经济学的含义。儒家的经济伦理可以被认为是以生产力求得物质财富,以物质财富的分配造成的均富,进而实现仁政。

中国传统政治智慧有“先义后利”“义利统一”“以义为利”等观点。儒家反对义利的对立,反对私利并不反对公利公益。《大学》认为财富是完成道德的工具,而不是最终目的。明清时代的儒家学说逐渐与商业人士结合。杜维明等人以儒家资本主义来解释东亚的现代化运动。他们利用儒家的道德资源来完善自身的经济伦理。而人们所认为的野蛮资本主义往往仅仅求富,并不求仁。这样的“力而后富”的结构失去了正确对待财富的态度。

发扬人民民主、改善民生、“权为民所用、利为民所谋、情为民所系”都有儒家仁政的影子。社会主义本身具有丰富的仁学仁政含义。共同富裕是人的自由而全面发展的物质条件。经济基础虽然具有决定一个社会形态的作用,但毕竟只能作为手段而出现。

孔子提出“公则悦”的理念,公平而且能够把公共利益放在首位就会让所有的人感到高兴。程颐则强调“公即仁”的思路,把公平正义与儒家仁政放在一起。《礼记》提出“天下为公”的政治理想。社会主义的基本原则在坚持共同富裕与公有制的同时把“社会公正”作为社会主义运动的追求起点。儒家以公论仁不停留在口头上,而是落实到制度层面。《周礼》设计了井田制度。劳动者共同占有生产资料和共同劳动具有原始共产主义特征。孟子认为:“夫仁政必自经界始。经界不正,井地不均,谷禄不平。是故暴君污吏必慢其经界。经界既正,分田制禄,可坐而定也。”宋代的张载也提出井田制度模式。生产力是社会进步的基本动力之一。儒家也有通过发展社会生产、改善民生、促使民富达到社会理想的因素。由此可见,把中国传统政治智慧融入进来可以丰富高校思想政治理论课教师与教育对象对社会主义本质的认识。

第五,以中国传统政治智慧阐释社会主义和谐社会。

社会主义和谐社会的思想来源于马克思主义对未来理想社会的预测。社会主义运动超越了资本主义的矛盾,同时以消除民族压迫和阶级压迫为已任。和谐社会同时来源于中华优秀传统文化对理想社会的向往。中国哲学的“中和”观念,是和谐社会主义的一个来源。一般而言,儒家以“王道”“仁政”来形容理想社会。而以中庸方法论而言,中道、中庸是事物处于的最佳状态。孔子还提出了“修已安人”的哲学思路。只有内心做到和谐,才能和谐地对待事物。内心和谐是在心中把事情放在一个合理的位置。人都处在社会交往当中,人际关系和谐与内心和谐互为重要条件,而且选择一种生活方式,就是选择一定的人际关系。在人际关系之中,如何才能达到一种比较理解并且支持的状态,是需要吸收儒家的伦理思想。比如,孔子提出了“和为贵”的理念。社会和谐是社会生活中人们普遍遵守的社会规则,同时各种社会组织和人群能够采取比较法制,以比较克制的手段来处理纠纷。

本书认为相对于和谐社会和儒家的王道仁政,中道社会的说法同样值得考虑。中道社会与和谐社会的概念在本质上相同,却提供了一个促进和谐的根本方法——中道观。中道观可以促进社会和谐,相对于和谐社会概念在马克思主义语境下的理论自洽，更带有强烈的传统文化色彩。社会和谐是社会主义的本质属性。东西方都有关于社会和谐的美好理想。西方靠自由和宽容来实现和谐，社会主义则是靠消除人与人之间利益冲突以及增强人类共同体意识来实现和谐。和谐不是靠顺从恶，不是靠不抗争，而是靠对生命与自由的尊重。没有自由就没有和谐。社会结构获得持续的生命力在于社会生活中充满活力。社会稳定符合中国传统政治智慧对太平盛世的追求。政治就是谋求长治久安之道。和谐是要方方面面的关系都处于比较良好的状态。内心和谐是和谐的基础，是有一种尊重他人的和谐文化。儒家提出了“致中和，天地位焉，万物育焉”的中和之道。《周易》指出：“保和太和以利贞。”孟子提出了“不嗜杀人者能一之”的王道思想。道家提出“万物生而不有，为而不恃”的理想社会。以往社会主义运动主要集中于阶级斗争，而现在社会主义则集中于和谐社会。人们可以发扬“仁以和之，义以正之，亲亲之和”的精神去恶扬善，在现有的条件下实现理想社会。

三、中华传统美德的融入

思想道德修养与法律基础教材称“中国传统道德”为“中华传统美德”。二者之间还有细微的差别。中国传统道德更多指向了封建伦理，而中华传统美德则是从中国传统道德中所选择出来的优秀部分。中国传统道德当中还有被认为是糟粕的内容，只有经过创造性转化，才能服务于中华优秀传统文化融入高校思想政治理论课的具体过程。因此，本书更多地使用中华传统美德这一概念。有关中国传统道德的内容在本书第二章的“‘思修’教材融入中华优秀传统文化的现状”与第三章“培育社会主义核心价值观”有一定程度的说明。所以，本书此处对中华传统美德进行总体性论述。

高校思想政治理论课在本质意义上是做人的心灵工作，自然不能缺少诸如人性论、心理学、伦理学等诸多内容。马克思主义集中于宏大叙事和社会规律的探索，而对心性学存在一定的忽视。在中华优秀传统文化当中有很多这方面的内容并进行了深入的探讨。这是高校思想政治理论课的一个资源宝库。马克思主义人学与社会主义核心价值观教育恰恰是要发掘这方面的资源，进而推动共产党人与社会主义公民的思想道德修养。思想政治教育理论学者则以人生观、世界观、价值观的三观教育探讨此问题。中国传统美德当中的心性学与思想政治教育当中的思想道德修养具有相似的目标。按照心性学的理解，思想道德修养就是一个觉悟客体的过程。思想道德修养与心性学具有对等性。先秦儒学侧重于伦理学和政治学。汉代儒学侧重于五经的知识体系。宋明儒学则侧重于内圣的心性学。马克思主义作为一种百科全书式的知识体系，也具有政治学、伦理学乃至于历史学、经济学、意识形态、法学、哲学、科学社会主义等诸多内容。思想道德修养坚持马克思主义指导地位，其主要任务是培养人们形成马克思主义的观点、立场、方法，那么思想道德修养相当于马克思主义里的心性学。中华传统美德强调了"心与理一""仁者浑然与物同体""廓然大公"等内容。这些内容强调了个人与整体、个体与自然、个体与宇宙生命的共生性，符合道德起源共同体意识的根本原则。而共产主义道德的核心内容就在于"大公无私"，把个体生命融入人类整体命运当中去。二者在整体价值观取向上是完全一致的，都是立足于整体利益，反对自私自利。全心全意为人民服务的宗旨符合这种价值取向与人生境界。马克思主义者为人类解放事业而奋斗也是这种道德境界的必然反映。中华优秀传统文化还强调"为政以德"的思想。中国共产党强调党员干部的纪律与规矩。任何国家都需要公务员阶层具有较高的职业道德，从而认真履行职责。儒家道德虽然被认为是一种道德义务，却也有着对仁者爱人的追求。儒家道德所强调的寡欲和人格修养值得弘扬。所以，把中华传统美德融入进来已经成为高校思想政治理论课的重要任务。中华优秀传统文化中的道德教育资源是高校思想政治理论课教师最为重视与大力借用的内容。

第六节　通过经学方法改革融入中华优秀传统文化

高校思想政治理论课教师融入中华优秀传统文化，必然要配合应用符合中华优秀传统文化特点的教学方法。《毛泽东选集》当中大量使用了传统经典。毛泽东指出："我们这个民族有数千年的历史，有它的特点，有它的许多珍品。对于这些，我们还是小学生。从孔夫子到孙中山，我们应当给以总结，承继这一份珍贵的遗产。”[①]这里提到的珍品、遗产应当理解为中国传统经典为代表的思想体系。2011年，中国共产党十七届六中全会通过的《关于深化文化体制改革推动社会主义文化大发展大繁荣若干重大问题的决定》指出：“加强文化典籍整理和出版工作。”[②]这说明中国共产党已经注意到了传统典籍的重要价值。2013年，中共中央《关于培育和践行社会主义核心价值观的意见》要求进行“经典作品阅读观看活动”[③]。《完善中华优秀传统文化教育指导纲要》在“分学段有序推进中华优秀传统文化教育”当中对学习经典进行了安排。其中提到“小学阶段”则主要是“认识常用汉字”“诵读浅近的古诗”“诵读古代诗文经典篇目，理解作品大意，体会其意境和情感”；初中阶段则“阅读浅易文言文，注重积累、感悟和运用，提高欣赏品位”；高中阶段则“阅读篇幅较长的传统文化经典作品，提高古典文学和传统艺术鉴赏能力”；大学阶段则“深入学习中国古代思想文化的重要典籍，理解中华优秀传统文化的精髓，强化学生文化主体意识和文化创新意识”[④]。这就说明典籍对中华优秀传统文化融入高校思想政治理论课具有重要的教学方法意义。虽然本书第五章已经尝试把经典设置为课程的初步计划，但是上述内容仅仅是站在课程论的角度而言。而站在教育对象与教育者的教学论角度而言，中华优秀传统文化教育对大学生而言就是经典阅读，对高校思想政治理论课教师而言就是经典阐释。二者构成了经学方法的主体内容。大学生只有通过阅读经典才能真正进入中华优秀传统文化的语境。经典阅读是中华优秀传统文化融入高校思想政治理论课的基本途径，而经典诠释则是高校思想政治理论课教师进行中华优秀传统文化的基本学术训练。经典阐释与经典阅读成为融入中华优秀传统文化必不可少的方法。本书把该问题划分为三个方面，即高校思想政治理论课如何让经典融入进来，高校思想政治理论课如何选择经典，思想政治教师如何诠释经典。

---

① 毛泽东.毛泽东选集：第二卷[M].北京：人民出版社，1991:534.

② 中共中央文献研究室编.十七大以来重要文献选编：下[M].北京：中央文献出版社，2013:572.

③ 中共中央文献研究室编.十八以来重要文献选编：上[M].北京：中央文献出版社，2014:584.

④ 完善中华优秀传统文化教育指导纲要[N].北京：中国教育报，2014-04-02(3).

一、经典融入高校思想政治理论课

开设新课程是经典的融入形式，而按照马克思主义理论的标准节选经典的内容则是经典融入的实质。就范围而言，高校思想政治理论课要融入的内容是中华优秀传统文化，并不特指中国传统经典的融入。二者之间存在着巨大的差异性。中国传统经典与中华优秀传统文化的关系存在着复杂的辩证性。中国传统经典是中华优秀传统文化的载体。但是，中华优秀传统文化是中国共产党对中国传统文化精华部分的总结。中国传统经典当中的一部分内容则是中国共产党思想体系所无法容纳的“糟粕”，同样需要注意的是，中华优秀传统文化的内容又包含了大量的文学经典、历史、物质等内容。这些内容又远远超过了中国传统经典乃至于儒家经典的覆盖范围。所以，中华优秀传统文化与中国传统经典之间有重合的部分，又有相互差异的内容。这就必然影响到中华优秀传统文化融入高校思想政治理论课的过程是否能够完整地把中国传统经典融入进来的问题。以维护马克思主义理论的科学性与高校思想政治理论课的科学性而言，高校思想政治理论课只能融入符合马克思主义理论的已被接纳为中华优秀传统文化的中国传统经典。比如，先秦诸子当中有关伦理、政治、自然科学、辩证法思想的部分经典都可以融入。而不符合马克思主义理论的、存在神秘主义的、违反科学理性的一些唯心论的内容则不应当加以融入。这种部分融入、部分排斥的状态实际造成了一种节选的状态。这种节选的办法会导致文本的残缺不全，进而无法达到深入学习中国传统思想的效果。但是，高校思想政治理论课要把经典融入进来，必须按照马克思主义理论的需要进行一番节选与批判，才能接受中国传统经典中的精华部分。所以，高校思想政治理论课的研究者要慎重考虑并解决这一难题。

二、高校思想政治理论课如何选择经典

尽管中国共产党所理解与划定的中国传统经典整体范围可能远远大于四书五经的儒家经典范围，但儒家经典在中华优秀传统文化中具有核心地位。高校思想政治理论课只有把儒家经典融入进来才能达到中华优秀传统

文化的内核。儒家经典的主体部分号称四书五经,清代称之为十三经,分别是:《诗经》、《尚书》、《礼记》(其中又包括了《大学》《中庸》)、《周礼》、《仪礼》、《周易》、《春秋公羊传》、《春秋左氏传》、《春秋穀梁传》、《论语》、《孟子》、《尔雅》、《孝经》。从秦汉开始,这些经典就是古代教育的核心文本,具有极强的教化价值,发挥了思想政治教育的载体功能。在这些经典当中,《论语》《礼记》《孝经》在古代最为流行。孝经的篇幅较短,但是古代伦理教育以忠孝为核心,因此被赋予了重要的思想政治教育功能。改革开放以来,有关孝道的家庭伦理在弘扬中华优秀传统文化的过程中首先受到重视。以忠孝伦理为主的蒙学读物《弟子规》《三字经》在弘扬中华优秀传统文化的过程中也备受瞩目,但是蒙学读物的经典性不够强烈。高校思想政治理论课要融入的经典必须具有丰富的思想内涵,具有永恒的思想魅力。就此而言,《论语》最为合适。《论语》有几个鲜明的特点值得高校思想政治理论课加以融入、诠释与讲授。如果要照顾到中华优秀传统文化的博大性,就应当更加系统地把中国传统经典融入进来。

三、以《论语》为例融入中华优秀传统文化

《论语》当之无愧地成为中华优秀传统文化的最核心的典籍。孔子是中国上古文化的集大成者,被认为是儒家的代表,中华文化的标准符号。研究孔子的思想最主要、最权威的依据就是《论语》。无论是曾子、子思、孟子,还是儒家后来的重要学者的思想都从此派生出来。《论语》在西汉以来就已经成为重要经典。汉代儒学以经学为主,五经占据了重要地位。宋代以来的《四书》取代了五经的地位,成为后来科举考试的标准答案。近代以来,论语学逐渐有取代四书学之势,成为最为热门的经典,对近现代儒学思想也有着重要与广泛的影响。杨伯峻、钱穆、杨朝明等学者注解《论语》都对弘扬中华优秀传统文化起到了推动作用。高校思想政治理论课把《论语》融入进来能够顺应论语学的发展趋势,直接达到中国传统经典的核心,会产生非常深远的影响。中国曾经在一个时期内批孔,就是把《论语》作为一个重点进攻对象,编写了《论语批注》。这从反面证实《论语》在人们心中的地位。

这是因为《论语》的思想非常纯正。《论语·述而》中说“子不语:怪、力、

乱、神”,这就表现了儒学具有人文主义情怀,而避免谈论超验存在。这种现实主义精神非常符合唯物主义的价值取向。《论语·为政》中说“《诗》三百,一言以蔽之,曰:思无邪”,这表现了孔子把《诗经》作为教化民众的工具,具有思想纯正的特征。这符合高校思想政治理论课进行正面教育的需要,而且因为《论语》的思想纯正,所以根本没有任何节选的必要。

《论语·季氏》里记载:

> 陈亢问于伯鱼曰:“子亦有异闻乎?”对曰:“未也。尝独立,鲤趋而过庭,曰:'学诗乎?'对曰:'未也。''不学诗,无以言。'鲤退而学诗。他日又独立,鲤趋而过庭,曰:'学礼乎?'对曰:'未也。''不学礼,无以立。'鲤退而学礼。闻斯二者。”陈亢退而喜曰:“问一得三:闻诗,闻礼,又闻君子之远其子也。”

这里体现了孔子光明正大地对待学生。孔子对自己的儿子和对其他弟子一样公平,而没有私心在里面。这种光明磊落的心态是阴谋家所没有的。儒家的教育内容是《诗》与《礼》,这种正确的内容可以陶冶人的情操,进而孩子所获得的是良知和真理。儒家在道德规范教育与历史教育之间更倾向于道德规范教育。站在思想政治教育角度而言,这是非常有益的。这些印证了《论语》思想内涵的纯正性。总体而言,《论语》是一部具有轻轻上扬情绪的文本,符合积极心理学的定义,非常适合于保持心理健康,暗示并增加了阅读者的自信与乐观情绪。高校思想政治理论课把《论语》融入进来不失为一种正能量的输送。

值得注意的是:《论语》的内容涉及人生、社会、政治、文化、生活、历史、道德、学习、工作、交往等方方面面的知识。这对于学习者而言具有重要的人生指导意义。古代有半部《论语》治天下的说法。历史上众多的学者对《论语》的丰富主题进行了概说。有的学者则把《论语》二十篇概括为二十个鲜明的主题,分别是:学习《学而篇》、工作《为政篇》、制度《八佾篇》、仁者《里仁篇》、教育《公冶长篇》、做事《雍也篇》、道论《述而篇》、君德《泰伯篇》、心性《子罕》、气象《乡党篇》、人才《先进篇》、仁政《颜渊篇》、君道《子路篇》、臣道《宪问篇》、绅道《卫灵公篇》、权谋《季氏篇》、小人《阳货篇》、隐士《微子篇》、学统《子张篇》、政统《尧曰篇》。该说法虽然不是通识定论,但是这对于儒家经典现代化是一个很好的尝试。透过这些主题,高校思想政治理论课可以更好地把《论语》与现实人生与社会结合起来,发挥思想政治教育的作用。

四、高校思想政治理论课诠释经典的科学方法

思想政治课教师在诠释中国传统经典的过程中,要注意保持马克思主义基本原理的指导地位,防止走向复古主义的传统经学。高校思想政治理论课教师要以文化现代化的眼光看待经典,而不是原封不动地追求古义。高校思想政治理论课教师诠释中国传统经典过程中要注意联系中国共产党的自身经典,形成良好的互补,防止重此轻彼。

传统经学进入到中国近现代丧失了思想学术的统治地位,不再是主流意识形态。研究中华优秀传统文化的学者逐渐开始采用西方学术研究方法,创立了文献学、历史学、文学、中国哲学、思想史研究、社会学等人文社会科学,从而结束了传统经学对中华优秀传统文化和学术的统治。建立在现代学术基础上的经典诠释学替代了古典经学。经典诠释学进入近现代阶段,体现为主要以白话文为主的译注。经典诠释是伴随儒学发展整个过程的基本内容。中国哲学学科的创立都是为了诠释古代哲学思想经典。现代社会科学、自然科学以及学术理论与方法的繁荣有力促进了经典诠释学的前进。神秘主义的解经倾向、美化圣化、抱残守缺的解经方法逐渐失去吸引力,只是经学的实证精神则不容丢弃。经学越来越受到中国哲学现代学术规范和白话文解经的挑战。这说明传统经学已经解体,无法满足社会发展的需要。高校思想政治理论课把传统经典融入进来,只能是按照马克思主义科学方法对经典进行客观研究与评价。在这方面,金景芳、张岱年等文化大师都做出了突出的表率。高校思想政治理论课教师把经典当作通识性的知识加以学习与弘扬,更多地服务于人民群众的日常行为规范与伦理生活,而不是上纲上线地成为政治生活的、敏感而又核心的议题。按照马克思主义的立场而言,作为国家主导意识形态的马克思主义理论是确立国家性质、社会形态的基本依据,具有上层建筑的根本特性,而中华优秀传统文化是高校思想政治理论课教师用于调节人民群众的思想道德素质,进而服务于现实社会生活的基础性特征。"以

马克思主义治国理政、以中华优秀传统文化教化民众”可以有效地避免传统经学的意识形态功能，进而可以更好地发挥中华优秀传统文化作为通识教育的功能。这要求高校思想政治理论课教师在正确认识传统经学后形成以马克思主义为主体的、科学的、客观理性的经典诠释学。

五、高校思想政治理论课诠释经典的立场

高校思想政治理论课教师要按照文化现代化的思路诠释经典，而不是固守原有经学传统。目前对中国传统文化经典的诠释仍然比较薄弱。中华优秀传统文化的现代化进程受制于其现代话语体系的形成。现代新儒家对中国古代经典的诠释仍然受到宋明理学的主宰。以西方哲学话语诠释中华优秀传统文化经典虽然取得了很大进展，但仍然需要继续探索。辩证唯物主义与历史唯物主义仍然是诠释中华优秀传统经典的根本方法。高校思想政治理论课教师要以现代学术理性、学术规范为诠释经典的基本原则，既要尊重经典又要联系现代化的需要。一般而言，经典诠释容易产生哲学化、教条化的倾向。这也值得高校思想政治理论课教师警惕。所以，高校思想政治理论课必须按照文化现代化的思路诠释经典，并且要把服务于马克思主义中国化、大众化设定为诠释经典的目的，而不能走向复古主义。但是，以现代学术逻辑来诠释经典要防止产生经典诠释的随意性。过度地随意诠释容易造成对马克思主义理论的冲击，进而可能影响到中国文化现代化的进程。

六、协调中国传统经典与马克思主义经典的关系

中华优秀传统文化融入高校思想政治理论课，诠释传统经典要注意学习中国共产党的自身经典，并借鉴中国共产党经典诠释的历史经验。思想政治教育与马克思主义理论把马克思、恩格斯、列宁、毛泽东等领袖人物的作品作为经典。中国共产党正是通过“实事求是”的经学方法正确理解了马克思主义。在改革开放初期，邓小平又以解放思想正确评价了毛泽东思想的历史地位，同时又突破了人们对社会主义的僵化理解。这些例子都含有经典诠释学的成分。而中国共产党成功诠释经典的经验与案例对今后的高校思想政治理论课诠释传统经典有着重要的指导意义。

思想政治教育在内容上变成了马克思列宁主义的经典，替换了原来四书五经在中国古代所占据的意识形态地位。中国古代的经典教育也就是思想政治教育被认为是成功地维持中国长达两千多年中央集权国家的统一与稳定的重要因素。所以，高校思想政治理论课把中国经典融入进来，对思想政治教育学者研究中国共产党自身经典著作有一定的借鉴意义。马克思主义中国化的理论发展过程同样离不开对经典的学习与运用。马克思主义理论学者要研究马列经典的基本含义与现代价值，进而指导实践。有的学者认为马克思主义理论家要“诠释、解读”马克思主义，并且认为这需要马克思主义理论家在掌握马克思主义的精神实质后，按照中国人民的思维方式和语言特点以及实际需要进行诠释和解读。毛泽东、刘少奇、艾思奇、张闻天等人都曾经以生动活泼的形式为诠释马克思主义做出过杰出贡献。马克思主义理论工作者同样面临着如何诠释与应用马克思主义经典与基本原理的问题。这与中国传统经学诠释学有一定的可比性。

科学理性地对待经典在中国共产党思想史上有过成功的经验，也有惨痛的教训。教条主义与背离经典都是错误的。早在1960年，邓小平就对庸俗化应用毛泽东思想的做法提出了批评。他在《正确地宣传毛泽东思想》一文中提出：“现在的主要问题是把毛泽东思想用得庸俗了，什么东西都说成是毛泽东思想。打乒乓球也说是运用了毛泽东思想。对待毛泽东思想是一个很严肃的原则性的问题。庸俗化对我们不利。”①邓小平对庸俗化地使用经典进行了批评，进而在改革开放前后提出了毛泽东思想活的灵魂。中国共产党的实事求是思想路线含有一个正确看待经典的问题。抛弃经典往往走向了文化虚无主义。迷信经典也往往造成思想的守旧。这两种态度都不可取。五四新文化运动反思了儒家经典的保守与封闭，新民主主义则反思了教条化理解马克思主义的教训，改革开放初期有关解放思想的讨论反思了“文革”中间的个人崇拜。中国共产党正是通过反思原有及现有经典，推动了思想进步，为中国的现代化探索道路。但是，经典是任何信仰体系的必备特征。任何信仰体系必然拥有自己的经典。马克思主义经典主要体现为马克思、恩格斯、列宁、毛泽东及其后面领导人的文选，以及历次党的代表大会的报告。党中央

① 邓小平．邓小平文选：第一卷[M].北京：人民出版社，1993：283.

要求“用辩证唯物主义和历史唯物主义解决当代中国的社会发展问题”。因此,马克思主义理论教育与中华优秀传统文化教育之间具有较大的一致性,都强调了对经典的正确认识与运用。这些历史经验同样适用于高校思想政治理论课正确认识与处理中国传统经典的问题上,进而能够以“解放思想”与“实事求是”并重的原则正确诠释经典。

第七节　通过其他方法融入中华优秀传统文化

《完善中华优秀传统文化教育指导纲要》提出:“建设不断适应时代需要的中华优秀传统文化网络教育平台。利用好现有全国文化资源共享工程、公共电子阅览室建设工程、数字图书馆推广计划等数字文化惠民工程的数据资源成果,推动优秀传统文化网络传播,制作适合互联网、手机等新兴媒体传播的传统文化精品佳作。重点打造一批有广泛影响的传统文化特色网站,支持和鼓励学校网站开设传统文化专栏。加强校园网络建设,依托高校网络文化示范中心、大学生网络文化工作室等,拓宽适合青少年学生学习特点的线上教育平台。选取一批有代表性的中华优秀传统文化经典诗文,建设中华经典资源库。在中国大学生在线、易班网等设立中华优秀传统文化教育专栏,进行形式活泼、内容丰富的在线学习。加强中华优秀传统文化校园教育活动。利用学校博物馆、校史馆、图书馆、档案馆等,结合校史、院史、学科史和人物史的挖掘、整理和研究,发挥其独特的文化育人作用……构建互为补充、相互协作的中华优秀传统文化教育格局……充分发挥家庭在中华传统文化教育中的重要作用……积极组织开展学生和家长共同参与的传统文化体验、主题教育实践活动、志愿者服务和公益性活动,践行中华优秀传统美德,弘扬中华优秀传统文化……”[①]上述方法都值得高校思想政治理论课在融入中华优秀传统文化过程中加以运用。中华优秀传统文化教育存在着众多的途径与方法,值得高校思想政治理论课教师加以学习与运用。比如中国的戏曲艺术中有大量的宣传传统美德的故事。中国古代遗留了大量的文物建筑,都可以作为高校思想政治理论课进行中华优秀传统文化教育的场所。在大量的方法

① 完善中华优秀传统文化教育指导纲要[N].北京:中国教育报,2014-04-02(3).

当中,案例教学法与书院模式的传授法值得高校思想政治理论课教师加以认真体会。

一、通过案例教学融入中华优秀传统文化

高校思想政治理论课教师已经尝试运用中华优秀传统文化的案例来改善思想政治理论课的学习效果。历史案例以及大量的古代优秀事迹都为高校思想政治理论课的素材。

第一,高校思想政治理论课教师可以借鉴毛泽东运用传统文化案例的方法来讲授中华优秀传统文化。

高校思想政治理论课要借鉴毛泽东思想中的这一特点。毛泽东对中国传统经典非常熟悉,经常性地运用大量古典话语与例子进行思想政治教育。这值得高校思想政治理论课借鉴其方法。比如,《毛泽东选集》当中提到《孙子兵法》中的"知彼知己,百战不殆""避其锐气,击其惰归"、《左传》中的"曹刿论战"、《山海经》中所说的"夸父追日"、《淮南子》中所说的"羿射九日"、《西游记》中所说的孙悟空七十二变等大量案例。

第二,高校思想政治理论课教师在《中国近现代史纲要》与毛泽东思想和中国特色社会主义理论体系概论之间也要做到史论结合的方式,进而增强大学生对历史规律的认识。

思想道德修养与法律基础在教学过程中要使用大量的案例来说明思想道德修养的方法,说明社会主义共同理想的重要性,尤其是在法律基础的教学中,通过大量的法律案例让大学生具有一定的法律知识与法律意识。与此相类似,高校思想政治理论课也要使用中华优秀传统文化中的案例来进行教学,从而达到教学效果。

第三,高校思想政治理论课教师要借鉴中国古代的教育案例。

比如《春秋》《史记》等史学的学习本身就包含了中华优秀传统文化对历史事件的褒贬。通过学习历史,进而获得思想政治教学的效果是中华优秀传统文化教育的基本思路。比如,《世说新语》《资治通鉴》全都包含了对历史人物的刻画,对于研读者而言都已经起到思想政治教育的效果。孔子在教学中也使用了丰富的案例。《论语》的《公冶长》篇专门讨论儒家的师道教育。其中

就涉及大量的案例。中华优秀传统文化教育本身就把说理寓于历史教学当中。人们在谈到中华优秀传统文化的案例,往往以往圣先贤的事迹来激励自己。儒家通过编写各种学案与儒林传,进而表彰一些社会历史上的先进事迹,从而鼓舞后来学者改过从善,达到教化民众的目的。高校思想政治理论课也可以借鉴一些中国古代的优秀案例来说明治国理政、为人做事的道理,进而达到应用中华优秀传统文化的教育效果。

二、通过书院模式融入中华优秀传统文化

钱穆在《中国近三百年学术史》引论中指出:“固然宋学精神厥有两端:一曰革新政令,其事至荆公而止;二曰创通经义,其业至晦庵而遂。而疏远讲学,其风至明末至东林而始竭。东林者亦本经义推之政事,则仍北宋学术真源之所灌注也。”①宋明儒学家则在社会上聚众教学,形成特有的师承师门的现象。南宋时期儒学家开启了书院文化,一方面培养科举人才,另一方面研究经学义理。书院教育与国子监教育依然延续了官学与私学双峰对峙的格局。北宋的科举与官学以王安石的《三经新义》为主要依据。直到元朝把朱子学、《四书》定为科举考试的标准答案。朱子学成为主流意识形态,并一直持续到清朝末年。明朝的科举制度与国子监教育都尊奉“朱子学”为标准。朱熹、王阳明等开办了多所书院。王阳明在为官之余从事师徒讲学、建立书院等活动。他从龙场悟道以来,先后创立、修缮、参观过多所书院,比如龙冈书院、岳麓书院、白鹭洲书院、青原书院、稽山书院等。他的弟子又在各地创办书院。这些书院是古代私学的场所。书院教育构成了中华优秀传统文化的传承体系当中的重要环节。十七届六中全会提出要构建“中华优秀传统文化传承体系”的意见需要借鉴书院模式。高校思想政治理论课具有公共性、权威性的特点,是社会主义大学的基本特征之一。但同时,高校思想政治理论课又是由高校思想政治理论课教师具体担任。高校思想政治理论课教师在教学过程中必然带有各自的特点。这就为高校思想政治理论课借鉴书院模式提供了一定的可能性。

第一,重视师道与师承。

① 钱穆.中国近三百年学术史[M].上海:商务印书馆,1997:5.

书院式教学不同于现代思想政治教育的课堂模式，更强调自己的传授系统。书院教育特别强调师承系统。一个弟子更能继承其师的旨意，进而拥有了各种独特的知识。高校思想政治理论课一方面也有共同的价值取向与规范，但同时，任何教学必然带有个性化特征。所以，师承对于大学生接受高校思想政治理论课有着重要的价值。同时现代教师缺乏传道授业解惑的师道担当，往往淡化老师与学生的特殊的师承系统，进而使得课堂变成了单纯的管理模式，使得大学生受教育是一种消费，而老师是一种服务。这种职业化的设计，需要融入师承这种精神元素。这要求大学生不能仅仅把高校思想政治理论课教师当作知识的传授者或者课堂的管理者，而应当是人生的导师、灵魂的指引者。所以，高校思想政治理论课可以借鉴书院所特有的师道传统。研究生的导师制度就含有这种师道传统的意思。所以，高校思想政治理论课教师应当有人生导师的含义。高校思想政治理论课需要建立自己的师道传统。高校思想政治理论课教师可以把自己最重要的研究心得与研究方法传递给大学生，从而成为大学生的人生导师。

第二，随时指导与熏陶。

书院模式很重要的特点就是教师和学生能够在一个较小的圈子里彼此熟悉，增进友谊，在日常相处当中随时进行指导，而不是局限于课堂。这可以被称之为第二课堂。大学生的思想政治素质是在日常生活中完成的，而不是在课堂上完成的。重视师承在于能够把高校思想政治理论课教师与大学生的距离拉近。辅导员在最初的理念上也是精神上的导师。与辅导员相比，高校思想政治理论课教师对大学生的影响也很重要。这种师承必须拉近心理距离与物理距离，能够朝夕相处、随时指点，进而可以摆脱单纯的知识灌输，而更注意解决实际问题。比如，高校思想政治理论课教师利用中华优秀传统文化来解答大学生有关人生发展方面的困惑以及道德修养、人际关系等问题。

第三，举办具有传统文化特色的活动。

讲座是书院中的重要环节，高校思想政治理论课过程中也可以举办系列讲座性质的活动。高校思想政治理论课可以延请一些国学大师、道德修养高深的人来到课堂与同学们分享交流。高校思想政治理论课可以在课余时间组织经典阅读等活动，来提升中华优秀传统文化的教学效果。高校思想政治理论课教师可以在一定的物质基础上组织茶艺、汉服、琵琶、古筝、戏曲、围棋、蹴鞠、书画、太极拳等有关中华优秀传统文化的活动，丰富同学们对传统文化的体验。最简单的活动，比如组织几个人去春游，在春游过程中通过一路上的对话交流，提升各自的学识。儒家在进行教育的时候，既有严肃的课堂讲授，也有充满师生对答的活泼气氛。高校思想政治理论课教师可以参与学校组织的各种外出参观活动，增加一些有关中华优秀传统文化的参观内容，比如参观博物馆、国子监、孔庙、书院、名人故居、园林等遗址。高校思想政治理论课还可以组织大学生参与传统节日等活动，通过一些特有的传统民俗进行传统文化教育。总之，书院模式可以通过特定的文化氛围使得大学生能够切身感受到中华优秀传统文化的修身功能。

结　语

中华优秀传统文化融入高校思想政治理论课是一个从无到有，从零碎到整体的漫长过程。中国共产党的早期领导人在接受马克思主义之前就曾经深受中国传统文化教育的熏陶，在批判传统文化的氛围中成立了中国共产党。中国共产党在探索革命道路的过程中启动了马克思主义中国化的理论进程，并在革命期间研究了中华优秀传统文化，形成了批判继承、推陈出新、古为今用等科学方法。改革开放后，中国共产党认真总结经验教训，推动高校思想政治理论课与思想政治教育的设立与展开。高校思想政治理论课从爱国主义教育到中华传统美德，不断融入中华优秀传统文化，在1985、1998、2005方案的指导下不断提升融入的方法与力度。党的十七届六中全会、十八大、十九大又再次推动了中华优秀传统文化融入高校思想政治理论课的进程。中共中央与教育部一直关心中华优秀传统文化教育。在这样的历史大趋势下，中华优秀传统文化融入高校思想政治理论课的全局性、整体性、系统性思路越来越明晰。这种整体性思路已经从单纯增加内容提升到进行知识结构、教学内容设计的水平，并且要融入中华优秀传统文化的核心经典。所以，探究中华优秀传统文化融入高校思想政治理论课的全局性、整体性、系统性思路在前景越来越明朗的情况下，需要深入思考几个关键性的问题。

第一，从理论依据的角度而言，中华优秀传统文化融入高校思想政治理论课会与原来的主导地位的马克思主义理论之间存在着非常复杂的理论关系与挑战。

马克思主义中国化理论需要把马克思主义与中华优秀传统文化深度结合起来，才能更加增强融入中华优秀传统文化的合理性。马克思主义中国化的理论进程需要及时推进，才能更好地指导融入中华优秀传统文化的工作。

这就需要认真学习习近平系列重要讲话精神，进而推动马克思主义中国化的理论创新。

第二，从具体操作的角度而言，中华优秀传统文化融入高校思想政治理论课是一个渐进的过程，存在着融入力度与融入程度等方面的考量。

融入中华优秀传统文化并不是一蹴而就的，而是一个包含着批判、研究、整理、传承、弘扬、运用的宏观过程，具有曲折性、反复性，但是大的方向已经指向了弘扬，很难再回到批判的路子上。中华优秀传统文化融入高校思想政治理论课仅仅是这个宏观过程里的一个环节或片段。高校思想政治理论课教材在2005方案的指导下，历经2006、2007、2008、2009、2010、2013、2015、2018等多次修订，在多次修订过程中，对中华优秀传统文化的论述越来越丰富与准确。所以，高校思想政治理论课一旦开启了融入中华优秀传统文化的进程就不会停止，中华优秀传统文化在高校思想政治理论课的存在只能加强而很难削弱。在这个渐强的过程，马克思主义理论研究与建设工程委员会需要把握融入中华优秀传统文化的力度与节奏，进而保证融入中华优秀传统文化按照科学性、规范性、有效性、实用性、接受性等各种指标加以把控。

第三，从内容资源的角度而言，中华优秀传统文化融入高校思想政治理论课的效果取决于中国传统文化现代化的历史进程。

其他学科对中华优秀传统文化的阐释与梳理已经走在高校思想政治理论课的前面。思想政治教育毕竟是应用很强的学科，需要借鉴其他学科的优秀成果，才能在融入与应用中华优秀传统文化的过程中得到充实与提高。这就决定了融入中华优秀传统文化的研究工作具有学科交叉的特点，不仅在横向上要学贯中西，在纵向上也要学贯古今。这需要在内容上把马克思主义哲学、中国哲学、历史学、思想政治教育学、文化学、古典经学、文献学、思想史学等学科知识融汇于心、触类旁通，才能驾驭、融入、运用博大精深的中华优秀传统文化。

第四，从实践效果的角度而言，中华优秀传统文化融入高校思想政治理论课符合党中央有关政策。

习近平强调："讲清楚中华优秀传统文化是中华民族的突出优势，是我们最深厚的文化软实力；讲清楚中国特色社会主义植根于中华文化沃土、反映中国人民意愿、适应中国和时代发展进步要求,有着深厚历史渊源和广泛现实基础。"[①]这提示思想政治教育学者、高校思想政治理论课教师要把融入中华优秀传统文化与党的宣传思想工作结合起来。高校思想政治理论课教师自觉融入与运用中华优秀传统文化会起到良好的模范作用。但与此同时,研究者要清醒地认识到实践效果必须是在融入之后才有可能产生,如果融入的程度与力度不够大,那么中华优秀传统文化也很难在高校思想政治理论课中产生期望的效果。如果高校思想政治理论课教师不能很好地运用中华优秀传统文化同样会影响这种实践效果。

第五,中华优秀传统文化融入高校思想政治理论课研究,依然有很多不足之处值得在今后的教学中继续探索。

比如,中华优秀传统文化与马克思主义基本原理存在着深度比较的问题。再比如说中华优秀传统文化本身概念尽管没有问题,但是其内容仍然具有巨大的争议性。究竟哪些算是精华,而哪些又是糟粕,一时很难完全分清。甚至有些内容往往是精华与糟粕共生。这就说明对传统文化进行精华与糟粕的分类具有极大的难度。再比如说,人们对传统文化的错误理解,甚至阻碍了正确理解的形成。人们一提到"忠"往往就想到"人身依附",然而古代"忠"的本义是忠告、忠谏、诚实的含义,是尽到自己的责任。人们对传统文化的过度批判往往与我们今天对传统文化的误解有很大关系。再比如说,文化与经济基础的关系,落后的社会生产力往往会造成文化现实层面的堕落。而今天而言,中国传统文化的经济基础乃至于社会结构都不复存在了,文化已经变成一种思想性的观念的东西。这个时候,如何对待传统文化更需要我们立足于经济社会实际来发挥它的功效,而不是批判它的历史状态。所以中华优秀传统文化融入高校思想政治理论课依然有很多的不足,仍然有很多的路要走。

总之,中华优秀传统文化融入高校思想政治理论课是中国共产党推动马克思主义理论与中国实际相结合的重要举措,已经取得了很大的进展,越来越成为高校思想政治教育的重要抓手。马克思主义理论学者与高校思想政治理论课教师积极研究、整理、融入、运用、传承、弘扬中华优秀传统文化已经

① 习近平.习近平谈治国理政[M].北京:外文出版社,2014:155—156.

越来越成为自觉的活动。高校思想政治理论课从整体上融入中华优秀传统文化对马克思主义中国化而言是一个有益的文化基础,有助于实现高校思想政治理论课的教学任务与思想政治教育的根本目的,值得继续探索。本书作为高校思想政治课教师培养计划的一部分需要在实际工作过程中才能不断完善。

主要参考文献

[1]马克思恩格斯文集[M].北京:人民出版社,2009.

[2]李大钊文集:第一卷[M].北京:人民出版社,2013.

[3]毛泽东.毛泽东选集:一至四卷[M].北京:人民出版社,1991.

[4]习近平.习近平谈治国理政[M].北京:外文出版社,2014.

[5]习近平.习近平谈治国理政:第二卷[M].北京:外文出版社,2014.

[6]《思想道德修养与法律基础》编写组.思想道德修养与法律基础[M].北京:高等教育出版社,2013.

[7]《思想道德修养与法律基础》编写组.思想道德修养与法律基础[M].北京:高等教育出版社,2015.

[8]《思想道德修养与法律基础》编写组.思想道德修养与法律基础[M].北京:高等教育出版社,2018.

[9]《中国近现代史纲要》编写组.中国近现代史纲要[M].北京:高等教育出版社,2015.

[10]《中国近现代史纲要》编写组.中国近现代史纲要[M].北京:高等教育出版社,2018.

[11]《毛泽东思想和中国特色社会主义理论体系概论》编写组.毛泽东思想和中国特色社会主义理论体系概论[M].北京:高等教育出版社,2015.

[12]《毛泽东思想和中国特色社会主义理论体系概论》编写组.毛泽东思想和中国特色社会主义理论体系概论[M].北京:高等教育出版社,2018.

附　录

针对大学生对高校思想政治理论课引入中华优秀传统文化态度的调查问卷

你是男生(　),还是女生(　);你来自农村(　),还是城市(　);你是中共党员(　),还是非中共党员(　)。你的专业是(　)。

1.你同意中国共产党是中华优秀传统文化的忠实传承者与积极弘扬者的说法吗?(　)

A.同意　　B.不同意　　C.不知道

2.你通过(　)渠道接触到中华优秀传统文化?

A.中学语文课　B.大学思想政治理论课　C.中国传统文化选修课

D.媒体宣传　E.书籍阅读　F.家庭熏陶

3.你对中国传统文化的态度是(　)

A.反感,全盘否定　B.同情,可批判性的继承

C.热爱,并认为很重要　D.说不清楚

4.你认为马克思主义与中华优秀传统文化的关系是(　)

A.可以融合　B.不能融合　C.不能确定

5.你认为西方文化与中华优秀传统文化相比,(　)

A.西方文化优于中国传统文化　B.中国传统文化优于西方文化

C.各有优点与缺点,不能一概而论　D.不能确定

6.你认为中国传统文化与中国现代化的关系是(　)

A.中国传统文化妨碍中国的现代化

B.中国传统文化促进中国的现代化　C.不能确定

7.你对中国传统文化与儒学的态度是(　)

A.接受中国传统文化,反对儒学

B.接受儒学,不接受中国传统文化

C.同时接受中国传统文化与儒学

D.对二者都持否定态度

8.你对五四新文化运动的态度是(　)

A.全面反传统,导致了中国传统文化的断裂

B.批判了封建主义文化,但没有否定中华优秀传统文化

C.其他(可填写)

9.《论语》一共有(　)篇。

A.10　　B.81　　C.40　　D.20

10.你是否选修过有关中国传统文化(或中国哲学)的课程(　)

A.选修过　B.知道有,但没有选修过　C.不知道有没有

11.你对目前思想政治课教材中的中国传统文化内容的态度是(　)

(1)A.内容足够多　B.内容不够多

(2)A.地位很显著　B.地位不显著

12.你对在现有高校思想政治理论课程当中增加中国传统文化内容的态度是(　)

A.不需要　　B.需要　　C.说不清楚

13.你对在高校思想政治理论课程基础上增加一门中国传统文化课程的态度是(　)

A.不需要　　B.需要　　C.说不清楚

请分别写出支持(或反对)的理由是________________________________

____

____

后　记

此书是在我的博士论文基础上结合当前实际修改而成的。我在2012年考入北京师范大学马克思主义学院,研究思想政治教育。我的硕士阶段是研究中国哲学。马克思主义学院把我分配给朱志敏教授,做朱老师的博士生。朱老师跟随张静如先生长期在20世纪文化思想史研究、李大钊研究等领域耕耘。他同时对思想政治教育、马克思主义中国化、中华优秀传统文化、五四新文化运动、西方哲学思潮等诸多学术领域有着深入的研究。

文化思想史研究是历史研究中甚为艰深的内容之一。我对文化研究工作十分敬畏并万分畏难,感觉一不小心就会陷入“意识流”的状态之中。有的老师批评有的文章“纵横八万里、上下五千年”,几十万字写下来,却让人不知所云,未能击中核心要害。文化学者很容易走到“博而寡要、劳而无功”的地步。孔子晚年作春秋,就是有感于“我欲载之空言,不如见之于行事之深切著明也”。熊十力在谈到为学的时候,提出“凌空”与“踏实”的辩证关系。单纯地探究史实让人无法把握全局,而过于自由地评说也会脱离历史实际。学者恰恰在寻求史实与哲思之间的平衡。即事求理、史论结合是做学问所需要的严谨态度。但这又何其难也。这既需要广阔的眼界与格局,又需要实事求是。

我完全认同新时代大力传承与弘扬中华优秀传统文化,完全赞同高校思想政治理论课加大融入中华优秀传统文化的力度。但我也清醒地认识到融入中华优秀传统文化存在着诸多挑战与困境。在一个以现代化、全球化、市场化、工业化、城市化为时代背景的大环境制约下,高校思想政治理论课要融入中华优秀传统文化必须以马克思主义为指导思想,并使马克思主义占据主体地位。中华优秀传统文化并不能解决所有问题,仅仅是“文化建设”领域里的一个动作而已。中华优秀传统文化直到2011年才确立了基本概念，时日尚浅，甚至中华优秀传统文化本身也面临着如何清理封建主义糟粕、如何确立自身科学内涵，如何实现文化现代化，如何处理与马克思主义理论的关系、如何避免现代新儒家的牵扯、如何面对经济全球化、社会多元化等诸多难题与挑战。就此而言，中华优秀传统文化必须以马克思主义指导下的社会主义社会作为社会存在基础，必须作为工具服务于现代社会。理论研究必须服务于现实需要。中华优秀传统文化也正是因为这种现实价值而富有生机。

孔子被誉为“圣之时者”，他生逢春秋乱世，一心盼望克己复礼、天下归仁。这种现实主义与理想主义合一的精神体现为中庸智慧。高校思想政治理论课不会舍弃中华优秀传统文化，但也不会任凭中华优秀传统文化取而代之。二者的关系绝不是一清二白地截然分割得泾渭分明。同样，一个社会的文化生态也断乎不可能仅仅是一种花朵、一种颜色，各种文化争奇斗艳、相互交织、竞争合作本身就是保持文化生命力、获得营养成分的必要条件。西方文化在文艺复兴时代也是由于受到了中东文明、中华文明的哺育与刺激而茁壮地生成现代文明。中华文明同样在人类文明长河中做出了不可磨灭的贡献，占据着重要的位置。中华文明在长达几千年时间里向世界输出了诸多的物质产品、思想形态、文艺作品、科学技术等文明成果，对人类文明有着巨大的贡献。离开了中华文明这个环节，西方文明是不是会如期发展起来都未曾可知。我们都已经承认西方列强的入侵使得中国古代文明走向解体。马克思也预言这是东方社会与东方文明走向新生的必要条件。新时代中国特色社会主义事业就是在创造中国现代文明，而这个现代文明必然不能缺少中华优秀传统文化作为底色。

对待中华优秀传统文化与人类文明的敬意是高校思想政治理论课教师在全球化时代的必要态度。思想政治教育本身就是古今中外都在从事的一项古老工作。苏格拉底、孔子等古今中外的哲人都在做人的思想工作。只要人要实现从自然人向社会人的跃迁就必然出现思想政治教育。中国古人称思想政治教育为教化，以文化人是任何历史阶段的人类教育体系最为普遍的任务。“育”不仅是生育、养育，更是教育，而化则真正地担当着人的社会性、精神性的完成。古今中外的人们都在寻找最好的、最合适的教育内容、教育形式而实现思想政治教育的目标。我们即使接受"生而为人"、不需教化的天赋观念,也会追求理想人格、理想人生、理想社会,并以之作为最重要的人生目的与理想信念。

距离毕业之时又过去三年了,领导层面又对中华优秀传统文化有了诸多新的论述,学者们又在这个领域耕耘出新成果,高校思想政治理论课在实践层面又有新进展。理论创新与实践创新、理论发展与实践发展是一个自然的过程,并不会短期逆转。"大历史不会改变",中华民族的伟大复兴必然实现,中华现代文明也必将成熟起来。多数文化学者都认识到了中国传统文化的韧性。中国人的文化心理、国家性格依然是支撑中国走入现代文明的重要基石。

有的学者就认为马克思主义与中华优秀传统文化都服务于中华民族伟大复兴的中国梦。只要能够实现中华民族的伟大复兴,有助于增进人们的福祉、维护世界和平,就有其存在的合理性。任何理论都有工具论的特点,而不是单单地用于崇拜与敬仰。最为重要的是现实的人的需要,人民是历史的主体,坚持以人民为中心、以人为本就是一切文化研究应有的出发点。就此而言,传承与弘扬中华优秀传统文化是一种根本的文化自信。中华古代文明与中华现代文明的区分,恰恰解除了人们一味批判的文化虚无主义态度,让人们能够做到"不忘本来,吸取外来,面向未来",最终创造出综合性最强的中华现代文明。

博士毕业之后,我又尝试在共产主义觉悟、马克思主义信仰、董仲舒研究、中国传统价值观、社会主义核心价值观、人类文明观等方面继续探索。目前而言,成效还不明显,即使如此,我依然对文化研究如痴如醉。随着全球化的进展,人类的命运越来越取决于技术进步、现实政治与全球治理,人类的技术能力已经使得人类越来越成为命运共同体,以至于人类命运甚至会越来越取决于每一个存在个体的能力。中国当年曾经被隔离于世界市场之外,但是人类命运又何尝离开过中国人的存在。以全球化为视野,尊重每一种文明与文化具有全球安全的重大意义。因此,中华优秀传统文化融入高校思想政治理论课值得长期关注,也值得思想政治教育学者持续努力改进。

直到现在,我依然不时回味朱老师的为学之道与处世态度。他曾经的教诲,我听是听了,却不明白。我虽然在传统哲学、人类文明等方面与老师有所契合,但还是难以企及朱老师的高度。文化学者的魅力也许就在对人类命运的探索与关切之中。我就以一首诗来纪念他:

吾师朱子,学贯中西。
热爱传统,承接五四。
反对浮躁,崇奉真理。
力戒谄媚,讲求实际。
党史作传,号称三朱。
深知文化,精通思政。
谦虚谨慎,敬畏良知。
心向往之,恐不能及。

崔锁江
二〇二〇年三月十八日